2018年特色淡水鱼产业现状分析

国家特色淡水鱼产业技术体系产业经济研究室 编

科学出版社

北京

内 容 简 介

罗非鱼、鲖、黄颡鱼、鳢、鳗、淡水鲈、鳜、黄鳝、泥鳅、鲟、鲑鳟是我国的主要特色淡水鱼品种，具有营养价值高、产品附加值高、品质优良等特点，在消费者群体中具有较高的认可度。特色淡水鱼产业在发展过程中，以市场为导向，以经济效益为中心，形成了集生产、加工、流通、销售于一体的产业链。本书以特色淡水鱼产业为研究对象，围绕产业发展现状开展相关研究，重点分析了全国和各省（区、市）范围内特色淡水鱼苗种、生产、加工、流通、国内外市场等产业链各环节的发展情况及主要养殖模式的经济效益，通过对历史数据的分析，探究产业发展规律、预测未来发展趋势，对产业的持续稳定发展具有一定的指导意义。

本书适合水产生产一线人员、科研工作者和政府管理部门阅读，有助于读者了解特色淡水鱼产业的相关情况、掌握产业未来发展趋势，以提升产业竞争力，为水产生产一线人员合理组织生产、科研工作者进行产业相关研究及政府管理部门有效利用资源、调整产业布局决策提供参考。

图书在版编目 (CIP) 数据

2018 年特色淡水鱼产业现状分析/国家特色淡水鱼产业技术体系产业经济研究室编.—北京：科学出版社，2020.1
ISBN 978-7-03-062775-9

Ⅰ. ①2… Ⅱ. ①国… Ⅲ. ①淡水鱼类–产业发展–研究报告–中国–2018
Ⅳ. ①F326.4

中国版本图书馆 CIP 数据核字(2019)第 231970 号

责任编辑：朱 瑾 / 责任校对：严 娜
责任印制：吴兆东 / 封面设计：无极书装

科学出版社 出版
北京东黄城根北街 16 号
邮政编码：100717
http://www.sciencep.com

北京盛通商印快线网络科技有限公司 印刷
科学出版社发行 各地新华书店经销
*
2020 年 1 月第 一 版 开本：B5（720×1000）
2020 年 1 月第一次印刷 印张：17
字数：343 000
定价：149.00 元
(如有印装质量问题，我社负责调换)

《2018年特色淡水鱼产业现状分析》编辑委员会

主　编：袁永明　　代云云　　袁　媛
副主编：张红燕　　贺艳辉
委　员（按姓氏拼音排序）：

边文冀	鲴种质资源与品种改良岗位
陈昆慈	鳢种质资源与品种改良岗位
陈文静	南昌综合试验站
陈细华	鲟营养需求与饲料岗位
陈校辉	南京综合试验站
崔　凯	合肥综合试验站
丁雪燕	杭州综合试验站
高开进	北海综合试验站
郭忠宝	南宁综合试验站
黄洪贵	福州综合试验站
李瑞伟	茂名综合试验站
李文笙	环境胁迫性疾病防控岗位
梁旭方	鳜营养需求与饲料岗位
刘　霆	贵阳综合试验站
刘红柏	鲑鳟营养需求与饲料岗位
刘付永忠	广州综合试验站
罗永巨	池塘生态化养殖岗位
梅　洁	黄颡鱼种质资源与品种改良岗位
缪祥军	昆明综合试验站
牟振波	拉萨综合试验站
王炳谦	鲑鳟种质资源与品种改良岗位

王金龙	长沙综合试验站
徐 跑	工程化养殖岗位
徐洪亮	武汉综合试验站
杨 弘	罗非鱼种质资源与品种改良岗位
杨代勤	黄鳝泥鳅种质资源与品种改良岗位
叶 星	淡水鲈种质资源与品种改良岗位
翟少伟	鳗营养需求与饲料岗位
张 欣	北京综合试验站
张秋明	玉林综合试验站
赵 刚	成都综合试验站
周秋白	黄鳝泥鳅营养需求与饲料岗位
朱 海	海口综合试验站
朱德兴	惠州综合试验站

前　言

渔业是农业的重要组成部分，随着渔业产业的不断发展，其在国民经济中的地位也越来越重要，不仅满足人类社会生存和发展的食物需要，尤其是为人类提供优质蛋白，还为相关产业发展提供加工原料。这一功能是渔业的传统功能，也是最基本的功能，对维护我国食物安全、促进社会经济稳定等具有重要作用。

罗非鱼、鮰、黄颡鱼、鳢、鳗、淡水鲈、鳜、黄鳝、泥鳅、鲟、鲑鳟是我国的主要特色淡水鱼品种，2017年特色淡水鱼产量467万t，占全部淡水鱼产量的18.48%，2018年总产量为462万t，出口总量60.28万t，出口总额27.50亿美元，为增加外汇收入、保障优质蛋白供给、促进渔业产业兴旺和渔民生活富裕做出了突出贡献。一方面，与大宗淡水鱼相比，特色淡水鱼具有营养价值高、产品附加值高、品质优良等特点，在消费者群体中具有较高的认可度，多居于消费的高端，部分品种主要面对国际市场。另一方面，特色淡水鱼产业在苗种、饲料、加工、流通和市场等方面存在诸多问题。

罗非鱼、鳗、鲟等品种过于依赖国际市场，国际市场一旦有所变动，对国内产业会有极大的影响。例如，2018年的中美贸易摩擦对罗非鱼产业产生了重大影响。大部分特色淡水鱼的育种、繁种环节都存在问题，比较突出的有鳗、黄鳝、鲑鳟，苗种主要依靠天然捕捞和国际进口，繁殖生物学、规模化繁育技术体系和规模化苗种供给没有得到实质性突破。鮰、鳢、淡水鲈、鳜等品种也存在种质退化、体型体色差异大、生长性弱、抗逆抗病性能差等问题，这些问题都亟待解决。鳜对活饵料鱼的依赖，对配套饵料鱼池塘养殖面积有着较高的要求，而淡水鲈、鳢养殖对冰鲜野杂鱼的需求，给水体环境也带来了极大的负效应，需要拓展饵料鱼养殖和供给的方式与途径，充分研究饵料鱼的饲料替代。在环保力度加大的形势下，尾水处理、绿色健康养殖成为特色淡水鱼养殖的一个重要任务，目前我国特色淡水鱼养殖业存在较为严重的环保问题，如尾水净化等环保问题凸显、池塘健康养殖技术滞后等。

21世纪以来，中国特色淡水鱼产业迅猛发展，产业发展的任务开始从以数量增加为主转向为以素质提高为主的新阶段。本书在国家特色淡水鱼产业技术体系项目的支持下，重点分析了全国和各省（区、市）范围内特色淡水鱼苗种、生产、加工、流通、国内外市场等产业链各环节发展情况及主要养殖模式的经济效益，通过对历史数据的分析，探究产业发展规律、预测未来发展趋势，对产业的持续稳定发展有一定的指导意义。本书有助于读者了解特色淡水鱼产业的相关情况、掌握产业未来发展趋势，以提升产业竞争力，为水产生产一线人员合理组织生产、科研工作者进行产业相关研究、为政府管理部门有效利用资源、调整产业布局决策提供参考。

本书分为三篇，前两篇分别从全国和各省（区、市）的范围探究了特色淡水鱼产业发展的现状及存在的问题，最后一篇对特色淡水鱼主要养殖模式的经济效益进行了分析。

第一篇以全国为研究范畴，各章分别对罗非鱼、鲴、黄颡鱼、鳢、鳗、淡水鲈、鳜、黄鳝、泥鳅、鲟、鲑鳟中国特色淡水鱼的产业发展现状、存在问题及发展趋势进行分析。

第二篇以 2018 年各省（区、市）特色淡水鱼产业发展现状及趋势分析为研究内容，以各省（区、市）为研究范畴，分别对国家特色淡水鱼产业技术体系试验站示范点所在区域的特色淡水鱼产业发展现状及趋势进行分析。第 12 章对 2018 年京津冀地区特色淡水鱼产业发展现状及趋势进行分析，包括产业发展现状及存在问题、产业发展趋势、产业发展建议研究内容。第 13 章对 2018 年江苏特色淡水鱼产业发展现状及趋势进行分析，包括江苏特色淡水鱼产业概况及存在问题、发展建议研究内容。第 14 章对 2018 年浙江特色淡水鱼产业发展现状及趋势进行分析，分别对淡水鲈、黄颡鱼、乌鳢、泥鳅、鲟产业进行研究。第 15 章对 2018 年安徽特色淡水鱼产业发展现状及趋势进行分析，包括安徽渔业资源条件、渔业产业发展水平、产业发展状况及特点与问题、发展趋势、发展建议研究内容。第 16 章对 2018 年福建特色淡水鱼产业发展现状及趋势进行分析，包括福建罗非鱼产业发展现状、鳗产业发展现状。第 17 章对 2018 年江西特色淡水鱼产业发展现状及趋势进行分析，包括产业发展概况、特点、存在问题、发展趋势和建议。第 18 章对 2018 年湖北特色淡水鱼产业发展现状及趋势进行分析，包括湖北特色淡水鱼产业发展现状、存在问题、发展趋势、发展建议内容。第 19 章对 2018 年湖南特色淡水鱼产业发展现状及趋势进行分析，包括产业发展现状、特点、发展趋势研究内容。第 20 章对 2018 年广东特色淡水鱼产业发展现状及趋势进行分析，包括广州及惠州特色淡水鱼产业发展现状分析。第 21 章对 2018 年广西特色淡水鱼产业发展现状及趋势进行分析。第 22 章对 2018 年贵州特色淡水鱼产业发展现状及趋势进行分析，包括贵州特色淡水鱼产业发展概况、特点、存在问题、发展趋势、发展建议。第 23 章对 2018 年云南冷水鱼产业发展现状及趋势进行分析，包括产业发展概况、发展特点、影响因素、政策、存在问题及发展建议研究内容。第 24 章对 2018 年海南特色淡水鱼产业发展现状及趋势进行分析，包括海南淡水鱼产业发展概况、特点、存在问题、发展趋势、发展建议、典型养殖模式经济效益研究内容。第 25 章对 2018 年四川叉尾鲴产业发展现状及趋势进行分析，包括产区布局、产业发展现状及存在问题与发展建议研究内容。第26章对2018年西藏亚东鲑产业发展现状及趋势进行分析,包括亚东鲑产业发展现状、发展的重要性、发展特点、存在问题、发展前景、发展趋势及建议研究内容。

第三篇分析特色淡水鱼主要养殖模式经济效益,分别对罗非鱼、鲖、黄颡鱼、鳢、鳗、淡水鲈、鳜、黄鳝、泥鳅、鲟、鲑鳟品种主要养殖模式进行案例研究。第27章为罗非鱼主要养殖模式经济效益分析,包括扬中池塘工程化循环水养殖罗非鱼案例、惠州彩虹鲷养殖案例、南宁罗非鱼池塘内循环流水养殖模式、北海罗非鱼典型养殖模式、昆明罗非鱼养殖生产案例。第28章为鲖主要养殖模式经济效益分析,包括南通斑点叉尾鲖池塘养殖模式、广州试验站番禺大规格叉尾鲖网箱养殖案例、眉山斑点叉尾鲖池塘养殖模式。第29章为黄颡鱼主要养殖模式经济效益分析,包括芜湖池塘内循环流水杂交黄颡鱼养殖案例、湘阴黄颡鱼主要养殖模式案例。第30章为鳢主要养殖模式经济效益分析,包括德清乌鳢养殖配合饲料应用技术案例、广州试验站花都乌鳢生态养殖实例。第31章为鳗主要养殖模式经济效益分析,包括三明鳗、漳州鳗和闽西鳗养殖生产案例。第32章为淡水鲈主要养殖模式经济效益分析,包括嘉善淡水鲈配合饲料替代冰鲜鱼养殖模式与技术、铜陵大口黑鲈养殖模式、咸宁淡水鲈当年养成商品鲈模式、珠海宝石鲈与南美白对虾混养模式。第33章为鳜主要养殖模式经济效益分析,包括南昌稻田综合种养鱼虾养殖模式、武汉鳜百日养殖模式。第34章为黄鳝主要养殖模式经济效益分析,以仙桃黄鳝池塘养殖模式为例。第35章为泥鳅主要养殖模式经济效益分析,包括连云港泥鳅池塘养殖模式、乐平稻鳅综合种养模式。第36章为鲟主要养殖模式经济效益分析,包括北京简易温室大棚微流水鲟养殖模式、惠水山区鲟流水养殖模式。第37章为鲑鳟主要养殖模式经济效益分析,包括云南曲靖虹鳟、鲟养殖案例及甘肃兰州鲑鳟主要养殖模式。

开展特色淡水鱼产业发展现状研究,能更清楚地了解特色淡水鱼在中国和世界渔业发展历史中的地位和作用、判断其未来的发展方向和趋势,可以对整个特色淡水鱼产业链进行战略统筹和优化,提升产业地位,增强国际竞争力,扩大我国特色淡水鱼产品在国际特色淡水鱼市场上的影响力,为我国特色淡水鱼产业做大做强指引方向。

本书的出版得到科学出版社的大力支持,还得到了"现代农业产业技术体系专项资金"(CARS-46)的资助。此外,国家特色淡水鱼产业技术体系岗位科学家、各综合试验站及示范点工作人员提供了大量生产、加工、销售等基础数据,为本书的编写提供了很大帮助,在此一并致以诚挚的谢意。

目 录

第一篇　2018年中国特色淡水鱼产业发展现状及趋势分析

第1章　罗非鱼 ······ 3
1.1　国际罗非鱼生产与贸易概况 ······ 3
1.1.1　国际罗非鱼生产 ······ 3
1.1.2　国际罗非鱼贸易 ······ 4
1.1.3　国际罗非鱼市场 ······ 10
1.2　国内罗非鱼生产与贸易概况 ······ 15
1.2.1　国内罗非鱼生产 ······ 15
1.2.2　国内罗非鱼贸易 ······ 16
1.2.3　国内罗非鱼市场 ······ 23
1.3　中国罗非鱼产业发展趋势 ······ 23

第2章　鲫 ······ 25
2.1　2018年鲫产业发展现状及趋势分析 ······ 25
2.1.1　国际鲫生产概况 ······ 25
2.1.2　国内鲫生产与贸易概况 ······ 26
2.1.3　中国鲫产业发展趋势 ······ 30
2.2　2018年鲫产业现状与存在问题分析 ······ 30
2.2.1　苗种生产 ······ 30
2.2.2　养殖情况 ······ 30
2.2.3　加工出口 ······ 31
2.2.4　国内市场 ······ 31

第3章　黄颡鱼 ······ 32
3.1　2018年黄颡鱼产业生产与市场概况分析 ······ 32
3.1.1　黄颡鱼生产概况 ······ 32
3.1.2　国内黄颡鱼市场 ······ 33
3.1.3　黄颡鱼生产与市场发展前景 ······ 34
3.2　2018年黄颡鱼产业现状、存在问题及趋势分析 ······ 34
3.2.1　产业发展概况、特点及存在问题 ······ 34
3.2.2　产业发展趋势 ······ 35
3.2.3　产业发展建议 ······ 36

第4章 鳢

4.1 2018年鳢生产与市场概况分析 37
4.1.1 国内鳢生产概况 37
4.1.2 国内鳢市场 37
4.1.3 鳢产业生产与市场存在问题 38
4.1.4 鳢产业生产与市场发展前景 38
4.1.5 鳢产业生产与市场发展建议 39
4.2 2018年鳢产业现状、问题及趋势分析 39
4.2.1 鳢产业发展概况 39
4.2.2 鳢产业存在问题 40
4.2.3 鳢发展趋势和建议 40

第5章 鳗

5.1 2018年鳗产业国内外生产与贸易概况分析 41
5.1.1 国际鳗生产与贸易概况 41
5.1.2 国内鳗生产与贸易概况 45
5.1.3 中国鳗生产与贸易发展前景 49
5.2 2018年鳗产业现状、问题及趋势分析 50
5.2.1 鳗产业发展概况 50
5.2.2 鳗产业特点 50
5.2.3 鳗产业存在问题 51
5.2.4 鳗产业发展趋势及建议 52

第6章 淡水鲈

6.1 2018年淡水鲈产业生产与市场概况分析 54
6.1.1 国际淡水鲈生产概况 54
6.1.2 国内淡水鲈生产与市场概况 54
6.1.3 淡水鲈产业生产与市场存在问题 56
6.1.4 淡水鲈产业生产与市场发展前景 56
6.1.5 淡水鲈产业生产与市场发展建议 57
6.2 2018年淡水鲈产业特点、问题及趋势分析 57
6.2.1 淡水鲈产业特点及存在问题 57
6.2.2 淡水鲈产业发展趋势 59
6.2.3 淡水鲈产业发展建议 59

第7章 鳜

7.1 2018年鳜产业生产与市场概况分析 61
7.1.1 国内鳜生产概况 61
7.1.2 国内鳜市场 61

  7.1.3 鳜产业生产与市场存在问题 ······ 62
  7.1.4 鳜产业生产与市场发展前景 ······ 62
  7.1.5 鳜产业生产与市场发展建议 ······ 63
 7.2 2018 年鳜产业现状、问题及趋势分析 ······ 63
  7.2.1 鳜产业发展概况、特点 ······ 63
  7.2.2 鳜产业存在问题 ······ 65
  7.2.3 鳜产业发展的趋势及建议 ······ 65

第 8 章 黄鳝 ······ 66
 8.1 2018 年黄鳝产业生产与贸易概况分析 ······ 66
  8.1.1 国际黄鳝生产与贸易概况 ······ 66
  8.1.2 国内黄鳝生产与贸易概况 ······ 67
  8.1.3 中国黄鳝产业生产与贸易发展前景 ······ 68
 8.2 2018 年黄鳝产业现状、问题及趋势分析 ······ 69
  8.2.1 黄鳝产业发展现状 ······ 69
  8.2.2 黄鳝产业存在问题 ······ 71
  8.2.3 黄鳝产业发展趋势 ······ 71

第 9 章 泥鳅 ······ 72
 9.1 2018 年泥鳅产业生产与贸易概况分析 ······ 72
  9.1.1 国际泥鳅生产概况 ······ 72
  9.1.2 国内泥鳅生产和贸易情况 ······ 73
  9.1.3 中国泥鳅产业生产与贸易发展前景 ······ 74
 9.2 2018 年泥鳅产业现状、问题及趋势分析 ······ 75
  9.2.1 泥鳅生产与贸易概况 ······ 75
  9.2.2 泥鳅生产渔情采集点基本情况 ······ 75
  9.2.3 泥鳅产业存在问题 ······ 77
  9.2.4 泥鳅产业发展趋势 ······ 77

第 10 章 鲟 ······ 78
 10.1 2018 年鲟产业生产与贸易概况分析 ······ 78
  10.1.1 国际鲟生产与贸易概况 ······ 78
  10.1.2 国内鲟生产与贸易概况 ······ 80
  10.1.3 中国鲟产业生产与贸易发展前景 ······ 84
  10.1.4 鲟产业生产与贸易发展建议 ······ 85
 10.2 2018 年鲟产业现状、问题及趋势分析 ······ 86
  10.2.1 鲟产业特点、问题 ······ 86
  10.2.2 鲟产业发展趋势 ······ 87
  10.2.3 鲟产业发展建议 ······ 87

第 11 章 鲑鳟 ··· 88
11.1 2018 年鲑产业发展现状及趋势分析 ··· 88
- 11.1.1 国际鲑生产与贸易概况 ··· 88
- 11.1.2 国内鲑生产与贸易概况 ··· 90
- 11.1.3 中国鲑产业存在的问题 ··· 91

11.2 2018 年鳟产业发展现状及趋势分析 ··· 91
- 11.2.1 国际鳟生产与贸易概况 ··· 91
- 11.2.2 国内鳟生产与贸易概况 ··· 93
- 11.2.3 中国鳟产业发展趋势 ··· 95

11.3 2018 年鲑鳟产业现状、问题及趋势分析 ··· 96
- 11.3.1 鲑鳟产业发展概况 ··· 96
- 11.3.2 鲑鳟产业的特点 ··· 96
- 11.3.3 鲑鳟产业存在的问题 ··· 97
- 11.3.4 发展趋势及建议 ··· 98

第二篇 2018 年各省（区、市）特色淡水鱼产业发展现状及趋势分析

第 12 章 2018 年京津冀地区特色淡水鱼产业发展现状及趋势分析 ··· 103
12.1 产业发展现状及存在问题 ··· 103
- 12.1.1 产业发展现状 ··· 103
- 12.1.2 产业存在问题 ··· 104

12.2 产业发展趋势 ··· 105
- 12.2.1 成鱼养殖面积会大幅下降 ··· 105
- 12.2.2 苗种生产企业对良种的需求进一步提高 ··· 105
- 12.2.3 健康养殖成为行业发展的关键 ··· 105

12.3 产业发展建议 ··· 105
- 12.3.1 推进养殖合作社建设 ··· 105
- 12.3.2 加强健康养殖技术推广与优化 ··· 106
- 12.3.3 持续推进良种推广与种质管理 ··· 106

第 13 章 2018 年江苏特色淡水鱼产业发展现状及趋势分析 ··· 107
13.1 产业发展现状及存在问题 ··· 107
- 13.1.1 淡水鲈 ··· 107
- 13.1.2 黄颡鱼 ··· 108
- 13.1.3 鳜 ··· 108
- 13.1.4 泥鳅 ··· 109
- 13.1.5 斑点叉尾鮰 ··· 110

13.2 产业发展建议 ·· 110
13.2.1 加强苗种质量监管 ··· 110
13.2.2 制定行业操作规范 ··· 110
13.2.3 政策引导扶持 ·· 111

第 14 章 2018 年浙江特色淡水鱼产业发展现状及趋势分析 ································ 112
14.1 淡水鲈产业发展现状、存在问题及发展趋势分析 ·· 112
14.1.1 产业发展现状及特点 ··· 112
14.1.2 产业存在问题 ·· 113
14.1.3 产业发展趋势 ·· 113
14.2 黄颡鱼产业发展现状、存在问题及发展趋势分析 ·· 114
14.2.1 产业发展现状及特点 ··· 114
14.2.2 产业存在问题 ·· 115
14.2.3 产业发展趋势 ·· 116
14.3 乌鳢产业发展现状、存在问题及发展趋势分析 ·· 116
14.3.1 产业发展现状及特点 ··· 116
14.3.2 产业存在问题 ·· 117
14.3.3 产业发展趋势 ·· 117
14.4 泥鳅产业发展现状、存在问题及发展趋势分析 ·· 117
14.4.1 产业发展现状及特点 ··· 117
14.4.2 产业存在问题 ·· 118
14.4.3 产业发展趋势 ·· 118
14.5 鲟产业发展现状、存在问题及发展趋势分析 ·· 119
14.5.1 产业发展现状及特点 ··· 119
14.5.2 产业存在问题 ·· 119
14.5.3 产业发展趋势 ·· 119

第 15 章 2018 年安徽特色淡水鱼产业发展现状及趋势分析 ································ 121
15.1 渔业资源条件与产业发展水平 ·· 121
15.2 产业发展现状 ·· 122
15.2.1 养殖区域分布 ·· 122
15.2.2 养殖产量 ·· 122
15.2.3 养殖模式 ·· 123
15.2.4 水产品加工 ·· 124
15.3 产业特点及存在问题 ·· 124
15.4 产业发展趋势 ·· 125
15.5 产业发展建议 ·· 126

第16章　2018年福建特色淡水鱼产业发展现状及趋势分析 ······ 128
16.1　罗非鱼产业发展现状分析 ······ 128
16.1.1　产业发展现状及存在问题 ······ 128
16.1.2　产业发展趋势 ······ 129
16.1.3　产业发展建议 ······ 130
16.2　鳗产业发展现状分析 ······ 131
16.2.1　产业发展现状及存在问题 ······ 131
16.2.2　产业发展趋势 ······ 132
16.2.3　产业发展建议 ······ 133

第17章　2018年江西特色淡水鱼产业发展现状及趋势分析 ······ 134
17.1　产业发展现状及产业特点 ······ 134
17.2　产业存在问题 ······ 134
17.3　产业发展趋势 ······ 135
17.4　产业发展建议 ······ 135

第18章　2018年湖北特色淡水鱼产业发展现状及趋势分析 ······ 137
18.1　产业发展现状及存在问题 ······ 137
18.1.1　产业发展现状 ······ 137
18.1.2　产业存在问题 ······ 138
18.2　产业发展趋势 ······ 140
18.3　产业发展建议 ······ 141

第19章　2018年湖南特色淡水鱼产业发展现状及趋势分析 ······ 144
19.1　产业发展现状 ······ 144
19.2　产业特点 ······ 144
19.3　产业发展趋势 ······ 145

第20章　2018年广东特色淡水鱼产业发展现状及趋势分析 ······ 146
20.1　广州特色淡水鱼产业发展现状分析 ······ 146
20.1.1　产业发展现状 ······ 146
20.1.2　产业发展建议 ······ 149
20.2　惠州特色淡水鱼产业发展现状分析 ······ 149
20.2.1　产业发展现状与存在问题 ······ 149
20.2.2　产业发展趋势 ······ 151
20.2.3　产业发展建议 ······ 152

第21章　2018年广西特色淡水鱼产业发展现状及趋势分析 ······ 154
21.1　广西特色淡水鱼产业发展现状分析 ······ 154
21.1.1　产业发展现状及特点 ······ 154
21.1.2　产业存在问题 ······ 155

  21.1.3 产业发展趋势及建议 ··· 156
 21.2 钦州、北海、防城港特色淡水鱼产业发展现状分析 ····················· 156
  21.2.1 罗非鱼产业发展现状 ··· 157
  21.2.2 黄颡鱼产业发展现状 ··· 158
  21.2.3 产业存在问题 ··· 158
 21.3 玉林特色淡水鱼产业发展现状分析 ······································· 158
  21.3.1 产业发展现状 ··· 158
  21.3.2 养殖模式情况 ··· 159

第22章 2018年贵州特色淡水鱼产业发展现状及趋势分析 ········· 162
 22.1 产业发展现状 ··· 162
 22.2 产业特点及存在问题 ··· 162
 22.3 产业发展趋势 ··· 163
 22.4 产业发展建议 ··· 163

第23章 2018年云南冷水鱼产业发展现状及趋势分析 ················· 165
 23.1 产业发展概况 ··· 165
 23.2 产业发展特点 ··· 165
 23.3 产业影响因素 ··· 165
 23.4 产业政策 ·· 166
 23.5 产业存在问题 ··· 166
 23.6 产业发展建议 ··· 166

第24章 2018年海南特色淡水鱼产业发展现状及趋势分析 ········· 167
 24.1 产业发展现状 ··· 167
 24.2 产业特点 ·· 167
 24.3 产业存在问题 ··· 168
 24.4 产业发展趋势 ··· 168
 24.5 产业发展建议 ··· 170
 24.6 典型模式经济效益 ·· 171

第25章 2018年四川叉尾鲴产业发展现状及趋势分析 ················· 172
 25.1 产区布局 ·· 172
 25.2 产业发展现状 ··· 172
  25.2.1 苗种生产 ·· 172
  25.2.2 养殖环节 ·· 172
  25.2.3 加工环节 ·· 172
 25.3 产业存在问题 ··· 173
  25.3.1 种质种苗 ·· 173
  25.3.2 病害防控 ·· 173

- 25.3.3 销售市场 ··· 173
- 25.3.4 养殖环境 ··· 174
- 25.4 产业发展建议 ··· 174
  - 25.4.1 打造苗种龙头企业，保障苗种供给 ··· 174
  - 25.4.2 实施规模化养殖和产业化经营 ··· 174

第 26 章 2018 年西藏亚东鲑产业发展现状及趋势分析 ··· 175
- 26.1 产业发展现状 ··· 175
- 26.2 产业发展的重要性 ··· 176
- 26.3 产业发展特点 ··· 176
- 26.4 产业存在问题 ··· 177
- 26.5 产业发展前景 ··· 177
- 26.6 产业发展趋势及建议 ··· 178

第三篇 特色淡水鱼主要养殖模式经济效益分析

第 27 章 罗非鱼 ··· 183
- 27.1 扬中池塘工程化循环水养殖罗非鱼生产经济效益分析 ··· 183
  - 27.1.1 生产实体简介 ··· 183
  - 27.1.2 主要养殖生产技术与方法 ··· 183
  - 27.1.3 经济效益分析 ··· 185
- 27.2 惠州彩虹鲷养殖经济效益分析 ··· 185
  - 27.2.1 生产实体简介 ··· 186
  - 27.2.2 主要养殖生产技术与方法 ··· 186
  - 27.2.3 经济效益分析 ··· 187
- 27.3 南宁罗非鱼池塘内循环流水养殖模式经济效益分析 ··· 188
  - 27.3.1 生产设施简介 ··· 188
  - 27.3.2 主要养殖生产技术与方法 ··· 188
  - 27.3.3 经济效益分析 ··· 189
- 27.4 北海罗非鱼典型养殖模式经济效益分析 ··· 191
  - 27.4.1 生产实体简介 ··· 191
  - 27.4.2 主要养殖生产技术与方法 ··· 191
  - 27.4.3 经济效益分析 ··· 192
- 27.5 昆明罗非鱼养殖生产经济效益分析 ··· 193
  - 27.5.1 生产实体简介 ··· 193
  - 27.5.2 主要养殖生产技术与方法 ··· 193
  - 27.5.3 经济效益分析 ··· 194

第28章 鮰 … 196

28.1 南通斑点叉尾鮰池塘养殖模式经济效益分析 … 196
28.1.1 生产实体简介 … 196
28.1.2 主要养殖生产技术与方法 … 196
28.1.3 经济效益分析 … 197

28.2 广州番禺大规格叉尾鮰网箱养殖经济效益分析 … 197
28.2.1 生产实体简介 … 197
28.2.2 主要养殖生产技术与方法 … 197
28.2.3 经济效益分析 … 198

28.3 眉山斑点叉尾鮰池塘养殖模式 … 198
28.3.1 主要养殖生产技术与方法 … 198
28.3.2 经济效益分析 … 199

第29章 黄颡鱼 … 200

29.1 芜湖池塘内循环流水杂交黄颡鱼养殖经济效益分析 … 200
29.1.1 生产实体简介 … 200
29.1.2 主要养殖生产技术与方法 … 200
29.1.3 经济效益分析 … 202

29.2 湘阴黄颡鱼主要养殖模式经济效益分析 … 204
29.2.1 生产实体简介 … 204
29.2.2 主要养殖生产技术与方法 … 204
29.2.3 经济效益分析 … 205

第30章 鳢 … 207

30.1 德清乌鳢养殖配合饲料应用技术 … 207
30.1.1 生产实体简介 … 207
30.1.2 主要养殖生产技术与方法 … 207

30.2 广州花都乌鳢生态养殖实例经济效益分析 … 209
30.2.1 生产实体简介 … 209
30.2.2 主要养殖生产技术与方法 … 209
30.2.3 经济效益分析 … 209

第31章 鳗 … 211

31.1 三明鳗养殖生产经济效益分析 … 211
31.1.1 生产实体简介 … 211
31.1.2 主要养殖生产技术与方法 … 211
31.1.3 经济效益分析 … 212
31.1.4 养殖效果分析 … 213

31.2 漳州鳗养殖生产经济效益分析 … 214

- 31.2.1 生产实体简介 ·· 214
- 31.2.2 主要养殖生产技术与方法 ·· 214
- 31.2.3 经济效益分析 ·· 215
- 31.2.4 养殖效果分析 ·· 216

31.3 闽西鳗养殖模式与经济效益分析 ·· 216
- 31.3.1 生产实体简介 ·· 216
- 31.3.2 主要养殖生产技术与方法 ·· 216
- 31.3.3 经济效益分析 ·· 217

第 32 章 淡水鲈 ··· 218

32.1 嘉善淡水鲈配合饲料替代冰鲜鱼养殖模式与技术 ······························ 218
- 32.1.1 生产实体简介 ·· 218
- 32.1.2 主要养殖生产技术与方法 ·· 218

32.2 铜陵大口黑鲈养殖经济效益分析 ··· 220
- 32.2.1 生产实体简介 ·· 220
- 32.2.2 主要养殖生产技术与方法 ·· 220
- 32.2.3 经济效益分析 ·· 221

32.3 咸宁淡水鲈当年养成商品鲈模式 ··· 222
- 32.3.1 生产实体介绍 ·· 222
- 32.3.2 主要养殖生产技术与方法 ·· 222
- 32.3.3 经济效益分析 ·· 223

32.4 珠海宝石鲈与南美白对虾混养模式经济效益分析 ······························ 224
- 32.4.1 生产实体简介 ·· 224
- 32.4.2 主要养殖生产技术与方法 ·· 224
- 32.4.3 经济效益分析 ·· 224

第 33 章 鳜 ··· 226

33.1 南昌稻田综合种养鱼虾养殖模式经济效益分析 ·································· 226
- 33.1.1 生产实体简介 ·· 226
- 33.1.2 主要生产技术与方法 ·· 226
- 33.1.3 经济效益分析 ·· 227

33.2 武汉鳜百日养殖模式及经济效益分析 ··· 227
- 33.2.1 生产实体简介 ·· 227
- 33.2.2 主要养殖生产技术与方法 ·· 227
- 33.2.3 经济效益分析 ·· 228

第 34 章 黄鳝 ··· 229

34.1 仙桃黄鳝池塘养殖模式经济效益分析 ··· 229
- 34.1.1 生产实体简介 ·· 229

34.1.2 主要养殖生产技术与方法 ································229
34.1.3 经济效益分析 ···230

第35章 泥鳅 ································231
35.1 连云港泥鳅池塘养殖模式经济效益分析 ····················231
35.1.1 生产实体简介 ···231
35.1.2 主要养殖生产技术与方法 ································231
35.1.3 经济效益分析 ···232
35.2 乐平稻鳅综合种养模式及效益分析 ····························232
35.2.1 生产实体简介 ···233
35.2.2 主要养殖生产技术与方法 ································233
35.2.3 经济效益分析 ···233

第36章 鲟 ································236
36.1 北京简易温室大棚微流水鲟养殖模式 ·······················236
36.1.1 生产基本条件 ···236
36.1.2 主要养殖生产技术与方法 ································236
36.1.3 经济效益分析 ···236
36.2 惠水山区鲟流水养殖模式经济效益分析 ····················237
36.2.1 生产实体简介 ···237
36.2.2 主要养殖生产技术与方法 ································237
36.2.3 经济效益分析 ···238

第37章 鲑鳟 ································240
37.1 曲靖虹鳟、鲟养殖生产经济效益分析 ·······················240
37.1.1 生产实体简介 ···240
37.1.2 主要养殖生产技术与方法 ································240
37.1.3 经济效益分析 ···241
37.2 兰州鲑鳟主要养殖模式经济效益分析 ·······················242
37.2.1 生产实体简介 ···242
37.2.2 主要养殖生产技术与方法 ································242
37.2.3 经济效益分析 ···243

参考文献 ································244

第一篇
2018年中国特色淡水鱼产业发展现状及趋势分析

第1章 罗 非 鱼

1.1 国际罗非鱼生产与贸易概况

1.1.1 国际罗非鱼生产

2016年全球共有143个国家和地区生产罗非鱼,总产量为659万t,比上年增长3.98%,其中养殖产量590万t,捕捞产量69万t。养殖产量前十位的国家和地区分别是中国大陆、印度尼西亚、埃及、孟加拉国、菲律宾、巴西、泰国、越南、乌干达和中国台湾,分别占全球罗非鱼养殖产量的31.64%、20.14%、15.94%、5.81%、4.39%、4.05%、3.53%、3.12%、1.27%和1.07%。

罗非鱼捕捞国家主要包括墨西哥、埃及、尼日利亚、乌干达、印度尼西亚、斯里兰卡、菲律宾、马里、坦桑尼亚、埃塞俄比亚等,捕捞产量分别占全球罗非鱼捕捞产量的17.68%、15.63%、9.83%、7.28%、7.05%、6.35%、6.03%、3.97%、3.81%和3.62%。

全球罗非鱼产量呈逐年上升趋势,从2005年的264万t增长到2016年的659万t,年均增长率为8.67%(图1.1)。2018年全球罗非鱼总产量约为681万t,其中养殖产量约为615万t,捕捞产量约为66万t(图1.2)。

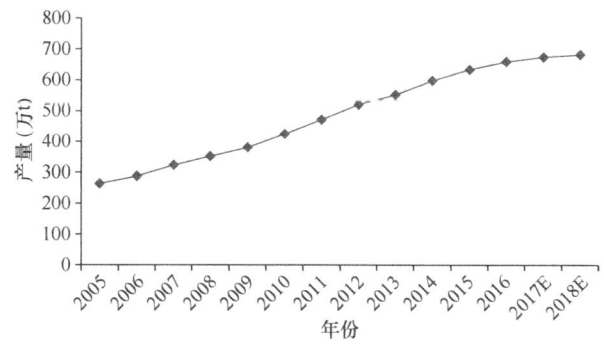

图1.1 2005~2018年全球罗非鱼产量

上图中E表示预计的意思,即2017年和2018年产量为预计产量(下同)

产业经济岗位　袁永明
罗非鱼种质资源与品种改良岗位　杨弘

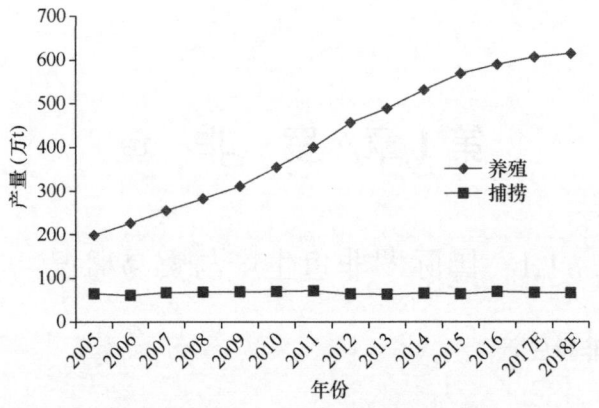

图 1.2　2005~2018 年全球罗非鱼养殖与捕捞产量

1.1.2　国际罗非鱼贸易

1. 国际罗非鱼进出口总量与进出口总额

2016 年全球罗非鱼进出口总量为 100.35 万 t，较上年降低了 0.87%。在 2010 年以前，罗非鱼进出口总量基本保持持续增长的态势，2010 年进出口总量增长的幅度较大，达 25.04%。2005~2010 年罗非鱼进出口总量的年均增长率为 15.82%，2011 年有所减少，2012 年、2013 年增速明显提高，自 2015 年开始进出口总量逐年下降（图 1.3）。2018 年进出口总量将继续下降，预计约为 98 万 t。

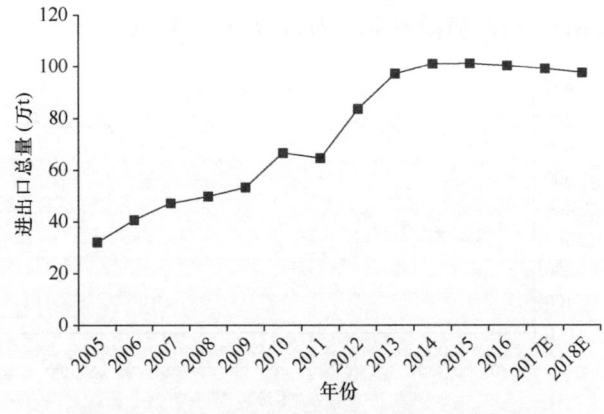

图 1.3　2005~2018 年全球罗非鱼进出口总量

2016 年罗非鱼进出口总额为 31.40 亿美元，与 2015 年相比，下降了 10.96%（图 1.4）。2016 年全球罗非鱼进出口总额的下降幅度高于进出口总量的下降幅度，这就意味着，罗非鱼的进出口平均价格是下降的，罗非鱼产业结束了高速发展期，产值逐渐下降。2018 年进出口总额预计约为 30 亿美元。

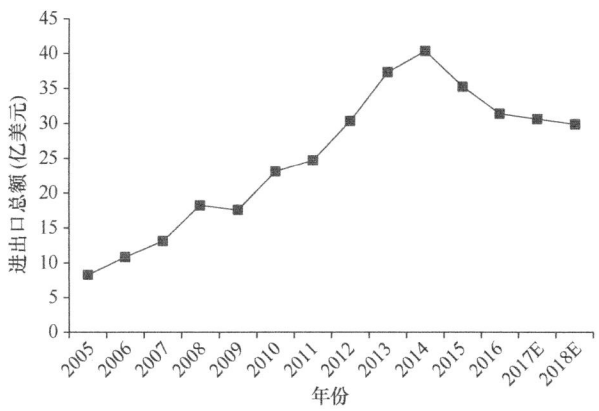

图 1.4　2005～2018 年全球罗非鱼进出口总额

2. 国际罗非鱼进口总量与进口总额

2016 年，国际罗非鱼进口总量为 50.19 万 t，2002～2007 年罗非鱼进口量均呈增加趋势，但是在 2008 年，罗非鱼的进口量基本与上年持平，2009 年的增加幅度也不大，这与中国 2008 年大雪灾导致罗非鱼减产有直接关系，2010 年罗非鱼产品进口市场有较大的改善，但在 2011 年又有所下降，2012 年、2013 年增速明显提高，2016 年有所下降，预计之后的两年将继续下降（图 1.5）。2016 年，国际罗非鱼的进口总额为 14.99 亿美元，与上年相比减少 13.71%（图 1.6）。预计 2018 年全球罗非鱼进口总量和进口总额将继续下降，分别约为 49 万 t 和 15 亿美元。

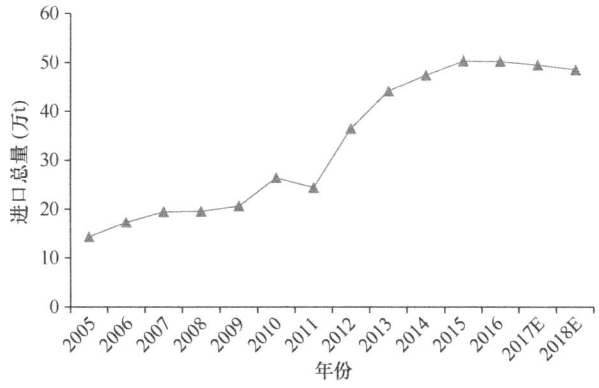

图 1.5　2005～2018 年全球罗非鱼进口总量

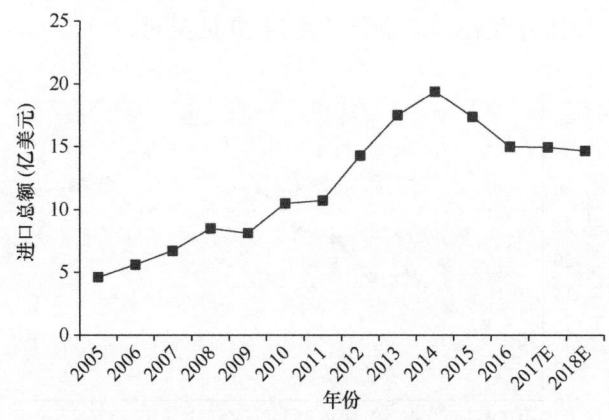

图 1.6　2005～2018 年全球罗非鱼进口总额

3. 国际罗非鱼出口总量与出口总额

2016 年,国际罗非鱼出口总量为 50.16 万 t,与上年相比,减少了 1.59%。2005 年开始,每年都呈增加的趋势,2014 年达到极值,为 53.71 万 t,2005 年的出口总量为 17.68 万 t,2005～2014 年均增长率达 13.14%。从 2015 年开始,出口总量逐步下降(图 1.7)。2016 年,国际罗非鱼的出口总额为 16.41 亿美元,与上年相比,减少了 8.30%(图 1.8)。2018 年全球罗非鱼出口总量将持续下降,大约为 49 万 t,出口总额约为 15 亿美元。

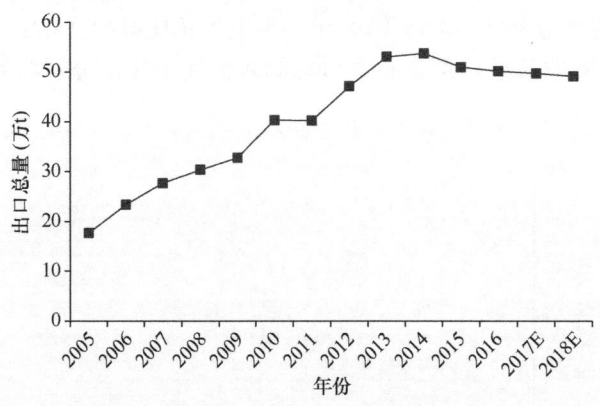

图 1.7　2005～2018 年全球罗非鱼出口总量

4. 主要进口国进口量与进口额

2016 年,全球罗非鱼的主要进口国为美国、墨西哥、科特迪瓦、沙特阿拉伯、以色列、伊朗、赞比亚、加拿大、刚果(金)和阿拉伯,其进口量分别占全球罗非鱼进口总量的 39.51%、13.20%、7.76%、4.35%、3.48%、3.17%、2.94%、1.53%、

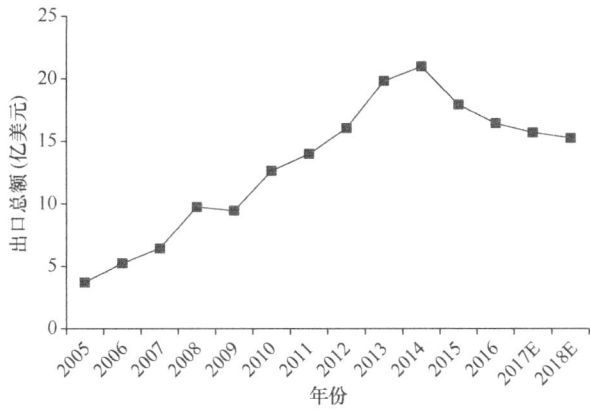

图 1.8　2005~2018 年全球罗非鱼出口总额

1.44%和 1.36%。美国作为最大的进口国,其进口量占全球进口总量的份额接近 40%（图 1.9）。

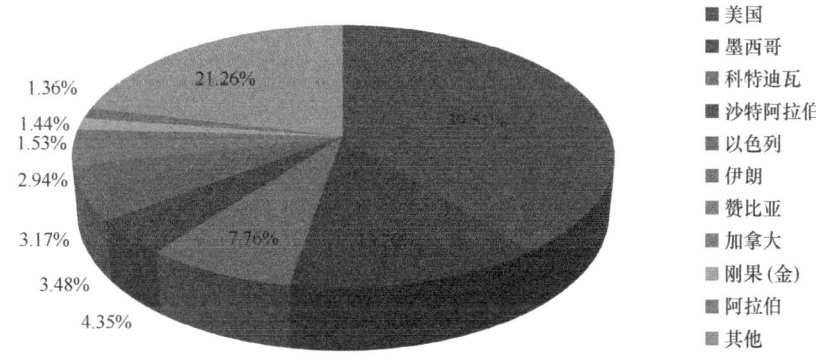

图 1.9　2016 年全球罗非鱼主要进口国家及其进口量所占比例（彩图请扫描封底二维码）

根据现有的数据可以计算出 2005~2016 年美国罗非鱼分别占全球罗非鱼进口总量与进口总额比例的变化情况。从图 1.10 可以看出,美国占全球的进口份额基本呈下降的趋势,进口量占比下降的速度要快于进口额的速度,2016 年为历史最低值。

2018 年罗非鱼主要进口国美国进口总量为 18.87 万 t,同比增加 3.25%,进口额为 6.87 亿美元,同比增加 1.89%。2005~2018 年美国罗非鱼进口量呈现波动态势,2011 年前基本保持逐步上涨,2012~2015 年进口量保持相对稳定,基本在 23 万 t 左右,从 2016 年开始,美国进口量下降幅度较大,2016 年同比下降 12.39%,2017 年同比下降 7.30%,2018 年有所上升（图 1.11）。

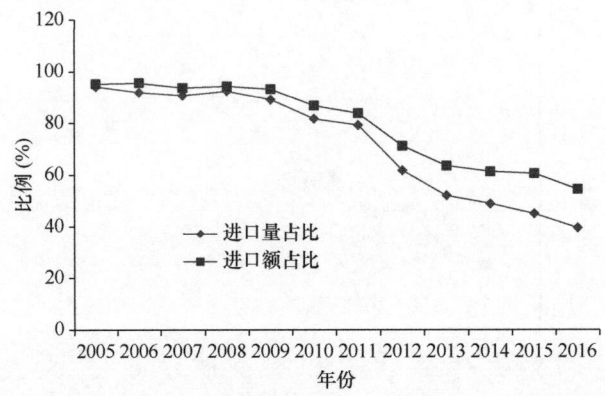

图1.10 2005~2016年美国占全球罗非鱼进口总量与进口总额的比例

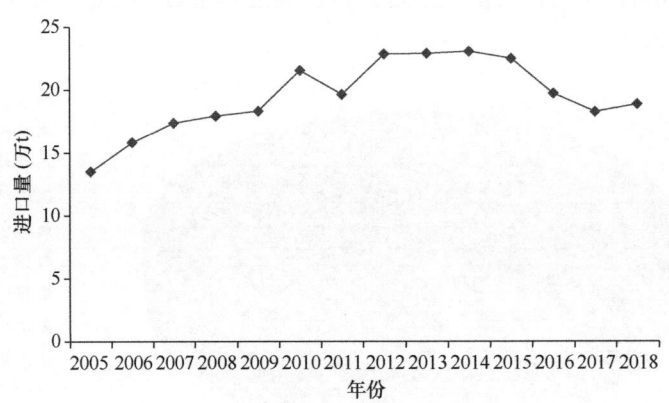

图1.11 2005~2018年美国罗非鱼进口量

中国是美国最大的罗非鱼进口国,2018年从中国进口14.21万t,同比增加6.28%,进口额为4.46亿美元,同比增加4.55%。2005~2018年美国罗非鱼在中国的进口量也呈现波动的趋势,与进口总量的变化幅度保持一致。2011年一度下降到14.44万t,2012~2015年进口量基本在17万t左右,2016~2017年进口量明显下降,2016年同比下降13.08%,2017年同比下降7.92%,2018年有所上升(图1.12)。

虽然美国进口总量和在中国的进口量都从2015年开始有所下降,但从2009年开始在中国的进口量占美国进口总量的比例一直维持在70%以上,2015年占比为74.25%,2016年占比为73.27%,2017年占比为73.17%,2018年占比有所上升(图1.13)。

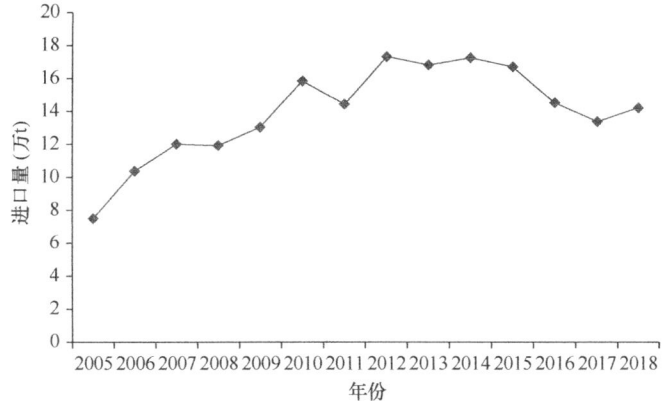

图 1.12　2005~2018 年美国罗非鱼在中国的进口量

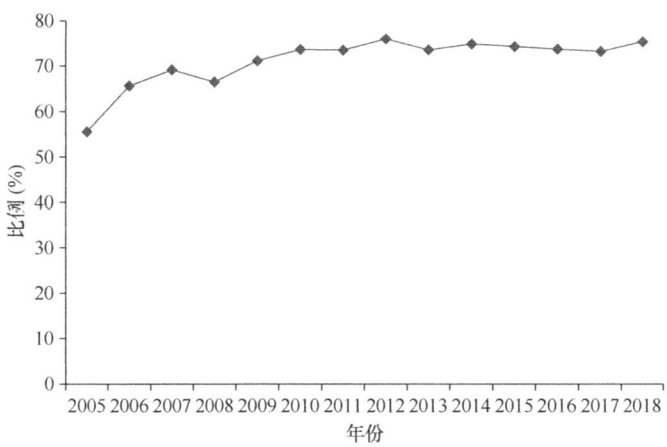

图 1.13　2005~2018 年美国罗非鱼在中国的进口量占进口总量的比例

5. 主要出口国出口量与出口额

2016 年，全球罗非鱼的主要出口国包括中国、印度尼西亚、越南、洪都拉斯、泰国、埃及、哥斯达黎加、哥伦比亚、尼日利亚和厄瓜多尔等，其出口量分别占全球罗非鱼出口总量的 78.38%、2.37%、2.30%、1.96%、1.55%、1.24%、1.12%、1.00%、0.91% 和 0.80%。中国作为最大的出口国，其出口量占全球出口总量的份额超过了 75%（图 1.14）。

根据现有的数据可以计算出 2005~2016 年中国罗非鱼分别占全球罗非鱼出口总量与出口总额比例的变化情况。从图 1.15 可以看出，在 2011 年以前，中国罗非鱼出口量占全球出口总量的比例呈稳步上升的态势，2011 年后这一比例有所减小。

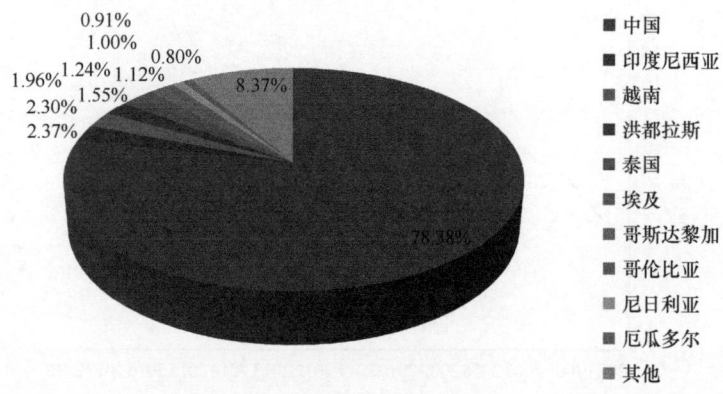

图1.14 2016年各国出口量占全球罗非鱼出口总量的比例（彩图请扫描封底二维码）

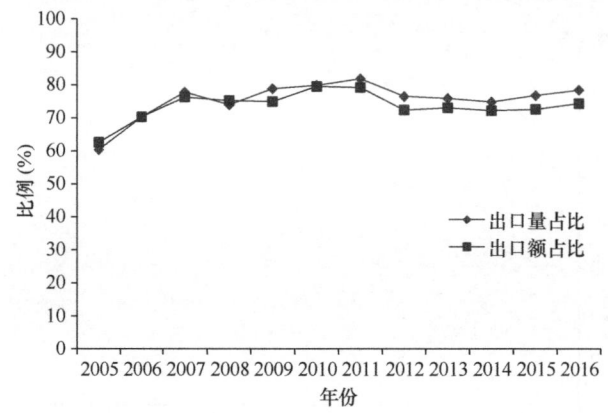

图1.15 2005~2016年中国占全球罗非鱼出口总量与出口总额的比例

1.1.3 国际罗非鱼市场

对于国际罗非鱼市场的研究，主要从全球罗非鱼产品各品种出口量、出口额、出口价、进口量、进口额、进口价等方面进行分析。

1. 国际罗非鱼产品各品种进口量与进口价

罗非鱼主要进口产品有冻罗非鱼片、冻罗非鱼、制作或保藏的罗非鱼（整条或切块）、鲜或冷罗非鱼片和鲜或冷罗非鱼。在进口产品中，2016年各种产品的进口量分别占进口总量的52.00%、35.71%、0.33%、6.79%和5.17%。其中，进口量最多的为冻罗非鱼片，占进口总量的52.00%；其次为冻罗非鱼，占进口总量的35.71%；制作或保藏的罗非鱼的进口量最少，仅占进口总量的0.33%（图1.16）。

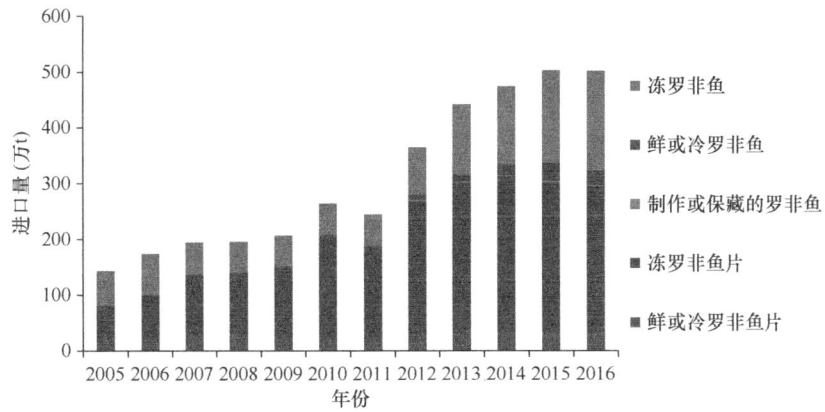

图 1.16　2005～2016 年全球罗非鱼产品的进口量（彩图请扫描封底二维码）

与进口量相对应，冻罗非鱼片的进口额占国际罗非鱼进口总额的比例也是最高的，冻罗非鱼次之，最少的为制作或保藏的罗非鱼（图 1.17）。

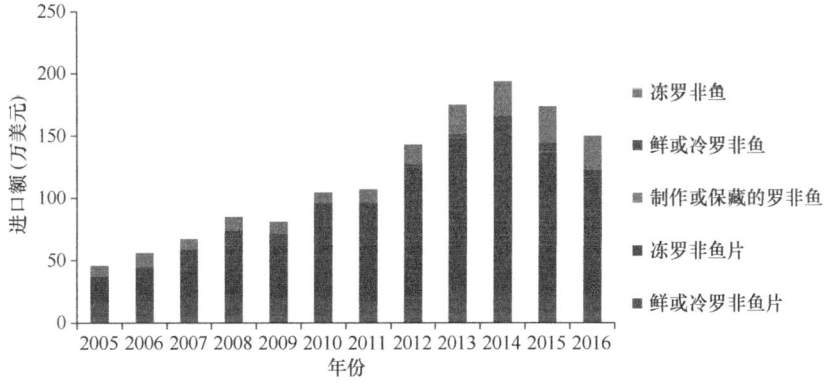

图 1.17　2005～2016 年全球罗非鱼产品的进口额（彩图请扫描封底二维码）

罗非鱼产品进口价中，鲜或冷罗非鱼片价格最高，2016 年为 6.69 美元/kg，同比下降 11.28%，其次是冻罗非鱼片（3.60 美元/kg，同比下降 13.44%）、制作或保藏的罗非鱼（3.10 美元/kg，同比上升 2.97%）、鲜或冷罗非鱼（2.10 美元/kg，同比下降 3.33%），最低的为冻罗非鱼（1.52 美元/kg，同比下降 13.53%）。除了制作或保藏的罗非鱼，罗非鱼产品的进口价均呈下降的态势（图 1.18）。

2. 国际罗非鱼产品各品种出口量与出口价

罗非鱼主要出口产品有冻罗非鱼片、冻罗非鱼、制作或保藏的罗非鱼（整条或切块）、鲜或冷罗非鱼片和鲜或冷罗非鱼，2016 年各种罗非鱼产品的出口量分别占出口总量的 34.05%、35.43%、22.72%、5.60% 和 2.20%。

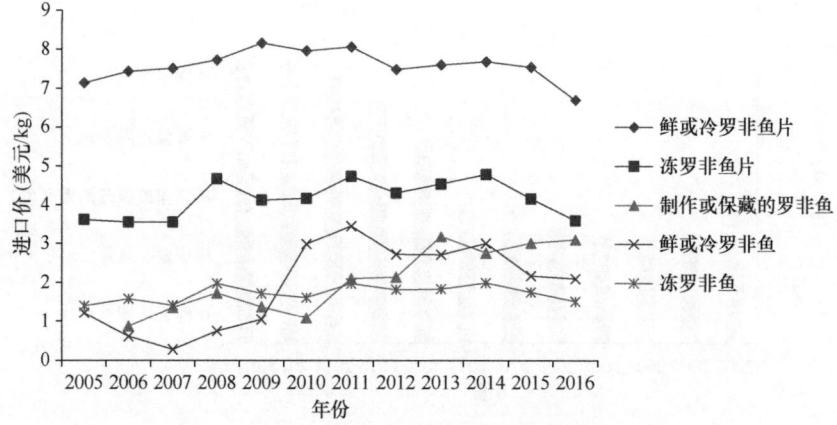

图 1.18　2005～2016 年国际罗非鱼产品的进口价

2016 年出口量最多的为冻罗非鱼,占出口总量的 35.43%,其次为冻罗非鱼片,占出口总量的 34.05%。2009～2013 年,冻罗非鱼片的出口量明显多于冻罗非鱼,从 2014 年开始,冻罗非鱼出口量占出口总量的比例增加,与冻罗非鱼片出口量占出口总量的比例基本持平。鲜或冷罗非鱼片和鲜或冷罗非鱼由于其运输条件及保质时间的限制,出口量是最少的(图 1.19)。

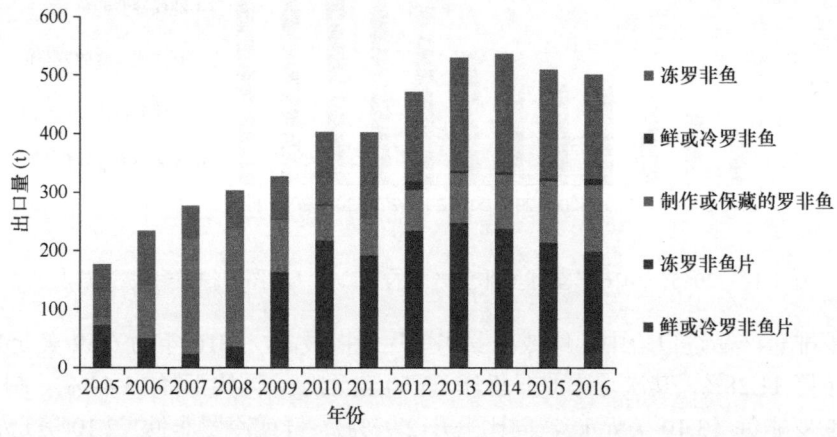

图 1.19　2005～2016 年国际罗非鱼产品的出口量(彩图请扫描封底二维码)

虽然冻罗非鱼的出口量与冻罗非鱼片已经基本持平,但出口额占比最高的仍然是冻罗非鱼片,其次为制作或保藏的罗非鱼,最少的为鲜或冷罗非鱼(图 1.20)。

2016 年冻罗非鱼片、冻罗非鱼、制作或保藏的罗非鱼(整条或切块)、鲜或冷罗非鱼片和鲜或冷罗非鱼平均价格分别为 3.82 美元/kg、1.92 美元/kg、3.89 美元/kg、6.54 美元/kg 和 1.82 美元/kg,其中,鲜或冷罗非鱼片的价格最高,达到

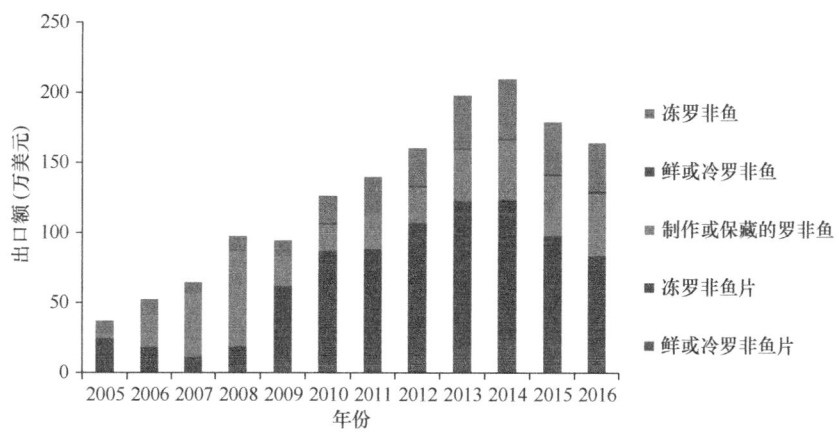

图 1.20 2005～2016 年国际罗非鱼产品的出口额（彩图请扫描封底二维码）

6.54 美元/kg，其次是冻罗非鱼片（3.82 美元/kg）、制作或保藏的罗非鱼（3.89 美元/kg）、冻罗非鱼（1.92 美元/kg），最低的为鲜或冷罗非鱼（1.82 美元/kg）。罗非鱼产品的出口价变化幅度较大，2016 年价格下降幅度较大，2016 年冻罗非鱼片、冻罗非鱼、制作或保藏的罗非鱼（整条或切块）、鲜或冷罗非鱼片和鲜或冷罗非鱼分别为 9.17%、4.16%、3.81%、4.06%、27.54%（图 1.21）。

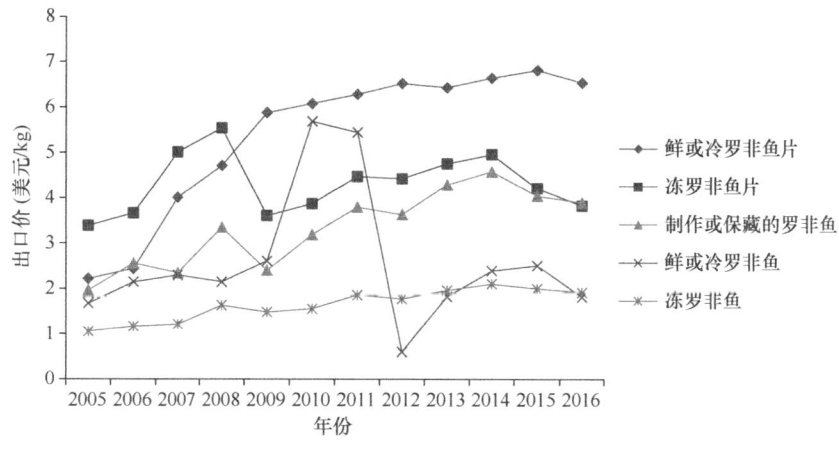

图 1.21 2005～2016 年国际罗非鱼产品的出口价

3. 主要交易国的交易价格

美国的进口价反映了国际市场罗非鱼产品的交易价格。2018 年美国市场进口量最多的为冻罗非鱼片，其次为冻罗非鱼和鲜或冷罗非鱼片，分别占总进口量的 65.44%、22.08% 和 11.46%，同比增长分别为 2.02%、12.38% 和 –4.86%。进口平均价分别为 3.75 美元/kg、1.79 美元/kg、6.61 美元/kg，同比增长分别为–0.41%、5.41%、0.58%。2018 年冻罗非鱼片的价格波动较大，4～6 月价格明显高于 2017 年，其他月份价格低于同期价格，整体价格走势不如 2016 年的表现（图 1.22）。

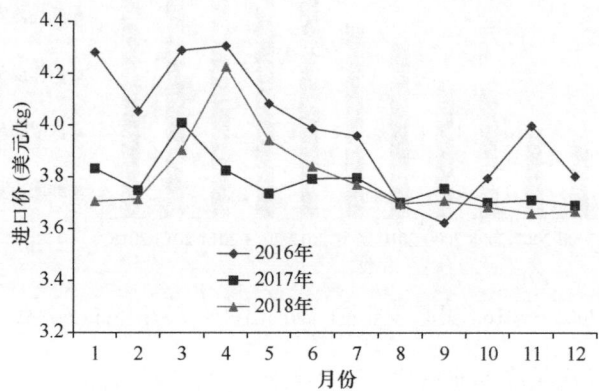

图 1.22　2016～2018 年美国市场冻罗非鱼片的进口价

2018 年美国市场的冻罗非鱼价格高于 2017 年同期，与 2016 年上半年相比，价格有所下降（除 6 月外），但下半年各月平均价格在近 3 年中基本为同期最高。2018 年冻罗非鱼的价格在 1.8 美元/kg 左右波动（图 1.23）。

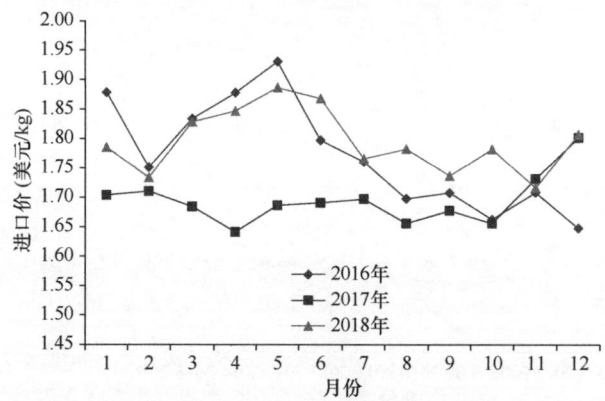

图 1.23　2016～2018 年美国市场冻罗非鱼的进口价

从 2005～2018 年美国冻罗非鱼片的进口价来看，历年从中国进口的价格均低于其进口平均价格，价格较高的包括厄瓜多尔、印度尼西亚、哥斯达黎加等国家（表 1.1）。从 2005～2018 年美国冻罗非鱼的进口价来看，绝大部分年份中国的价格都低于其平均价格（表 1.2）。

1.2 国内罗非鱼生产与贸易概况

表 1.1　2005～2018 年美国冻罗非鱼片的进口价　（单位：美元/kg）

国家	2005年	2006年	2007年	2008年	2009年	2010年	2011年	2012年	2013年	2014年	2015年	2016年	2017年	2018年
中国	3.04	3.04	3.06	4.17	3.63	3.78	4.43	4.07	4.43	4.94	4.24	3.70	3.57	3.55
印度尼西亚	4.89	5.03	4.99	5.84	6.41	6.51	6.50	6.92	6.70	6.79	6.82	6.65	6.70	
泰国	4.24	4.76	10.95	4.18	5.60	5.24	5.63	6.02	6.41	6.23	6.63	6.36	6.28	
厄瓜多尔	5.42	5.09	4.63	5.90	6.63	7.26	8.12	9.19	10.85	10.58	12.23	10.52		
哥斯达黎加	5.75		5.83	9.68	6.89	6.15	6.86	6.08	6.21	7.03	6.49	5.01	6.41	6.56
马来西亚	1.64			4.57			5.30	6.55	6.45	7.17	6.53	6.55	5.43	5.84
巴拿马	3.78	3.64	4.48	4.76	4.72	4.87	5.67	5.63	5.42	5.60	5.56	6.42	4.81	5.70
洪都拉斯		5.76	5.67	7.19	6.39	6.48	6.36	6.45	5.61	5.88	6.32	4.27	4.21	4.59

注：空白无数据处表示当年美国没有从该国进口冻罗非鱼片

表 1.2　2005～2018 年美国冻罗非鱼的进口价　（单位：美元/kg）

国家	2005年	2006年	2007年	2008年	2009年	2010年	2011年	2012年	2013年	2014年	2015年	2016年	2017年	2018年
中国	1.23	1.58	1.22	1.78	1.51	1.62	1.96	1.73	1.92	2.19	1.98	1.70	1.68	1.72
泰国	1.47	1.81	1.78	1.69	1.68	1.96	2.22	1.99	2.00	2.31	1.90	1.75	1.76	1.65
越南	2.66	2.80	2.39	2.43	2.42	2.55	2.43	2.79	2.63	2.74	2.24	2.27	2.09	1.80
巴拿马	1.64	1.15	1.47	1.63	1.72	1.54	1.53	1.80	1.79	1.91	1.87	1.81	1.91	1.82
菲律宾	1.25	1.59		2.55	3.77	2.03	2.21	2.52	3.14	4.01	2.55	2.71	2.69	
厄瓜多尔	2.99	2.89	2.02	2.36	2.06	2.28	3.63	3.63	3.67		1.55			
印度	2.42					0.97	1.31	1.67	1.39	1.63	1.55	1.43	1.28	
印度尼西亚	3.98	3.56	6.20	4.33	1.31	2.28	3.20	2.85	1.78					

注：空白无数据处表示当年美国没有从该国进口冻罗非鱼片

1.2 国内罗非鱼生产与贸易概况

1.2.1　国内罗非鱼生产

1. 2017 年生产情况

2017 年中国罗非鱼养殖总产量为 158.47 万 t，比上年减少 15.08%，罗非鱼养殖总产量占中国淡水鱼养殖总产量的 5.45%，比上年减少 0.45%。中国有 26 个省（区、市）养殖生产罗非鱼，主产区是广东、海南、广西、云南和福建五省（区），罗非鱼养殖产量分别为 72.26 万 t、30.38 万 t、23.11 万 t、15.55 万 t、11.18 万 t，各占中国罗非鱼养殖总产量的 45.60%、19.17%、14.58%、9.81%、7.05%。

2. 2018 年生产情况

中国罗非鱼产业发展主要依赖出口，但是由于国外消费者心目中固有的中国罗非鱼"低质低价"形象，以及贸易壁垒的限制，中国罗非鱼在美国的出口量从之前的70%左右降至目前的40%左右。出口份额缩减，出口价也被打压，从2014年以来连续几年罗非鱼价格一直处于低迷状态。这极大地打击了罗非鱼养殖从业者的信心，一些地区罗非鱼养殖量出现明显减少。加上2018年中美贸易战影响，不少大养殖户反应敏感，压缩罗非鱼养殖量，转养罗氏沼虾或加大其他混养品种的投苗密度，小范围试养巴沙鱼。不过，相对而言，受阻于转养条件，广东西部、海南等产区罗非鱼养殖户投苗积极性依旧较高。

据了解，受过冬寒潮影响，2017年冬鱼苗成活率低，而2018年珠江三角洲大多养殖户选择一次性放足当年春苗、分次起捕的养殖模式，珠江三角洲春苗出现短期供应不足现象。此外，由于2017年下半年投苗减少，2018年4月后投苗量也出现大降，预计2018年罗非鱼整体养殖产量或会减少10%左右，约为145万t（图1.24）。

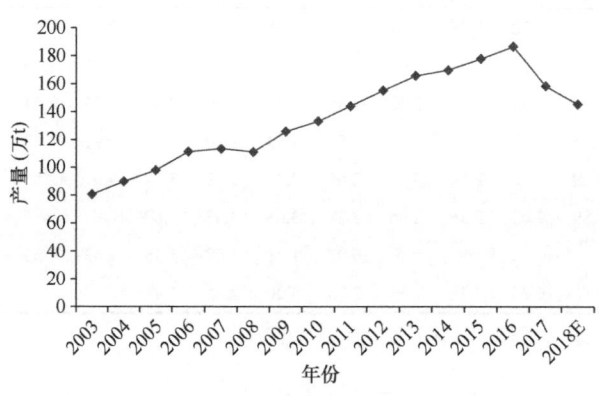

图1.24　2003～2018年我国罗非鱼的养殖产量

1.2.2　国内罗非鱼贸易

1. 中国罗非鱼出口量

中国罗非鱼产业是一个外向型产业，产业的发展依赖产品的加工出口。从2002年开始中国罗非鱼出口量逐年增加，2008年雪灾造成罗非鱼大量减产，出口量的增幅明显减少，仅为4.18%。2009～2012年罗非鱼出口量分别为25.89万t、32.29万t、33.03万t和36.20万t。2013年罗非鱼出口量为40.67万t，达历史最高水平，同比增长12.35%。近年来，国际保护主义抬头，贸易摩擦有增无减，2014年出口量有所下降，2017年略有上涨，为41.16万t（图1.25）。2018年中国罗非鱼出口有明显的增长态势，出口量为44.60万t，比上年增长8.35%。

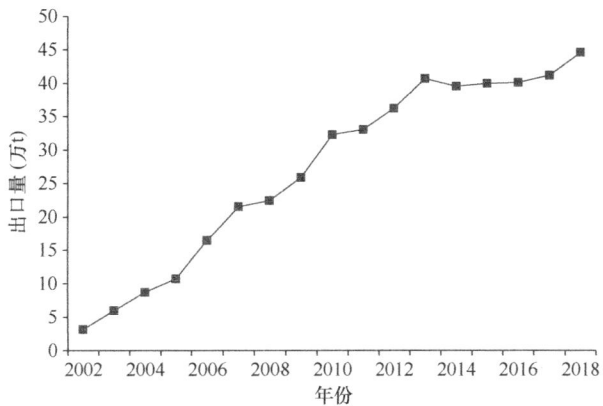

图 1.25　2002～2018 年中国罗非鱼的出口量

中国罗非鱼出口额和出口量的变化基本保持一致,出口额为 15.13 亿美元,同比增长 30.01%,但出口额的变化幅度更大,2009 年的出口额出现了下降,2014 年达到出口额的最高峰值,2015 年开始下降,且下降幅度较大,为 12.91%,2016 年继续下降,2017 年略有回升,2018 年上涨幅度较大,出口额为 13.82 亿美元,比上年增长 8.78%(图 1.26)。

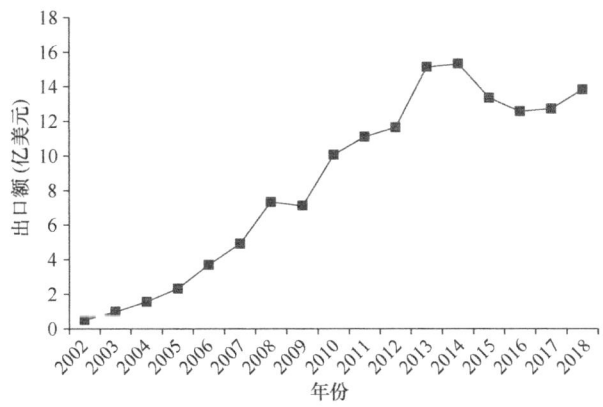

图 1.26　2002～2018 年中国罗非鱼的出口额

2. 中国罗非鱼出口产品

2010～2014 年,中国冻罗非鱼片一直是罗非鱼出口的主要产品,其次是冻罗非鱼,近年来冻罗非鱼片的出口量逐步下降,制作或保藏的罗非鱼出口量在稳步增加,2014～2018 年的年均增长率为 105.98%(图 1.27)。

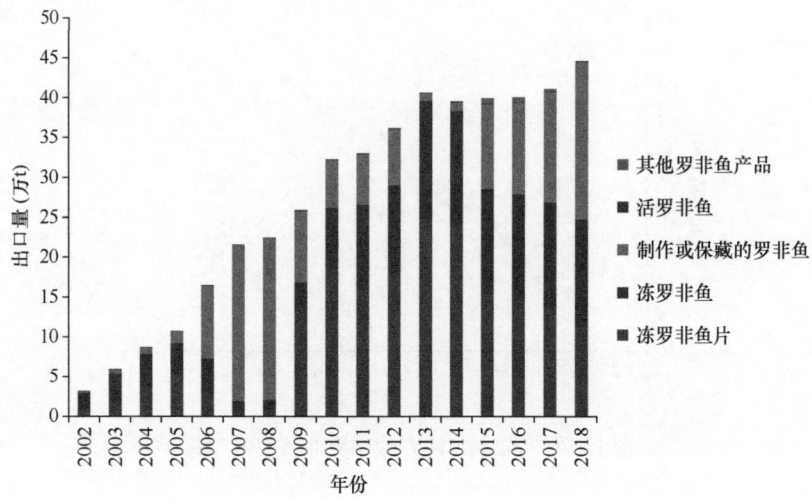

图 1.27 2002~2018 年中国罗非鱼产品出口量（彩图请扫描封底二维码）

中国罗非鱼产品的出口额与出口量变化基本一致，与 2002 年之前相比，近年来冻罗非鱼在出口额中所占的比例有所减少；冻罗非鱼片的出口额稳步增长，但 2014 年后有所下降；制作或保藏的罗非鱼增长势头明显（图 1.28）。

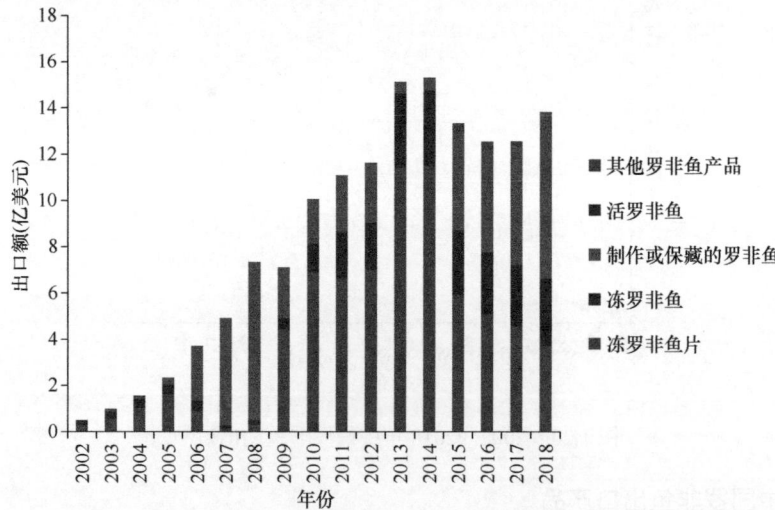

图 1.28 2002~2018 年中国罗非鱼产品出口额（彩图请扫描封底二维码）

从 2002~2018 年中国罗非鱼产品的出口价来看，从 2014 年起，中国罗非鱼产品出口价逐步下降；除冻罗非鱼在 2018 年的出口价有所上升外，其他罗非鱼产品的出口价都呈下降的趋势（图 1.29）。

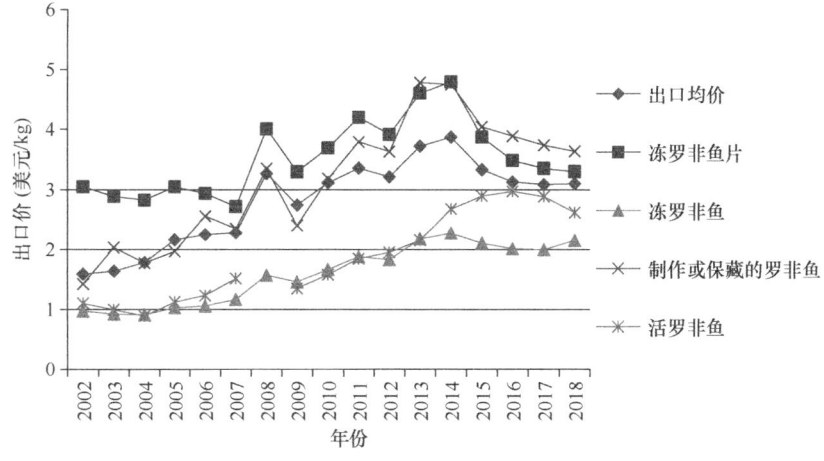

图 1.29 2002~2018 年中国罗非鱼产品出口价

3. 中国罗非鱼在美国市场的出口情况

1）对美出口量

美国是中国罗非鱼最大的出口目标国，中国罗非鱼对美出口量在 2010 年前呈逐年上升的态势，2011 年同比下降 8.85%，2012~2015 年基本稳定在 17 万 t，2016 年、2017 年连续两年下降，2017 年对美出口量达到近 8 年来的历史新低点，为 13.37 万 t，2018 年出口量略有上升，为 13.53 万 t，上涨了 1.20%（图 1.30）。

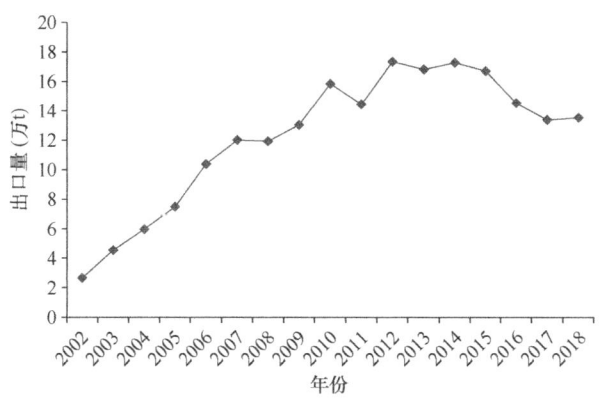

图 1.30 2002~2018 年中国罗非鱼对美出口量

中国罗非鱼对美出口量占出口总量的比例基本呈逐年下降的态势，表明对美国市场的依赖程度越来越低（图 1.31）。

2）对美出口额

2014 年之前，中国罗非鱼对美出口额逐年上涨，仅 2009 年在世界经济危机

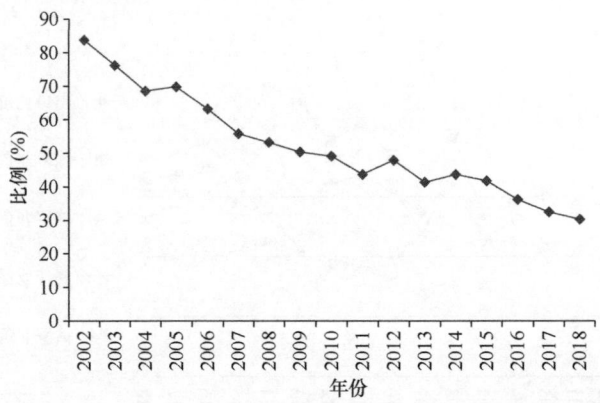

图1.31　2002~2018年中国罗非鱼对美出口量占中国出口总量的比例

的影响下有所下降。2015~2017年逐年下降,且下降幅度较大,2014~2017年的年均增长率为–17.84%,2018年出口额呈上涨态势,为4.54亿美元,比上年增长了6.38%(图1.32)。

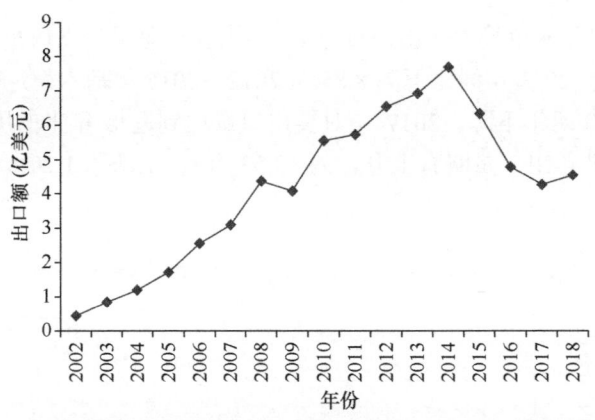

图1.32　2002~2018年中国罗非鱼对美出口额

中国罗非鱼对美出口额占出口总额的比例基本呈现逐年下降的态势,2012年、2014年略有上升。2017年中国罗非鱼对美出口额占出口总额的比例降为33.56%,2018年下降至32.82%,表明对美依赖程度逐年下降(图1.33)。

3)对美主要出口产品

中国在美国市场的主要出口产品为冻罗非鱼片,占中国罗非鱼产品出口总量的80%左右;其次是冻罗非鱼,其他产品所占比例较少(图1.34)。

冻罗非鱼片出口额是中国罗非鱼产品对美国出口总额的主要组成部分,2014年达到极值,为7.14亿美元,占出口总额的92.93%,2015~2017年出口额逐年

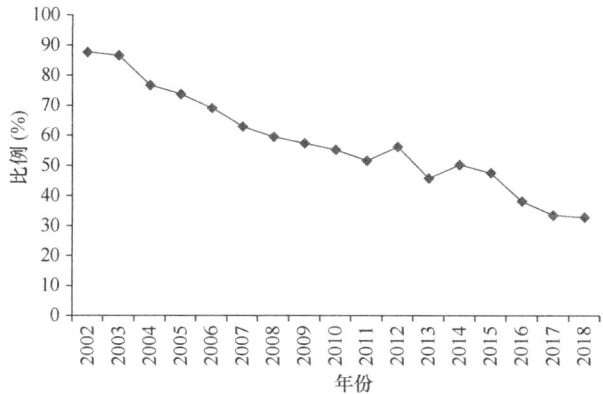

图 1.33　2002～2018 年中国罗非鱼对美出口额占中国出口总额的比例

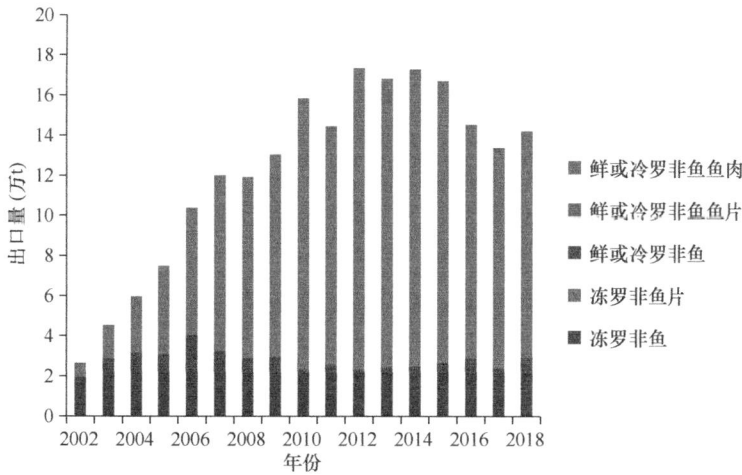

图 1.34　中国罗非鱼对美主要出口产品的出口量（彩图请扫描封底二维码）

下降，2017 年降为 3.83 亿美元，2014～2017 年年均下降 18.74%。冻罗非鱼出口额基本稳定在 0.48 亿美元左右，2017 年也有所下降，同比下降 9.75%，2018 年有所上升（图 1.35）。

4. 中国罗非鱼出口省份和出口目标国

广东、海南、福建、广西和云南是我国罗非鱼出口的主要省（区），2018 年出口量占出口总量的比例分别为 59.14%、27.08%、9.51%、3.71% 和 0.51%。广东一直是我国罗非鱼出口的第一大省，占出口总量的比例在 50% 以上（表 1.3）。

从海关显示的数据来看，我国罗非鱼出口目标国有逐渐增加的趋势（表 1.4），美国仍然是我国第一大出口目标国，但美国占中国出口总量的比例已经大大减少，2018 年仅占出口总量的 30.35%，而 2012 年这一数值为 47.90%（图 1.31）。

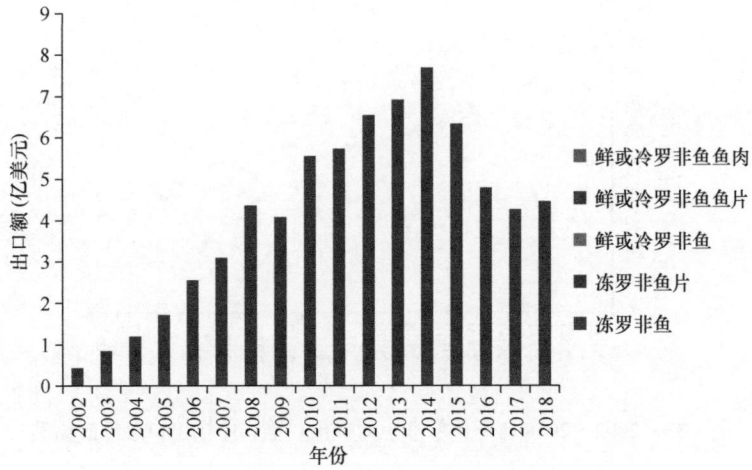

图 1.35　中国罗非鱼对美主要出口产品的出口额（彩图请扫描封底二维码）

表 1.3　2013～2018 年罗非鱼出口省（区）的出口量与出口额

省(区)	出口量（万 t）											
	2013年	占比	2014年	占比	2015年	占比	2016年	占比	2017年	占比	2018年	占比
广东	16.148	39.71%	17.28	43.72%	19.793	49.52%	20.408	50.89%	22.749	55.27%	26.372	59.14%
海南	10.493	25.80%	10.297	26.05%	10.118	25.32%	10.69	26.66%	11.586	28.15%	12.076	27.08%
福建	4.727	11.62%	4.352	11.01%	3.77	9.43%	3.772	9.41%	3.828	9.30%	4.243	9.51%
广西	7.888	19.40%	7.211	18.24%	5.109	12.78%	3.994	9.96%	2.349	5.71%	1.655	3.71%
云南	0.812	2.00%	1.139	2.88%	0.469	1.17%	0.566	1.41%	0.285	0.69%	0.227	0.51%

省(区)	出口额（亿美元）											
	2013年	占比	2014年	占比	2015年	占比	2016年	占比	2017年	占比	2018年	占比
广东	6.208	41.04%	7.07	46.20%	7.109	53.34%	6.831	54.44%	7.476	58.83%	8.59	62.15%
海南	3.543	23.42%	3.785	24.73%	3.037	22.79%	2.87	22.87%	2.937	23.11%	3.156	22.83%
福建	1.69	11.17%	1.308	8.55%	1.085	8.14%	1.117	8.90%	1.165	9.17%	1.447	10.47%
广西	2.761	18.25%	2.644	17.28%	1.635	12.27%	1.212	9.66%	0.675	5.31%	0.523	3.78%
云南	0.232	1.53%	0.352	2.30%	0.156	1.17%	0.203	1.62%	0.129	1.02%	0.103	0.75%

表 1.4　2013～2018 年罗非鱼出口目标国的出口量与出口额

国家	出口量（万 t）						出口额（亿美元）					
	2013年	2014年	2015年	2016年	2017年	2018年	2013年	2014年	2015年	2016年	2017年	2018年
美国	17.686	17.811	16.650	14.136	13.523	13.533	7.546	7.935	6.417	4.890	4.631	4.536
墨西哥	5.358	5.157	4.952	6.243	6.017	7.998	1.901	2.018	1.735	2.197	2.090	3.012
科特迪瓦	1.935	2.229	2.428	3.596	3.337	3.771	0.432	0.545	0.612	0.842	0.709	0.900
以色列	0.906	1.226	1.303	1.684	1.622	1.919	0.315	0.461	0.418	0.467	0.438	0.559
伊朗	0.342	0.942	1.083	1.636	1.382	0.493	0.164	0.464	0.423	0.577	0.479	0.178

续表

国家	出口量（万 t）						出口额（亿美元）					
	2013年	2014年	2015年	2016年	2017年	2018年	2013年	2014年	2015年	2016年	2017年	2018年
赞比亚	1.152	1.501	1.491	1.159	1.261	1.630	0.229	0.334	0.300	0.232	0.281	0.367
肯尼亚	0.068	0.124	0.377	0.832	1.240	1.506	0.021	0.036	0.117	0.243	0.320	0.389
俄罗斯	1.994	0.759	0.632	0.643	1.005	0.901	0.928	0.347	0.254	0.258	0.395	0.333
喀麦隆	0.836	1.061	0.894	0.603	0.889	2.091	0.184	0.242	0.212	0.135	0.231	0.548
布基纳法索	0.421	0.653	0.692	0.354	0.754	0.722	0.150	0.201	0.206	0.105	0.260	0.275

1.2.3 国内罗非鱼市场

国内罗非鱼市场以鲜活罗非鱼产品为主，以产地销售为主，北方销售规格小于南方，北方以 1kg/尾左右为主，南方主要销售 1.5kg/尾以上成鱼。二去（去鳞去脏）冷冻罗非鱼的规格较小，主要在北方冻品市场销售，用于烧烤和烤鱼。冻罗非鱼片在冻品批发市场、超市、电商、微商等均有销售，市场份额逐渐扩大。罐头制品主要在超市和电商渠道销售。鱼胶原蛋白等深加工产品多以区域代理商的形式销售。

近两年罗非鱼的市场价格有较大的浮动，2016 年罗非鱼塘口价为 14～28 元/kg，2017 年为 8～16 元/kg，价格有下降的趋势，2018 年市场价为 6～12 元/kg。

目前养殖罗非鱼饲料成本为 5.8～6.0 元/kg；塘租 800 元/年，以亩[①]产 1000kg、养殖一年两造或两年三造计算，塘租成本为 0.4～0.6 元/kg；苗种成本约为 0.2 元/kg；精养日常管理需要人力少，人工等其他费用约 0.2 元/kg。综合成本为 6.6～7.0 元/kg。300～500g/尾规格的罗非鱼成本为 6.6 元/kg，500g/尾以上规格的罗非鱼成本为 7.0 元/kg。2018 年罗非鱼养殖的收益是微乎其微的。

1.3 中国罗非鱼产业发展趋势

受中美贸易战的影响，美国从 2018 年 9 月开始对中国罗非鱼产品征收 10%的关税，而这一关税份额将于 2019 年 1 月上涨到 25%。美国进口商很早就开始增加库存量，以规避即将生效的 25%的关税，所以 2018 年罗非鱼整体出口量较 2017 年有所上升。美国作为中国最大的罗非鱼出口目标国，加征关税将对中国罗非鱼产业产生巨大的影响，在国内和国际市场没有得到有效开拓的前提下，中国罗非鱼产业或将进一步萎缩。预计 2019 年出口总量将降低 10%左右，约为 40 万 t。2018 年罗非鱼整体养殖量或会减少 10%左右，约为 145 万 t。中国罗非鱼产量占

---

① 1 亩≈666.7m^2

全球总产量的 32%，中国罗非鱼产量的减少，将使全球总产量下降。

中国是美国最大的罗非鱼供应国，美国罗非鱼进口量中有 70%以上都来自中国，中国对美国罗非鱼出口量的减少，势必会造成美国国内罗非鱼供应量的减少、价格的提高，直接影响美国中下收入阶层消费者的生活和实际购买力。对美出口受阻，国内加工企业承受的压力会更大，中小型企业将被迫退出市场，未来加工企业将会把更多的精力放在开拓国内市场和其他国际市场上。同时，国内市场价格将会出现近年来的最低价，在这样的预期下，国内养殖户将无利可图，转养弃养的比例将会增加。罗非鱼产业的从业人员将会面临失业的问题，也会给依靠罗非鱼养殖收入的劳动力家庭带来极大的影响。

第 2 章 鮰

2.1 2018 年鮰产业发展现状及趋势分析

2.1.1 国际鮰生产概况

2016 年全球共有 14 个国家和地区生产叉尾鮰，总产量为 45.95 万 t，比上年增长 4.78%，其中养殖产量 45.78 万 t，捕捞产量 0.16 万 t。养殖产量前五位的国家分别是中国、美国、墨西哥、俄罗斯和意大利，2016 年养殖产量分别占全球鮰养殖产量的 67.87%、31.72%、0.18%、0.15%和 0.07%。鮰捕捞包括美国和保加利亚等国家和地区，绝大部分捕捞产量都集中在美国。

全球鮰总产量变化幅度较大，2005～2007 年总产量增长幅度较大，2008 年总产量开始下降，2011 年总产量下降幅度较大，低至 38.36 万 t，2012 年总产量上涨，之后总产量呈波动趋势，从 2005 年的 37.25 万 t 增长到 2016 年的 45.95 万 t，年均增长率为 1.93%（图 2.1）。2018 年全球鮰总产量大约为 46.48 万 t，其中养殖产量为 46.32 万 t，捕捞产量为 0.16 万 t（图 2.2）。

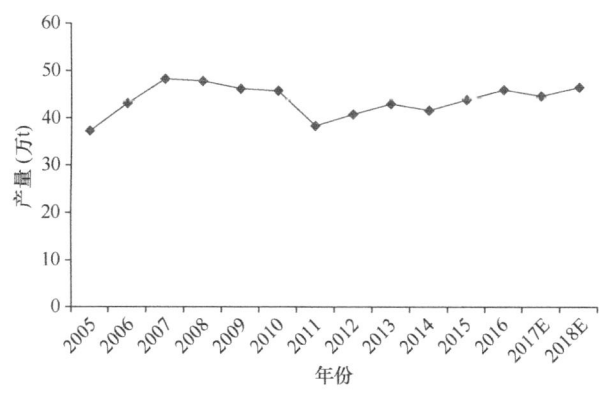

图 2.1 2005～2018 年全球鮰的总产量

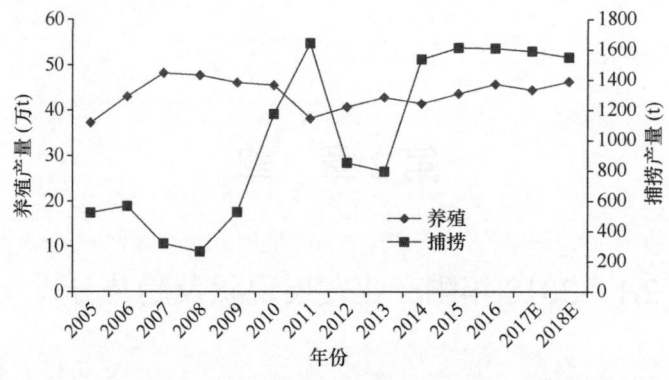

图 2.2 2005~2018 年全球鲖的养殖与捕捞产量

2.1.2 国内鲖生产与贸易概况

2.1.2.1 国内鲖生产

1. 2017 年生产情况

2017 年全国鲖养殖总产量为 22.75 万 t,比上年减少 20.29%,鲖养殖总产量占全国淡水鱼养殖总产量的 0.78%,比上年减少 0.12%。全国有 27 个省(区、市)养殖生产鲖。主产区包括四川、湖南、湖北、广东和河南五省,鲖养殖产量分别为 6.77 万 t、3.87 万 t、2.66 万 t、1.63 万 t、1.25 万 t,各占全国鲖养殖总产量的 29.76%、17.03%、11.68%、7.16%、5.52%(图 2.3)。

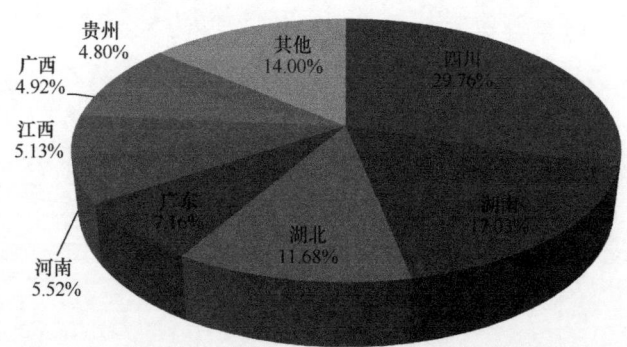

图 2.3 2017 年中国鲖养殖生产省(区、市)及产量占全国养殖总产量的比例图
(彩图请扫描封底二维码)

2. 2018 年生产情况

斑点叉尾鲖在 1984 年引自美国,由于国内外市场的销路尚未打通,1984~2002 年斑点叉尾鲖产量都很少。2002 年,美国商务部裁定越南的巴沙鱼反倾销成

立，从而给我国的叉尾鮰产业发展带来了机遇。2003 年起，我国斑点叉尾鮰产业迅速发展，养殖和加工企业遍布江苏、江西、湖南、湖北、安徽等全国 20 多个省份，此时国内市场需求量有限，产品主要用于欧美市场出口。2008 年我国斑点叉尾鮰产业开始受美国药残检测和贸易壁垒的影响，出口量大幅减少，斑点叉尾鮰养殖进入低谷期。随着国内市场的逐步开拓，斑点叉尾鮰养殖情况逐步好转，并从 2012 年开始产量大幅增加（图 2.4）。

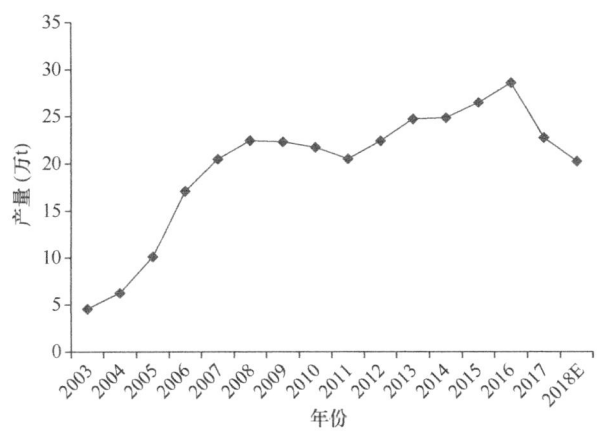

图 2.4　2003～2018 年中国叉尾鮰的养殖产量

近两年来，国家加大环保督查力度，拆除了大面积的违规养殖网箱、围网、栏网，取缔了一大批无证、违建、排放不达标的养殖场。养殖水面的大幅缩减，预计将直接导致斑点叉尾鮰养殖产量的下降，但会促使目前还拥有水面的养殖户，从粗放、无序的养殖观念向精细、科学的养殖观念转变。2018 年斑点叉尾鮰以池塘养殖、集装箱养殖和设施工厂化养殖为主，正在逐步走向集约化、精细化之路，所以 2018 年产量还是会维持在较高水平。2018 年斑点叉尾鮰养殖面积会有一定程度的下降，产量也会较 2017 年有所减少，产量预计为 20 万 t，比上年减少 10%。

2.1.2.2　国内鮰市场

目前斑点叉尾鮰主要依靠国内市场消费，而且国内市场需求量呈逐步增长的趋势，北方市场、西南市场的销售量保持在较高水平，整体的供应量和市场需求量维持相对稳定。国内叉尾鮰鲜活销售市场主要集中在西南地区的成都、重庆、贵阳，其次是西安、西宁、太原及石家庄等小型消费市场。北京、上海、广州等地叉尾鮰主要用于烤鱼，消费量不断增加。

2017 年叉尾鮰产业整体形势不好，内销市场与国际贸易市场价格大幅下降。主要原因如下：①2016 年叉尾鮰市场价格持续走高，鱼价的上涨使 2017 年养殖规模迅速增大，而市场需求量有限，造成鱼价低迷；②2017年网箱的集中拆除对当年叉尾鮰价格影响很大，尤其是局部地区短时间的集中拆网，造成大量成鱼集中上市，鱼价急速下降；③部分地区因为病害暴发的问题，很多养殖户养殖收益大幅下降。此外，越南巴沙鱼也挤占了国内市场份额。这几个因素都造成了2017年斑点叉尾鮰价格的下降。

2018年叉尾鮰网箱养殖面积减少，导致供给量减少，叉尾鮰成鱼价格走高，比2017年价格上涨了30%～40%（2017年塘口价为10.4～14.4元/kg）。2018年下半年，斑点叉尾鮰塘口价稍有波动回落但仍然较高，基本维持坚挺态势，为14.0～16.4元/kg。

从成本来看，斑点叉尾鮰的养殖成本为10.6～11.0元/kg（包括饲料成本、死鱼损耗等），其中，饲料成本占总成本的80%左右，苗种成本占5%左右，塘租、渔药、水电费等占5%左右，人工费占10%左右。饲料价格为4400～5800元/t。苗种价格随着成鱼价格波动，2014年，斑点叉尾鮰水花的价格为300元/万尾左右，2016年涨到400～500元/万尾，2017年的时候水花价格暴跌到不足200元/万尾，2018年初水花价格稳中有跌，约为160元/万尾。随着成鱼价格的上涨，苗种价格也在逐步上涨，很多养殖户对苗种的需求也从数量为主转变为以质量为主的要求。

2.1.2.3 中国鮰贸易

近几年我国叉尾鮰出口美国一直受自动扣留及《鮰鱼新法案》的影响，出口不畅，价格波动很大。中国叉尾鮰出口量在2014年达到最大值，为8313.65t，2015年大幅下降，降幅达34.95%。2018年出口量为5090.84t，比上年减少13.05%。其中，冻叉尾鮰鱼片2157.49t，制作或保藏的叉尾鮰2933.35t（折合成原条鱼9295.08t），占总产量的4.65%左右；国内市场消费约19万t，占总产量的95.35%，中国叉尾鮰国内消费量占总产量的比例有上升的趋势（表2.1，表2.2）。

表2.1 2012～2018年中国叉尾鮰的养殖产量、出口量及出口额

项目	2012年	2013年	2014年	2015年	2016年	2017年	2018年
产量（t）	224 132	247 399	248 608	264 965	285 849	227 454	200 000
出口量（t）	3 824.58	8 304.98	8 313.65	5 407.73	5 991.80	5 854.89	5 090.84
出口额（万美元）	2 642.34	4 072.98	5 401.43	4 046.14	4 344.76	3 801.95	2 965.68

表2.2 2016～2018年出口产品组成与销售市场占比

年份	项目	冻叉尾鮰鱼片	制作或保藏的叉尾鮰	出口量折合成原条鱼（t）	国内消费量（t）	国内消费比例（%）
2016	出口量（t）	5 953.06	38.74			
	出口额（万美元）	4 324.96	19.80	14 934.30	270 914.70	94.78
	出口均价（美元/kg）	7.27	5.11			

续表

年份	项目	冻叉尾鮰鱼片	制作或保藏的叉尾鮰	出口量折合成原条鱼(t)	国内消费量(t)	国内消费比例(%)
2017	出口量（t）	4 322.68	1 532.21	12 849.65	214 604.35	94.35
	出口额（万美元）	2 881.45	920.50			
	出口均价（美元/kg）	6.67	6.01			
2018	出口量（t）	2 157.49	2 933.35	9 295.08	190 704.90	95.35
	出口额（万美元）	1 215.32	1 750.36			
	出口均价（美元/kg）	5.63	5.97			

从表2.3可以看出，2018年广东、安徽、江苏、湖北和广西是我国斑点叉尾鮰出口的主要省（区），出口量占总量的比例分别为50.94%、17.47%、12.07%、10.82%和8.71%。2016年开始，广东成为斑点叉尾鮰出口的第一大省，在2016年之前，湖北出口量一直是全国最多的，占比在50%以上。

表2.3　2013～2018年斑点叉尾鮰出口省（区）的出口量与出口额

省（区）	出口量（t）						出口额（万美元）					
	2013年	2014年	2015年	2016年	2017年	2018年	2013年	2014年	2015年	2016年	2017年	2018年
广东	31	115	121	2043	3580	2593	5	17	18	1331	2213	1468
江苏	1179	1416	1104	786	810	614	445	725	733	550	516	375
湖北	4401	5533	2815	1700	583	551	2192	3802	2136	1257	396	299
安徽	241	298	532	525	428	889	94	194	392	370	289	523
湖南	941	621	836	778	255		795	520	767	713	230	
广西				142	198	443				114	159	300

注：空白无数据处表示当年该省（区）没有出口斑点叉尾鮰

从海关显示的数据（表2.4）来看，我国斑点叉尾鮰出口目标国有逐渐增多的趋势，除美国以外，加拿大、安哥拉、泰国等国也是叉尾鮰的出口目标国，但出口量不大。

表2.4　2013～2018年斑点叉尾鮰主要出口目标国的出口量与出口额

	出口量（t）						出口额（万美元）					
	2013年	2014年	2015年	2016年	2017年	2018年	2013年	2014年	2015年	2016年	2017年	2018年
美国	7435	7679	4524	5099	5399	4953	3325	4908	3312	3612	3528	2930
加拿大			11	56	61	31			2	8	8	4
安哥拉					50						19	
泰国	48	24	24	14	24	20	6	7	7	5	8	7

注：空白无数据处表示当年中国没有出口斑点叉尾鮰到该国

2.1.3 中国鲴产业发展趋势

中国斑点叉尾鲴产业由之前的严重依赖欧美市场转变为以国内市场销售为主导，实现了产业的良性转型升级。这种转变是以国际市场出口受阻为导火索、以国内市场有序开发拓展为前提、以鲜活成鱼运输为保障得以实现的，其中最重要的部分是国内市场的开拓。2018 年叉尾鲴国内市场价格保持高位运行，且国内市场需求量有增无减，这给养殖户带来了希望。预计 2019 年叉尾鲴养殖面积和养殖产量会进一步扩大，国际市场出口量与 2017 年和 2018 年相比变化不大，国内市场销量将会有所增加。国内市场供应量的上升，会造成供大于求，预计 2019 年叉尾鲴市场价格会有所回落。

2.2　2018 年鲴产业现状与存在问题分析

斑点叉尾鲴，原产于北美，是美国最主要的淡水养殖品种，产量超过了美国鱼类养殖总量的 60%。1984 年，中国从美国引入斑点叉尾鲴，之后养殖面积和总产量不断增加，2016 年总产量达 28.5 万 t，根据全国调研，实际产量可能还要再高一些，达到 30 多万吨。中国和美国为世界最主要的斑点叉尾鲴养殖国家。2003～2008 年，中国斑点叉尾鲴产业是典型的出口导向型，2009 年开始转变为以本土消费为主兼具一定出口，且出口主要针对美国。中国鲴产业的发展壮大改变了世界斑点叉尾鲴产业的格局，也对美国本土的鲴产业造成了冲击。中美之间的市场博弈影响了各自鲴产业的发展和定位。

2.2.1　苗种生产

我国每年繁殖斑点叉尾鲴苗种大约在 10 亿尾。目前，我国已经形成 2 个斑点叉尾鲴苗种生产地区，分别为湖北省嘉鱼县和四川省眉山市。其中，嘉鱼县是中国最大的斑点叉尾鲴苗种供应基地，年生产苗种 7 亿～8 亿尾，生产的苗种销售至全国多个省份。眉山市每年生产斑点叉尾鲴苗种 1.5 亿尾左右，主要供应当地养殖。安徽、湖南、江西和江苏等地也有少部分的苗种生产，销售也是主要针对当地。

2.2.2　养殖情况

目前斑点叉尾鲴已在中国 27 个省份养殖。养殖区域主要集中于长江流域和珠江流域。据《2016 中国渔业统计年鉴》统计，2016 年中国斑点叉尾鲴养殖产量前五名省份及产量分别如下：四川 6.96 万 t，湖北 4.90 万 t，湖南 4.10 万 t，江西 2.61 万 t，广东 2.01 万 t。上述年鉴显示，广西 1.44 万 t，江苏 0.1 万 t，可能与实际有些出入。尤其是江苏，盐城沿海地区的大面积滩涂水域之前都是养殖鲫，鲫"大红鳃"病害流行以后，很多养殖户改养斑点叉尾鮰，2015~2016 年的鮰高价进一步推动了江苏沿海的鮰养殖。

国内斑点叉尾鮰养殖以池塘养殖为主，还有部分网箱、流水养殖模式，普遍投喂颗粒饲料，浮性饲料已经逐渐被接受。但是随着国内环境保护工作的加强，国内多个省份已经开始清退湖泊、水库的养殖网箱，其中就包括湖北、四川、湖南、广西、贵州等鮰主要养殖地区，预计 2018 年以后鮰养殖产量会有一定的下降。目前，循环水槽养殖鮰也在逐步推广。

2.2.3　加工出口

2003 年以前，斑点叉尾鮰消费主要是面对国内市场，基本上是鲜活鱼直接出售。2003 年 5 月，越南巴沙鱼被美国定为倾销，给中国的冻叉尾鮰鱼片出口带来了机遇。2003 年以后，斑点叉尾鮰产品的出口量也不断升高。2007 年 6 月 28 日，美国食品药品监督管理局做出决定，对包括叉尾鮰在内的中国五种水产品进行自动扣留，严格检查抗生素等药物残留。该决定对我国鮰出口影响很大，导致众多加工厂停产，大量成鱼积压，市场行情低迷。2008 年出口量达到峰值 1.7 万 t 鱼片（折合产量 8.5 万 t），之后出口量慢慢下降，2016 年出口 6100t 鱼片（折合产量 3 万 t），只占总产量的 10%左右。2018 年美国发动贸易战，鮰产品被列入加税名单，可能会导致鮰出口量的进一步下降。

2.2.4　国内市场

2010 年以前，国内斑点叉尾鮰价格受出口价影响巨大。2007 年出口受限后，国内市场的开发开始引起重视。火锅、烤鱼等消费模式改变了之前鲜活鱼消费的模式，国内消费开始占据主导，甚至形成了明确的分级市场：西北要 1.5kg/尾以上的规格，烤鱼店 0.75~1.5kg/尾，0.75kg/尾以下出口。我国鮰产业受市场供求关系影响极大，鱼价低迷，导致次年产量下降，引起鱼价上涨，之后又带动后续几年产量大涨，引起鱼价下降。当前，中国鮰价格呈现 4~5 年的周期性波动。2011 年鱼价最高，2015~2016 年鱼价也高，2017 年 7 月到 2018 年 3 月鱼价基本在 11 元/kg 的成本价上下波动。不过，网箱和水库养殖的清理，可能会带来未来几年鱼价的上涨。国内鮰产量维持在 30 万 t，可能比较合理，也有利于产业的健康发展。另外，目前越南巴沙鱼也对国内鮰市场产生了一定的影响。

第3章 黄颡鱼

3.1 2018年黄颡鱼产业生产与市场概况分析

3.1.1 黄颡鱼生产概况

3.1.1.1 2017年生产情况

2017年全国黄颡鱼养殖总产量为48.00万t，比上年增长15.03%，黄颡鱼养殖总产量占全国淡水鱼养殖总产量的1.65%，比上年增长0.34%。全国有26个省（区、市）养殖生产黄颡鱼。主产区包括湖北、浙江、江西、广东和四川等省，黄颡鱼养殖产量分别为13.65万t、7.90万t、5.29万t、5.28万t和3.27万t，各占全国黄颡鱼养殖总产量的28.44%、16.46%、11.02%、10.99%、6.82%（图3.1）。

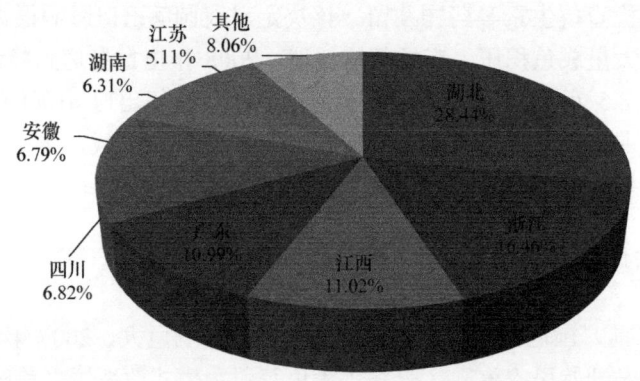

图3.1　2017年中国黄颡鱼养殖生产省（区、市）及产量分布图（彩图请扫描封底二维码）

3.1.1.2 2018年生产情况

黄颡鱼在消费者群体中具有较高的认可度，国内市场需求量逐步增加很多渔民开始加入养殖黄颡鱼的队伍中，2003～2017年养殖产量的年均增长率达16.38%。预计2018年黄颡鱼的养殖产量比2017年有所增加，将达到50万t，增长4%（图3.2）。

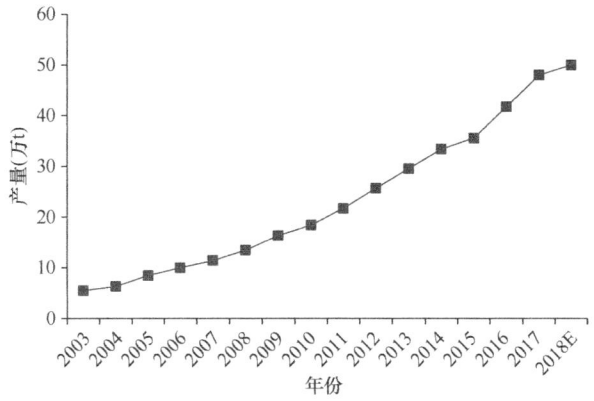

图 3.2　2003~2018 年我国黄颡鱼的养殖产量

3.1.2　国内黄颡鱼市场

黄颡鱼的养殖产量逐年增加，且增长速度较快，但黄颡鱼毕竟是特色鱼，其消费量与常规四大家鱼的消费量无法相比，在产量持续增加而消费量有限的条件下，黄颡鱼的市场价格下滑是必然的。

2016 年黄颡鱼价格波动幅度较大，但整体养殖利润高于 2015 年，养殖户的热情自然也有所增加。2017 年整体经历了先升后降的过程，上半年基本趋于上涨阶段，下半年下降幅度较大。2017 年年初黄颡鱼存量减少，鱼价持续上涨，规格为 150g/尾的黄颡鱼塘口价大概在 23.2 元/kg，规格为 200g/尾的黄颡鱼塘口价至少在 24 元/kg，规格为 250g/尾的黄颡鱼塘口价至少在 27 元/kg，进一步刺激了很多养殖户投苗的热情。2017 年 6~7 月随着温度的升高及西南地区网箱拆除行动的进行，黄颡鱼流通市场呈现供大于求、价格下滑的情况，规格为 250g/尾的收购价大概在 23 元/kg，规格为 200g/尾的收购价大概在 21 元/kg。国庆过后，市场上黄颡鱼销量和市场价格都开始下降，入秋以后，以浙江湖州为代表的华东产区新鱼上市之后，价格下滑很明显，基本维持在 18 元/kg 左右。由于 2017 年黄颡鱼养殖量的增加，12 月成鱼价格比往年有所下降，塘口价在 19 元/kg 上下。

2018 年黄颡鱼的养殖规模继续扩大，产量持续增加，两广、江浙、两湖、川贵等主产区都出现了产量过剩的现象，加上贵州、广西等地网箱大量拆除的影响，前三季度黄颡鱼成鱼价格与去年相比有所下降，规格为 275g/尾的塘口价跌到了 18 元/kg，规格为 150g/尾和 200g/尾的塘口价跌到了 14 元/kg 左右。中秋以后，市场价格持续下行，主产区成鱼基本都是由本地及周边地区消耗，跨省跨区域大量流通的情况较少，鱼价很难涨上去。

3.1.3　黄颡鱼生产与市场发展前景

黄颡鱼作为深受老百姓喜爱的特色鱼，这几年很多区域的养殖规模都增加了不少，出现了总量过剩的问题。养殖规模盲目扩大是造成 2017 年、2018 年黄颡鱼价格持续下跌的主要原因。在 2018 年市场价格低迷的影响下，部分养殖户开始转养其他品种，预计 2019 年黄颡鱼养殖规模和养殖产量会有所下降，黄颡鱼市场价格会有所上涨。

3.2　2018 年黄颡鱼产业现状、存在问题及趋势分析

3.2.1　产业发展概况、特点及存在问题

3.2.1.1　种质资源和品种

黄颡鱼广泛分布于长江、黑龙江、黄河及珠江各水域。近些年，过度捕捞、水环境污染等人为因素导致黄颡鱼资源量急剧下降，因此，迫切需要开展黄颡鱼群体遗传学研究，为其种质资源的科学保护提供参考，也为其育种工作有效开展奠定坚实的物质基础。经微卫星遗传分析，长江流域的黄颡鱼遗传多样性较高，但都较为接近，而一些较封闭的水域如白洋淀与长江流域相比黄颡鱼群体分化较为显著。需要收集不同大型水域的黄颡鱼进行群体遗传学系统性研究，评估种质资源。

黄颡鱼"全雄 1 号"的出现极大地推动了黄颡鱼产业的发展。近年来，亲本超雄鱼繁育体系经过多代自交之后发生了退化，且繁育所用的母本没有经过系统选育，制约了全雄黄颡鱼的生产推广。此时需要对全雄黄颡鱼进行品种改良或开发其他黄颡鱼新品种。杂交黄颡鱼（普通黄颡鱼♀×瓦氏黄颡鱼♂）的形态特征和普通黄颡鱼非常接近，但其生长速度和存活率明显优于普通黄颡鱼，近两年杂交黄颡鱼得到了广大养殖户的青睐。同样，杂交黄颡鱼繁育所用的母本也非常混杂，苗种畸形率高。由于子代的很多生长性能由母本决定，建立一个优良性状稳定的全雌配套系对于全雄黄颡鱼和杂交黄颡鱼的生产尤为重要。基于此，本岗位团队设计了一条全雌黄颡鱼配套系的生产技术路线，通过性逆转技术将 XX 雌性黄颡鱼逆转为 XX 雄性黄颡鱼，然后 XX 雄性和雌性黄颡鱼繁殖后即可获得大量 XX 雌鱼。今年在对全雄黄颡鱼进行品种改良的同时，已申报水产新品种杂交黄颡鱼"黄优 1 号"，新品种需要不断进行品种更新和优化。

黄颡鱼种质资源与品种改良岗位　梅洁

3.2.1.2 饲料与营养需求

近几年对黄颡鱼的饲料与营养需求有一些基础研究，取得了一定的进展，但缺少系统的研究。

（1）对黄颡鱼营养需求的基础研究主要集中在仔稚鱼阶段，缺少不同生长阶段特别是亲鱼阶段及不同环境条件下（如不同温度）的营养需求数据，没有好的亲本培育料。

（2）缺少黄颡鱼原料消化率数据和氨基酸需求数据等。

（3）饲料工艺不透明，对饲料添加剂定义不清，饲料工艺技术有待提高。

（4）市场上饲料品牌多、种类混乱，饲料品质不稳定，喂养出来的黄颡鱼体色问题突出（如时常出现的香蕉鱼等问题），影响成品价格。

3.2.1.3 疾病

（1）养殖过于追求产量，养殖密度大，病害严重；前几年烂皮病、出血病、爆头病频发，最近一两年小瓜虫病害严重。

（2）由于病害危害严重，养殖户盲目乱投药，甚至使用禁用药物或过量使用磺胺类药物，即药物使用不够规范，因此产品质量无法得到保证。

3.2.1.4 养殖与环境控制和加工

（1）由于前几年黄颡鱼养殖效益较好，黄颡鱼的养殖量迅猛增长。2017年养殖量非常大，导致2018年黄颡鱼存塘量非常大，有些滞销，2018年养殖出现低谷时期，预计2019年会重新回暖。

（2）养殖过程中蓝藻易暴发，影响水质。

（3）缺少高效、环保的生态养殖模式。养殖户追求短期见效，而不考虑对环境问题的影响。

（4）养殖废水排放前未经过有效处理，缺少养殖废水的污染数据及排放标准。

3.2.2 产业发展趋势

（1）由于前几年黄颡鱼养殖效益较好，黄颡鱼的养殖量迅猛增长。2018年养殖出现低谷时期。随着养殖技术日趋成熟，利用苗种生长速度较快和大小池塘混搭的优势，"一年两季模式"逐渐在主要养殖区域开展。在安排恰当的情况下，可以出现每个月都有塘口出鱼的景象。预计2019年会重新回暖。

（2）黄颡鱼成鱼大规格化。由于杂交黄颡鱼和全雄黄颡鱼的生长速度明显快于普通黄颡鱼，养殖周期内，可以养成更大规格的黄颡鱼成鱼；加之随着黄颡鱼养殖规模的扩大，黄颡鱼消费群体逐渐由南往北扩散，黄颡鱼成鱼市场呈现前所未有的偏好大规格的现象。

（3）养殖区域更为集中。随着养殖技术的发展，水产养殖为养殖户创造物质财富的同时也带来了生态环境恶化和水产品质量安全问题，环境与食品安全已经成为水产养殖可持续发展的瓶颈。黄颡鱼为名特优产品中产量较大的种类，在苗种生产配套、饲料运输、成鱼捕捞及商品鱼销售方面，黄颡鱼均适合集中区域养殖。随着环境保护意识的提高，集中区域池塘精养成为符合现代渔业的出路之一。

（4）黄颡鱼渔业设施更现代化。增产增效难增收是黄颡鱼养殖乃至水产养殖面临的一个瓶颈问题。人工成本高、池塘租金高而池塘条件差影响着养殖行业的发展，令人向往的现代化渔业设施极少用于养殖生产中。黄颡鱼作为名特优产品，具有塘口价稳定、亩产量高的特点，养殖管理更加严格。现代化渔业设施可以更好地替代人工，更具持久性和稳定性，加之现代化渔业设施成本降低，在新一年中，黄颡鱼池塘养殖可作为现代化渔业设施的结合点，推动渔业设施现代化发展。

3.2.3　产业发展建议

（1）加强全雄黄颡鱼品种改良和杂交黄颡鱼新品种培育工作；加快现代生物技术（如分子标记开发、基因组选育）在新品种培育工作中的应用。

（2）提高黄颡鱼育苗企业的门槛，加强对苗种的抽查和监督。全雄黄颡鱼可以较好控制亲本的来源，比杂交黄颡鱼有优势，育苗这个环节也相对规范，繁育全雄苗存在技术门槛。而杂交鱼则不同，大部分苗厂都能自己生产苗种；但是有一些规模较小、操作不规范的苗场，使用来源不明混杂的亲本，鱼苗质量难免参差不齐。目前，黄颡鱼种质资源与品种改良岗位团队培育的新品种杂交黄颡鱼"黄优1号"是以经群体选育后获得的子三代黄颡鱼为母本，以经群体选育后获得的子二代瓦氏黄颡鱼为父本，经杂交获得的子一代。

（3）建立一套从苗种到亲本的培育技术规范，从而提高黄颡鱼主养品种受精率和存活率，提高苗种质量。

（4）建立高效、环保的生态养殖模式，进行黄颡鱼高产、高效池塘养殖模式集成与示范，从而减少药物的使用。

（5）加强对池塘流水槽生态养殖及受控式循环水集装箱养殖等现代化设施渔业的研究和集成示范。

第 4 章　鳙

4.1　2018 年鳙生产与市场概况分析

4.1.1　国内鳙生产概况

2017 年全国鳙养殖总产量为 48.31 万 t，比上年减少了 6.71%，鳙养殖总产量占全国淡水鱼养殖总产量的 1.66%，比上年减少了 0.18%。全国有 27 个省（区、市）养殖生产鳙，主产区是广东、山东、江西、湖南和浙江等省，鳙养殖产量分别为 13.35 万 t、7.88 万 t、6.11 万 t、4.46 万 t、4.22 万 t，各占全国鳙养殖总产量的 27.63%、16.31%、12.66%、9.22%、8.73%。根据产业经济跟踪示范区实际生产情况推算，2018 年上述五省鳙养殖产量约为 34.74 万 t，全国鳙养殖产量约为 46.59 万 t。2012～2018 年我国鳙主产区养殖产量见图 4.1。

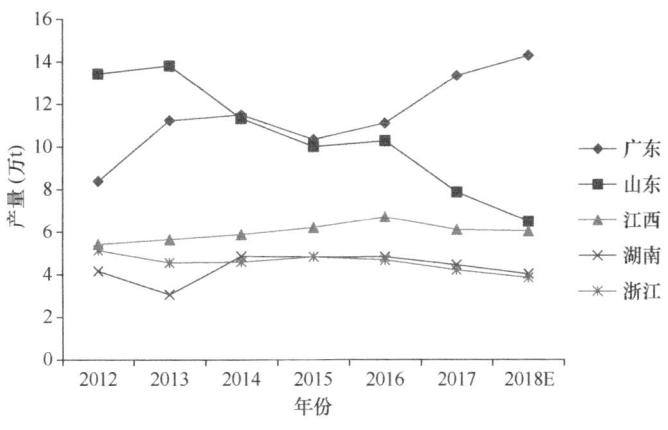

图 4.1　2012～2018 年我国鳙主产区的养殖产量

4.1.2　国内鳙市场

国内鳙市场以鲜活鳙产品为主，规格为<250g/尾和≥250g/尾的鲜活鳙 2018 年平均零售价分别为 21.29 元/kg 和 23.71 元/kg，同比增加了 6.50%和 15.52%。2017 年 1 月至 2018 年 12 月不同规格的鳙零售价变化情况见图 4.2。

产业经济研究室　张红燕

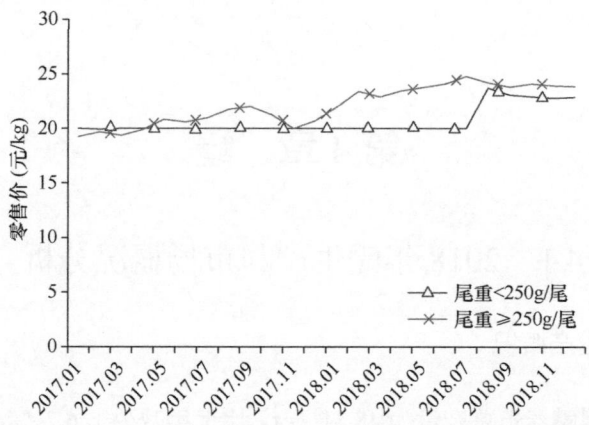

图 4.2 2017 年 1 月至 2018 年 12 月不同规格鳢的零售价

4.1.3 鳢产业生产与市场存在问题

4.1.3.1 良种覆盖率低、种质差异大

鳢人工孵化技术已经比较普及，但许多苗种生产者的技术不规范，大多苗种场并没有经过严格的亲鱼保种和复壮，只是将养殖的鱼作为亲本进行繁殖，近亲繁殖现象比较严重，导致鳢种质退化、个体小型化、生长速度下降、饲料利用率低、抗病力下降等。

4.1.3.2 病害问题

随着鳢集约化养殖的发展，其病害也逐渐增多，放养密度大、投饵率高等使得养殖水域水质恶化、鱼体抵抗力下降，从而产生各种疾病，且养殖用药缺乏科学指导，带来较大经济损失，病害问题成为制约鳢养殖业进一步发展的重要因素。

4.1.3.3 部分养殖户转养其他品种

近几年鳢市场行情不好，部分养殖户退出，转养淡水鲈、黄颡鱼等其他品种。继续养殖鳢的养殖户一般养殖技术较高，资金比较雄厚，抗风险能力较强。

4.1.4 鳢产业生产与市场发展前景

2019 年鳢产量预计会有所上升，广东、山东、江西、湖南和浙江等鳢主产区产量约为 38 万 t，全国鳢产量为 53 万 t。2018 年鳢市场价格比去年同期上涨了 10%左右，预计 2019 年国内市场价格仍然会保持上涨的态势。各地区政府对水产养殖污染环境的问题越来越重视，提倡以膨化饲料代替传统的冰鲜鱼养殖鳢，并配套跟进相应的水净化循环系统，努力消除鳢养殖带来的污染。大力推广实施鳢清洁养殖模式是鳢产业的发展方向。

4.1.5 鳢产业生产与市场发展建议

（1）指导养殖塘标准化改造，池塘由小改大、由浅改深，在相同养殖产量的情况下，确保养殖水体水质稳定。

（2）加强政策引导和政策扶持，通过开展新品种、新技术、新方法、新模式培训和加强示范推动、引导服务，积极引导养殖户转变思路，改变传统养殖方式，达到清洁、安全、健康养殖。

4.2　2018 年鳢产业现状、问题及趋势分析

4.2.1　鳢产业发展概况

鳢科鱼类是我国土著鱼类，主要有乌鳢、斑鳢、月鳢和南鳢。其中，乌鳢是广布种，分布在长江流域以北各水系中，斑鳢主要分布在华南地区。乌鳢和斑鳢是传统名优养殖对象，无肌间刺，营养丰富，并富含人体所需的钙、磷、铁、锌等营养元素，具有去瘀生新、生肌补血、促进伤口愈合的作用，深受市场的欢迎，是我国的重要水产品之一。

在产量方面，根据《2017 中国渔业统计年鉴》，2016 年我国鳢总产量为 52 万 t，主产区是广东、山东、湖南、浙江、安徽和湖北。在价格方面，在经历了价格低迷期后，2017 年价格开始逐渐走高，由原来的 10～14 元/kg 涨至 2018 年初的最高 28 元/kg，目前大规格鱼仍维持在 18 元/kg 以上。养殖品种以乌鳢和杂交鳢为主，其中乌鳢抗寒能力强，是山东、安徽等地的主要养殖品种，广东、湖南、浙江、湖北等地以杂交鳢为主。以斑鳢为母本、以乌鳢为父本的杂交鳢相对父母本生长优势明显，能够摄食人工配合饲料，制种技术简单，苗种供应量大，在长江流域及以南地区养殖量大；以乌鳢为母本、以斑鳢为父本的乌斑杂交鳢生长速度快、摄食人工配合饲料、个体规格比较均匀、抗寒能力强，目前除在南方地区养殖外，也推广到了山东等北方地区。目前乌鳢养殖以冰鲜鱼、下杂鱼投喂为主，水质污染较严重，在浙江等地被限制或禁止养殖，而杂交鳢可以完全摄食人工配合饲料，乌斑杂交鳢因其抗寒能力强，是乌鳢的替代品种。鳢的苗种生产主要在广东，供应了全国 80% 以上的杂交苗种，年生产水花 50 亿尾以上。由于近两年价格较高，养殖利润高，2018 年全国投苗量显著提高，因此苗种价格较高。

鳢种质资源与品种改良岗位　陈昆慈

4.2.2 鳢产业存在问题

（1）苗种品质退化严重：乌鳢苗种主要依靠野生捕捞或自养自产获得，没有经过系统选育，质量参差不齐；斑鳢品种经多年养殖，遗传多样性下降，近亲退化加剧；目前国内无国家级鳢良种场，苗种生产企业数量多、规模小，对亲本选择不重视，导致苗种质量不稳定。

（2）苗种生产技术低：缺乏专业规格苗种生产企业，苗种培育技术欠缺；杂交鳢苗种生产企业较多，但苗种培育成活率偏低，普遍在30%以下。苗种阶段寄生虫病、肠胃炎危害严重。

（3）养殖模式落后：北方乌鳢养殖主要投喂冰鲜鱼、下杂鱼、动物内脏，水质污染严重，依靠大量换水缓解，但造成水域污染，在浙江等地被禁养；南方杂交鳢养殖追求高密度、高产量，养殖水质易变差，出现烂身现象较多，养殖户盲目乱投药，甚至使用禁用药物，严重影响产品质量安全。缺乏高效安全绿色药物和防控措施。

（4）销售渠道单一，以活鱼销售为主，缺少深加工产品，也缺乏加工技术和设备。

4.2.3 鳢发展趋势和建议

（1）全雄品种将取代目前养殖品种。由于鳢产品规格对价格影响较大，而雄性鳢生长速度快、个体大，全雄养殖可提高综合养殖效益50%以上，增产增效明显，养殖全雄品种是以后的发展趋势，应加强鳢育种研究，建设育种能力强、生产加工技术先进、市场营销网络健全、技术服务到位"育繁推一体化"体系。

（2）加强生产预测和预警。鳢产业规模较大，但市场行情不太稳定，生产计划性差，盲目性强，应建立市场预警机制以指导生产规模，不可盲目跟风。

（3）改变养殖模式。高密度养殖带来严重病害和质量安全问题，应加强健康养殖研究，适当减量增收。

（4）开发深加工产品。深加工产品不仅能稳定市场需求和价格，还能提高产品附加值，推动产业更大规模发展，今后应加强加工设备和加工技术研究，推动加工业发展。

第 5 章　鳗

5.1　2018 年鳗产业国内外生产与贸易概况分析

近年来，全球鳗养殖产量呈不断增长趋势。近几年的全球鳗总产量基本稳定在 30 万 t 左右，主产区集中在亚洲，包括中国大陆和中国台湾、日本、韩国等区域，其次是欧洲、非洲和美洲。我国是全球最大的鳗养殖生产国和出口国，国内消费量较少，且有一定的地域差异。我国鳗养殖品种主要有日本鳗、欧洲鳗和美洲鳗，另有少量花鳗和双色鳗。我国鳗养殖主要集中在广东、福建、江苏、浙江等沿海省份，已经形成了集鳗苗培育、成鳗养殖、饲料生产、烤鳗及鳗副产品加工、出口于一体的外向型产业。

5.1.1　国际鳗生产与贸易概况

5.1.1.1　国际鳗生产

2016 年，全球共有 36 个国家和地区生产鳗，总产量为 30 万 t，比上年增加 4.46%，其中养殖产量 28.64 万 t，养殖产量前十位的国家和地区分别是中国大陆、日本、韩国、中国台湾、德国、希腊、西班牙、摩洛哥、瑞典和罗马尼亚，分别占全球鳗养殖产量的 85.47%、6.60%、3.43%、1.63%、0.37%、0.16%、0.12%、0.09%、0.04% 和 0.02%。

2016 年，全球共有 69 个国家捕捞鳗，产量仅为 1.46 万 t。鳗捕捞产量前十位的国家和地区包括菲律宾、日本、印度尼西亚、新西兰、埃及、利比里亚、美国、英国、荷兰、加拿大等，捕捞产量分别占全球鳗捕捞产量的 29.98%、24.33%、5.22%、4.68%、3.88%、2.73%、2.64%、2.43%、2.35%、2.03% 和 1.96%。

全球鳗总产量在波动中呈增长趋势，从 2006 年的 26 万 t 增长到 2016 年的 30 万 t，年均增长率为 1.61%（图 5.1），捕捞产量基本呈逐年减少的趋势。2018 年全球鳗总产量大约为 30.87 万 t，其中养殖产量约为 29.45 万 t，捕捞产量约为 1.4 万 t（图 5.2）。

产业经济岗位　袁永明

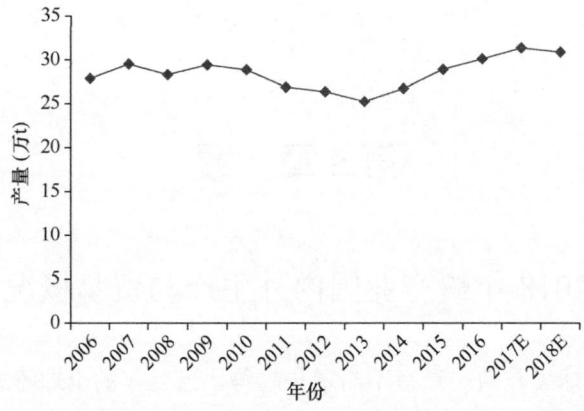

图 5.1　2006~2018 年全球鳗产量

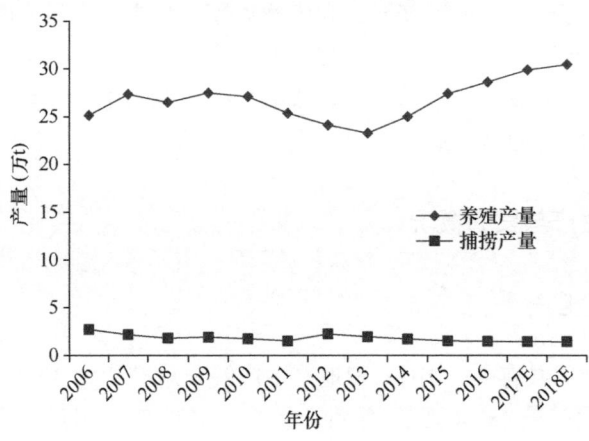

图 5.2　2006~2018 年全球鳗养殖与捕捞产量

5.1.1.2　国际鳗贸易

2016 年全球鳗进出口总量为 6.62 万 t，较上年增加了 2.05%。在 2007 年以前，鳗进出口总量基本保持持续增长的态势，2008 年受全球金融危机影响，鳗进出口总量降到 4.92 万 t，2010 年有所恢复，达到 6 万 t，2010 年后鳗进出口总量呈波动态势，从 2013 年开始，鳗进出口总量保持持续增长态势（图 5.3）。2007~2016 年，鳗进出口总量的年均增长率为 –2.74%（图 5.3）。

2016 年鳗进出口总额为 12.27 亿美元，较上年减少了 0.98%（图 5.4）。2016 年全球鳗进出口总额的上涨幅度低于进出口总量的幅度，这可能是由于鳗产品的进出口结构在发生变化。

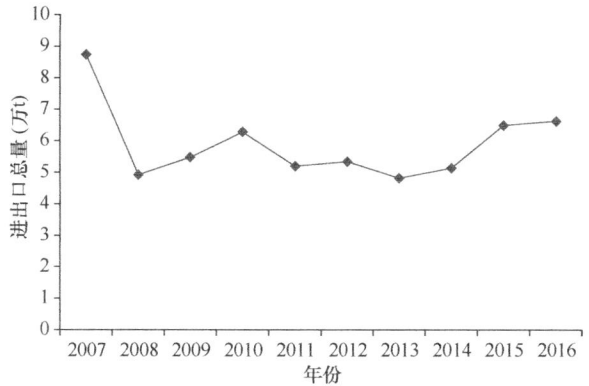

图 5.3 2007~2016 年全球鳗进出口总量

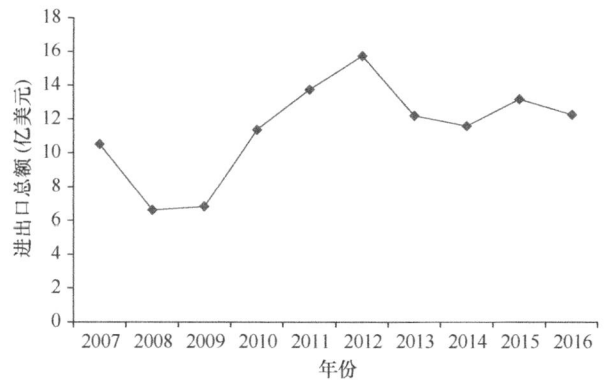

图 5.4 2007~2016 年全球鳗进出口总额

5.1.1.3 国际鳗市场

鳗产品主要有鲜或冷鳗、冻鳗、鲜或冷鳗片、冻鳗片、鳗干和烤鳗。出口产品主要是烤鳗，进口产品主要是烤鳗和冻鳗片。2016 年，烤鳗出口量为 3.75 万 t，出口价为 20.64 美元/kg。进口量最多的同样是烤鳗，为 2.86 万 t，进口价为 15.74 美元/kg，其次是冻鳗片，出口量为 71t，出口价为 1.46 美元/kg。鳗产品的进口价变化幅度较大，呈波动态势。

2016 年鳗主要进口国日本的进口量为 1.45 万 t，同比增加 0.43%，2008 年受毒水饺事件的影响，进口量从 2007 年的 3.54 万 t 直接降到 1.68 万 t，2010 年进口量有所回升，但是受日本政治因素的影响，2011 年的进口量又有大幅下降，2013 年降到 0.80 万 t，2014 年进口量又有所恢复，呈缓慢上升趋势；2016 年，日本鳗进口额为 2.85 亿美元，同比减少 9.27%（图 5.5）。日本市场进口鳗产品全部为烤鳗，2016 年进口价为 19.68 美元/kg，同比降低 9.65%，2012 年之前，烤鳗进口价持续上升，2009 年有所回落，2012 年进口价达到最高，为 40.61 美元/kg，2012 年后一直处于下降状态（图 5.6）。

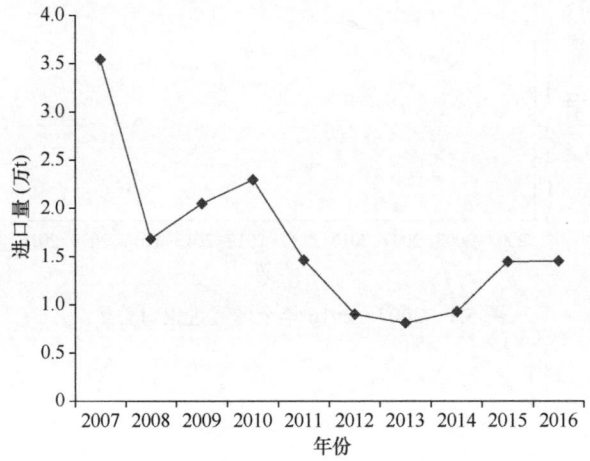

图 5.5　2007～2016 年日本鳗的进口量

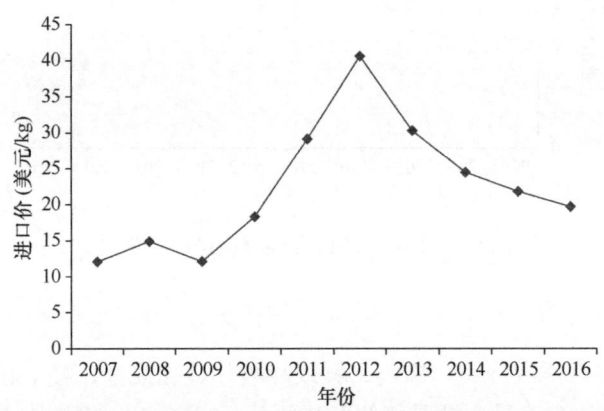

图 5.6　2007～2016 年日本烤鳗的进口价

中国为日本烤鳗的主要出口国。从 2007～2016 年日本烤鳗的进口价来看，近年来，中国大陆高于其进口平均价格，中国台湾低于其进口平均价格（表 5.1）。中国大陆的价格优势弱于中国台湾。

表 5.1　2007～2016 年日本烤鳗的进口价　（单位：美元/kg）

地区	2007 年	2008 年	2009 年	2010 年	2011 年	2012 年	2013 年	2014 年	2015 年	2016 年
中国大陆	12.60	11.91	12.59	12.75	18.01	25.59	31.97	29.21	26.97	23.82
中国台湾	13.84	16.91	13.71	19.75	27.95	30.87	19.12	17.07	25.31	18.26

5.1.2 国内鳗生产与贸易概况

5.1.2.1 国内鳗生产

2017 年全国鳗养殖总产量为 21.73 万 t，比上年减少 11.20%，鳗养殖总产量占全国淡水鱼养殖总产量的 0.69%，比上年减少 0.08%。全国有 11 个省（区、市）养殖生产鳗，主产区是广东、福建、江西、江苏、浙江和安徽等省，鳗养殖产量分别为 10.31 万 t、8.34 万 t、1.52 万 t、0.66 万 t、0.34 万 t 和 0.30 万 t，各占全国鳗养殖总产量的 47.48%、38.37%、6.98%、3.02%、1.56%和 1.38%。

根据产业经济跟踪示范区实际生产情况推算，2018 年上述六省鳗产量为 19.89 万 t，全国鳗产量为 20.72 万 t。2013~2018 年我国鳗主产区产量见图 5.7。

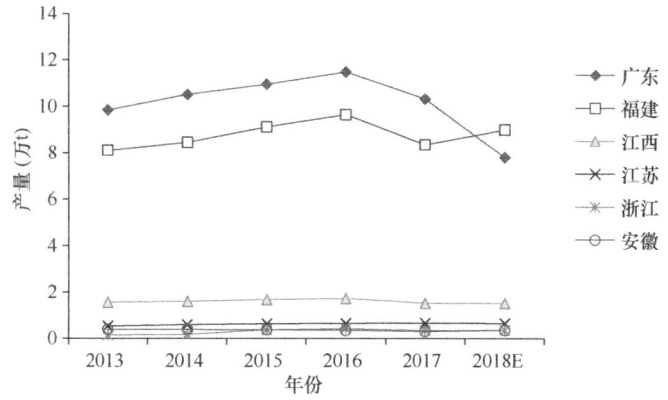

图 5.7　2013~2018 年我国鳗主产区的产量

当前我国鳗主要养殖模式仍然是土池养殖和水泥池精养殖，产量约各占 50%。产业经济跟踪示范区实地调研得出，2018 年鳗养殖成本为 6 万~7 万元/t。苗种成本中欧洲鳗均价大约为 5 元/尾，美洲鳗均价为 6 元/尾，日本鳗均价为 30~40 元/尾；饲料成本 15 000 元/t；用工成本中技术人员 1 万元/月，养殖工人 3500 元/月；塘租 3000~4000 元/亩。2018 年鳗塘口价约为 12 万元/t（规格为 4P[①]~5P），4P 规格鳗鱼养殖利润可达 5 万元/t。

5.1.2.2 我国鳗贸易

2018 年我国鳗出口总量为 4.84 万 t，同比增长 11.3%，出口总额为 11.67 亿美元，同比增长 30.1%（表 5.2，图 5.8）。活鳗出口量约 0.87 万 t，出口额约为 2.41

---

① P，描述鳗或泥鳅规格的专用术语，即每 kg 鳗或泥鳅的尾数

亿美元，出口均价 27.71 美元/kg；冻鳗出口量约 0.04 万 t，出口额约为 0.05 亿美元，出口均价 12.54 美元/kg；鲜冷鳗出口量约 0.03 万 t，出口额约为 0.019 亿美元，出口均价 6.34 美元/kg；烤鳗出口量约 3.90 万 t，出口额约为 9.19 亿美元，出口均价 23.56 美元/kg（表 5.3）。

表 5.2 2012~2018 年我国鳗的出口量及出口额

项目	2012 年	2013 年	2014 年	2015 年	2016 年	2017 年	2018 年
出口量（万 t）	3.73	3.71	3.98	4.37	4.26	4.35	4.84
出口额（亿美元）	12.03	10.50	9.97	9.87	9.13	8.97	11.67

数据来源：中国海关

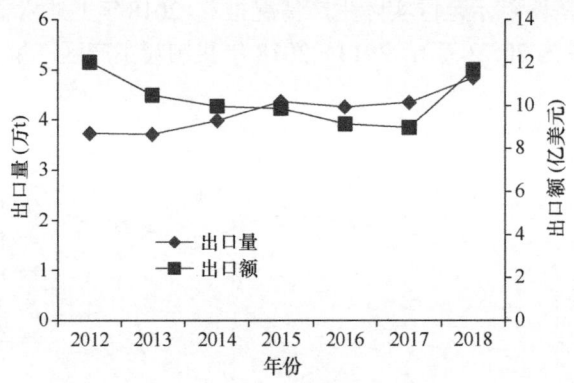

图 5.8 2012~2018 年我国鳗的出口量及出口额

表 5.3 2017、2018 年我国鳗出口产品组成

品种	2017 年			2018 年		
	出口量（t）	出口额（万美元）	出口均价（美元/kg）	出口量（t）	出口额（万美元）	出口均价（美元/kg）
冻鳗	846.41	907.33	10.72	401.71	503.67	12.54
活鳗	6 781.49	13 530.09	19.95	8 712.48	24 138.35	27.71
鲜或冷鳗	267.11	167.42	6.27	304.71	193.25	6.34
烤鳗	35 576.33	75 083.47	21.10	39 026.29	91 913.97	23.56

从表 5.3 可以看出，2018 年我国鳗出口产品结构发生很大变化，与 2017 年相比，冻鳗出口量大幅下降，下降幅度约为 53%，出口额下降幅度达到 40%；活鳗出口量上涨幅度最大，达 28%，出口额上涨幅度高达 78%，出口均价上涨幅度约为 39%；鲜冷鳗出口量上涨幅度较大，达到 14%，出口额约上涨 15%，出口均价相对稳定。烤鳗的出口量约上涨了 10%、出口额约上涨了 22%，出口均价约上涨了 11%。

福建、广东、江西、山东和浙江是我国鳗出口的主要省份，其 2018 年出口量占全国出口总量的比例分别为 48.14%、26.90%、14.23%、8.01% 和 4.41%。福建鳗出口量最多，占全国出口总量的 45%以上。鳗产业是福建十个"百亿产业"中唯一的一个渔业产业，在福建水产养殖业中占据举足轻重的地位。从 2012 年开始，福建鳗出口量呈持续增长态势，2016 年有所下降，2017~2018 年持续增长。广东鳗养殖产量最高，但是出口量位居第二，自 2012 年以来出口量不断增长，出口额保持相对稳定，2018 年出口量和出口额皆有大幅下降。江西鳗出口量和出口额近年来持续减少，出口额相对于出口量下降明显，江西鳗出口均价呈不断下降趋势（表 5.4）。

表 5.4 2013~2018 年鳗主要出口省份的出口量与出口额

省份	出口量（万 t）						出口额（亿美元）					
	2013 年	2014 年	2015 年	2016 年	2017 年	2018 年	2013 年	2014 年	2015 年	2016 年	2017 年	2018 年
福建	1.37	1.48	1.81	1.74	1.90	2.33	3.29	3.23	3.77	3.47	3.78	5.67
广东	0.89	1.00	1.16	1.16	1.17	0.55	2.55	2.42	2.41	2.54	2.35	1.22
江西	0.77	0.85	0.78	0.70	0.62	0.54	3.15	3.14	2.58	1.97	1.72	1.68
山东	0.47	0.43	0.40	0.38	0.35	0.40	1.05	0.89	0.75	0.72	0.67	0.78
浙江	0.19	0.19	0.18	0.18	0.19	0.57	0.38	0.33	0.26	0.24	0.26	1.15

我国养殖鳗产品主要以活鳗和烤鳗的形式进入市场，活鳗市场主要有日本、韩国、中国香港和内地；烤鳗市场主要为日本、韩国、美国、俄罗斯、中国香港，日本市场一直占据鳗市场的主导地位。日本是世界上最大的鳗产品消费国和进口国，我国鳗出口的主要目标国为日本，出口的主要产品是活鳗和烤鳗。从表 5.5 和表 5.6 可以看出，2018 年我国对日本的鳗出口量约为 2.71 万 t，比 2017 年增长了 9.71%，鳗出口额约为 6.74 亿美元，同比上涨了 29.61%。长期以来，我国对日本的烤鳗出口价格低于对其他许多国家的出口价格。从 2012 年开始，我国对日本出口的鳗产品结构有一定改变，冻鳗出口量在 2013 年大幅降低；活鳗出口量除 2017 年稍有降低外其余年份持续增长，2018 年增长幅度最大；鲜冷鳗出口量从 2012 年的 0.02t 增长到 2015 年的 11.76t 后，2018 年又降为 0.02 万 t；烤鳗出口量从 2012 年的约 1.61 万 t 降到 2013 年的约 1.37 万 t，从 2014 年开始，出口量有所恢复，2015 年达到 1.98 万 t，近几年一直保持相对稳定。2018 年，日本累计进口烤鳗约 2.06 万 t，同比上涨 3.5%，进口额同比上涨 14.57%，表明进口均价有所上涨。

表 5.5 2012~2018 年出口目标国（日本）不同鳗产品的出口量 （单位：t）

	2012 年	2013 年	2014 年	2015 年	2016 年	2017 年	2018 年
冻鳗	225.80	70.75	53.25	32.13	70.61	99.11	61.72
活鳗	3 263.60	3 918.42	3 945.75	4 302.53	4 782.51	4 740.04	6 474.59
鲜或冷鳗	0.02	0.04	0.05	11.76	3.05	0.01	0.02
烤鳗	16 162.74	13 785.04	14 630.89	19 841.29	19 820.85	19 856.65	20 551.75
合计	19 652.16	17 774.25	18 629.94	24 187.71	24 677.02	24 695.81	27 088.08

表 5.6 2012～2018 年出口目标国（日本）不同鳗产品的出口额　（单位：万元）

	2012 年	2013 年	2014 年	2015 年	2016 年	2017 年	2018 年
冻鳗	76.32	43.52	34.73	16.54	41.54	61.32	46.96
活鳗	14 081.67	15 135.88	11 861.54	9 004.60	12 840.90	10 863.57	20 328.64
鲜或冷鳗	0.02	0.03	0.04	10.10	3.32	0.01	0.02
烤鳗	52 628.14	39 762.02	36 308.26	44 690.08	40 737.31	41 062.00	47 047.73
合计	66 786.15	54 941.45	48 204.57	53 721.32	53 623.07	51 986.90	67 423.35

5.1.2.3　国内鳗市场

国内鳗市场以活鳗产品为主，规格主要为 2P、3P、4P。2018 年中国大陆产日本鳗规格为 2P、3P、4P 的塘口价分别为 103.79 元/kg、135.76 元/kg 和 162.22 元/kg，大陆产美洲鳗规格为 2P、3P 和 4P 的塘口价分别为 83.00 元/kg、108.16 元/kg 和 120.24 元/kg（表 5.7）。2018 年不同规格的大陆产日本鳗和大陆产美洲鳗塘口价见图 5.9 和图 5.10。

表 5.7　2018 年 1～12 月鳗主产区活鳗的塘口价　（单位：元/kg）

规格 \ 品种	大陆产日本鳗	大陆产美洲鳗
2P	103.79	83.00
3P	135.76	108.16
4P	162.22	120.24

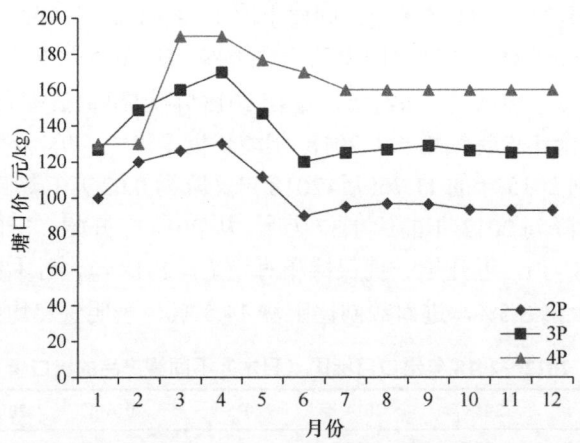

图 5.9　2018 年 1～12 月大陆产日本鳗的塘口价

中国鳗鱼网数据显示，2018 年中国市场上台湾产规格为 3P、4P 和 5P 的鳗塘口价分别为 161 元/kg、199 元/kg、241 元/kg；日本市场上中国大陆产规格为 3P、

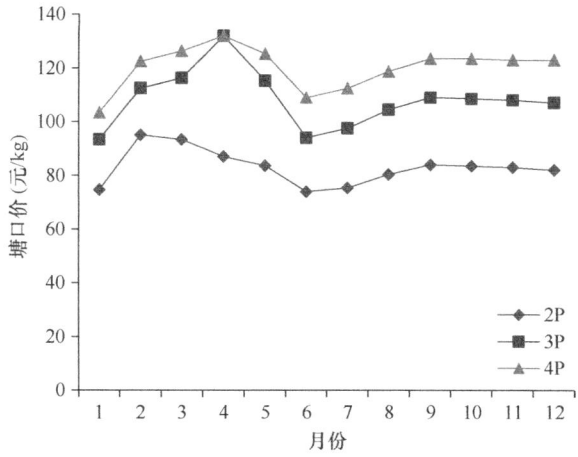

图 5.10 2018 年 1~12 月大陆产美洲鳗的塘口价

4P 和 5P 鳗的进口价分别为 183 元/kg、225 元/kg、265 元/kg,中国台湾产规格为 3P、4P 和 5P 鳗的进口价分别为 165 元/kg、219 元/kg、259 元/kg,日本产规格为 3P、4P 和 5P 鳗的进口价分别为 198 元/kg、240 元/kg、259 元/kg;韩国市场上规格为 3P、4P 鳗的进口价分别为 220 元/kg、233 元/kg。中国活鳗的品质优于日本活鳗,但价格仍然低于日本活鳗;我国大陆烤鳗的原料、加工设备、检测设施比日本好,品质优于日本烤鳗,但市场售价只有日本同等规格烤鳗的 2/3。

5.1.3 中国鳗生产与贸易发展前景

鳗产业是资源型产业,鳗苗资源的日益紧缺已经成为制约鳗产业发展的重要问题。相较于其他水产品,鳗的特殊性在于其人工繁殖技术至今尚未成熟,现阶段仍依靠捕捞天然鳗苗进行人工养殖。鳗产业极其依赖野生种群,而近年来商业过度捕捞和全球环境的影响,使鳗苗的捕捞量急剧下滑。世界自然保护联盟(International Union for Conservation of Nature and Natural Resources,IUCN)已经将日本鳗和美洲鳗列为濒危(EN)物种,而欧洲鳗甚至被列为极危(CR)物种。我国鳗苗通过捕捞本地鳗苗和进口国外鳗苗的方式获得,本地鳗苗捕捞量近年总体呈下降趋势。由 2005 年的 25t 下降到 2017 年的 15t,减少 40%,鳗苗进口量也从 2005 年的 45t 下降到 2017 年的 14t,减少 69%,本地鳗苗和进口鳗苗均出现锐减,说明鳗苗供给形势日益严峻。2018 年,东亚地区历史性鳗苗大歉收,日本鳗苗捕捞遭遇了罕见的鱼荒,2018 年投苗仅达到 3t 多,鳗投苗主要集中在闽西北地区,2018 年福建投苗量大约为 7.5t,投苗品种以欧洲鳗和美洲鳗为主。我国鳗苗投放减少的主要是广东地区。2018 年,东亚地区历史性鳗苗大歉收,鳗苗捕捞量仅 20.27t,台湾地区鳗苗入池量不足,日本鳗苗价格高涨,2019 年鳗供给形势或将严峻。

通过对我国鳗产品对日本出口的情况进行研究发现，我国鳗产品对日本的出口比例最高，但价格偏低。由于日本不断对进口农产品设置技术性贸易壁垒，加之2018年日本国内鳗苗大歉收，日本市场烤鳗销售不理想，预计未来我国鳗产品对日本出口难度将继续增加，对日本出口比例也会相应下降。因此要开拓内销市场，积极提高国内鳗消费量，开发日本以外的市场，分散产业风险。

我国水资源和土地资源的日益紧缺及环境污染等制约着鳗养殖业的可持续发展。2018年，受环保督查的影响，福建鳗产业饱受养鳗场尾水排放问题的困扰。鳗养殖将改变原来的大排大放的养殖模式，建立尾水处理示范场，促进尾水排污分区域化管理，发展产出高效、安全、资源节约、环境友好的养殖模式和健康养殖技术，发展循环化和集约化养殖，制定鳗产业排污标准，加快产业升级改造，促进鳗产业可持续发展。

5.2　2018年鳗产业现状、问题及趋势分析

5.2.1　鳗产业发展概况

鳗为高蛋白质、高脂肪的优质食用鱼类，其味道鲜美、营养丰富，具有一定的药用功能，自古以来都是我国珍贵的滋补食物，被视为"水中人参"。目前国内养殖鳗品种主要是日本鳗、美洲鳗、欧洲鳗和花鳗。我国鳗产业已形成集鳗苗捕捞与培育、成鳗养殖、饲料生产、烤鳗及鳗副产品加工、出口贸易和配套服务于一体的较完整的产业链。在2003年农业部渔业局发布的《出口水产品优势养殖区域发展规划（2003—2007年）》和农业部发布的《优势农产品区域布局规划》中均将"鳗鱼"放在重点发展品种的第一位。自从1979年全面引进日本的养鳗技术之后至20世纪90年代，我国鳗产业蓬勃发展；到20世纪90年代中期，我国的鳗养殖规模和产量超过日本，居世界首位，欧洲鳗、美洲鳗的养殖技术和产品品质也处在国际领先地位。近年来，活鳗年产量基本维持在10万t左右，烤鳗出口量维持在3万t左右，活鳗出口量0.5万t左右，二者出口单价呈下降趋势，每年出口创汇约10亿美元。

5.2.2　鳗产业特点

（1）高投入：建一个养殖100万尾的鳗养殖场至少需要建场费用500万元左右，生产运营费用1000万元，共需1500万元左右；苗种价格昂贵，一般情况下欧洲鳗和美洲鳗2～5元/尾，2018年高达8元/尾左右，日本鳗10元/尾以上，最

贵超过 50 元/尾；饲料、药品、电、人工等成本不断增加，养殖成本攀升。

（2）高风险：苗种价格变动大，为 1.5~52 元/尾；商品鳗价格变动大，1.8 万~24 万元/t 都出现过，目前基本都在 10 万~12 万元/t；病害多：常发生寄生虫病、脱粘败血症、红肝病、狂游病等，死亡率高。病害造成的死亡率一般达 20%左右，部分美洲鳗死亡率甚至高达 50%。

（3）高回报：一般在正常情况下利润可达 2 万~5 万元/t 或 3~10 元/尾。

（4）养殖环境要求高，主要应用地下水或山区优良水资源，福建省精养池多采用半流水方式养殖各品种，用水量大，广东省多用土塘养殖日本鳗。

（5）鳗产品以烤鳗或活鳗出口为主，近年来进入国内市场的鳗越来越多，有的年份可达到总产量的 50%左右。

5.2.3 鳗产业存在问题

5.2.3.1 鳗人工繁殖问题尚未解决，鳗苗价格波动幅度大

目前的鳗苗主要依靠天然捕捞，由于今年气候变化问题，鳗苗年捕捞量极其不稳定，因此鳗苗价格波动较大。例如，2018 年日本鳗苗捕捞量骤减，美洲鳗苗骤减 1/3 左右，欧洲鳗苗列为二类濒危保护动物，捕捞和进口严格受限；日本鳗苗一度飙升至 50 元/尾以上，导致其他品种鳗苗价格也顺势上涨，美洲鳗苗和欧洲鳗苗由去年的 2~3 元/尾，增加到 7~8 元/尾。鳗苗价格的波动幅度太大，势必对鳗市场造成较大影响，不利于鳗产业发展。

5.2.3.2 鳗饲料配方技术需要提升，膨化颗粒饲料发展缓慢

我国绝大多数鳗养殖仍在使用粉状饲料，并且饲料配方近十几年来变化不大，不能做到与时俱进，应用最新的水产动物营养与饲料的有关技术，以提升粉状饲料品质，在这方面尤其是自配料的老养殖户更为明显，保持饲料配方多年不变。如何打破传统思维，应用最新饲料营养技术是面临的一大难题。此外，传统鳗饲料中为了保持一定的黏弹性，淀粉含量远超过需求量，同时饲料中脂肪却不能满足生长需求，大都采用外源添加鱼油的办法，但添加量仍不能满足营养需求；不同品种鳗的适宜脂肪水平需要确定，高脂肪带来的肠道炎症问题也要引起注意，如何提高现有条件下脂肪利用也是亟待解决的重要课题。膨化颗粒饲料虽然在节水、省工、成本低及鳗大小均匀等方面优势突出，但颗粒饲料研发与推广还任重道远，需要解决其在投饵率、饲料效率及驯食方面的技术问题。

5.2.3.3 鳗市场开发、品牌建设、扩大鳗消费市场急需政府

我国鳗出口格局，从原来的 100%出口日本转变为现在的出口日本、东南亚、

韩国、俄罗斯和欧洲，同时国内市场也逐年增加（目前是日本 1/3、国内 1/3 和其他 1/3）。国内销售的活菜鳗（即 420g 以上）总产量约占一半（尾数仅占约 1/3 份额）。出口的产品总体上单一，且烤鳗出口的技术贸易壁垒日益严格，其出口量受贸易壁垒或其他政治问题影响容易缩减，对鳗产业影响巨大，烤鳗加工技术研究滞后于鳗养殖技术的发展，目前只有参照日本的烤法，尚未研究适合国内消费者品味的烤法，这严重制约鳗产业品牌推广和消费市场的开发。此外，我国鳗在日本的市场价格远低于其实际价值，建设我们的知名品牌是我国鳗产业急需解决的重要问题，若市场价格达到日本国内的同等水平，可多创汇 3 亿多美元，需要各级鳗协会与相关企业共同努力改变这种现状。

内销市场培育和规范有待加强，还有巨大的空间等待业内开发。目前，国内对鳗营养的宣传力度不够，人们对鳗的认知有待加强；内销鳗安全品质监管没有到位，一些不法商贩甚至收购死鳗、病鳗并加工成低劣烤鳗以低价冲击市场；内销烤鳗销售增值税高达 16%，而出口烤鳗又可退税 15%，因此内销烤鳗成本增加幅度较大，达 30% 左右，国内品牌烤鳗售价难以被中低端消费者接受。

5.2.3.4 环保问题行业高度关注

随着国家环保政策实施的不断深入，鳗养殖尾水排放问题日益引起政府环保部门的关注。这对福建省以精养池为主、半流水式的养殖模式提出了挑战，虽然循环水养殖具备良好的前景，但高运行成本及低成熟度不够限制了其应用，如何做好现有鳗养殖尾水处理、达标排放是摆在养殖户和广大科研工作者面前的重要课题。

5.2.4 鳗产业发展趋势及建议

5.2.4.1 缓解鳗苗紧张现状，多方面一直在努力

现有的资源苗种将成为制约鳗养殖业发展的重要因素，开发日本鳗和欧洲鳗以外的其他养殖品种成为业内今后的一个主要方向；美洲鳗养殖数量日渐增多，每年投苗 8～9t；澳洲鳗和东南亚鳗养殖技术尚不成熟，还需要进一步研究，使其适应我国的养殖环境。

提高现有鳗成活率是缓解鳗苗紧缺现状比较现实的途径。这需要充分利用好有限资源，降低鳗养殖中的死亡率，需要提出适合不同养殖模式的疾病防控综合措施，包括用药、动保产品、功能性饲料添加剂等方面，使养殖户具有日常的保健意识，不能等鳗发病再去治疗。规范鳗养殖技术，如实行鳗养殖许可证制度，特别是要提高鳗养殖技术和管理人员的水平，每年鳗养殖死亡率平均高达 20% 左右，主要是因为管理及技术人员对鳗养殖知识一知半解、养殖管理不规范造成病虫害频发、用药不规范甚至乱用药造成鳗中毒死亡。

5.2.4.2 加大研发投入,切实提高鳗饲料品质

随着国家对鳗产业科研方面的投入加大,确定不同鳗品种及其不同阶段主要营养素的需求、筛选可能在鳗饲料中应用的功能性饲料添加剂,可提高现有鳗饲料的技术含量,改善饲料中的氮磷利用效率,减少环境中氮磷的排放,有效缓解饲料中生物胺毒害作用,能够解决普遍发生的营养性肠炎、肝脏代谢紊乱、抗应激能力差的问题。研发高脂肪的膨化颗粒饲料符合鳗的营养需求特点,也顺应国家环保要求的潮流,通过多种饲料营养技术的集成,势必在将来的鳗养殖中发挥重要作用。

5.2.4.3 培育国内市场,加强鳗品牌建设

让国内大众科学认识鳗产品,加大鳗产品宣传力度。国内消费者不接受鳗的原因可能是向广大民众宣传不够,为改善这种状况,可经常性在中小学校进行鳗科普教育,培养将来的消费习惯和群体,还可充分利用那些投入较少、收效较好的媒介,如影响力大的报纸、网络平台、微信等,多层次、多方位普及鳗的营养价值并解释日本人特别喜好鳗的原因,以此来进行宣传、推广,争取让鳗能够像在日本那样深得人心。还要开发符合我国人民消费习惯的鳗产品,尤其是即开即食的多种口味产品,让消费者选择的余地更大。

呼吁农业部门在政策上扶持鳗产品品牌建设,争取国家有关农业部门的经费以支持鳗产业创建品牌。凡是自创鳗品牌都要在国内推广销售,具有商标、门店和网络销售的品牌都给予适当的扶持。建议国家鳗工作委员会、各地鳗协会、养殖大户、行业专家发挥更大的作用,共同开发鳗国内市场,推广"一码一品"和可追溯制度,对养殖过程中的鳗建立定期强制随机检测制度,是鳗养殖业能否长治久安的关键。需要加强执法力度,加大内销活鳗和烤鳗检测,建议食品药品监督管理部门着重加大对内销烤鳗的检测,规范内销鳗的市场秩序,为企业建立品牌提供公平的竞争环境。

5.2.4.4 确保鳗养殖尾水达标排放

日前,国家农业农村部渔业渔政管理局发布的《淡水养殖尾水排放要求(征求意见稿)》中,对尾水排放的总氮、总磷量已提出了明确的要求,广大养殖户应以此为基本标准,对鳗养殖尾水排放进行整治。鳗养殖的尾水达标排放对以精养池为主的半流水模式影响较大,需要增加尾水处理设施设备,如安装污水处理设备及修建沉淀池、过滤池、曝气池等,还可多采用生物方法,利用天然的自然资源优势,来推进鳗养殖生物净水功能建设,规范养殖尾水的生态净化和达标排放。力争在工厂化循环水养殖方面有所突破,尚需查明循环水养殖下鳗后期生长慢的原因,以及开展该养殖模式下鳗的营养需求或制定相应的饲料配方研究工作。

第6章 淡 水 鲈

6.1 2018年淡水鲈产业生产与市场概况分析

6.1.1 国际淡水鲈生产概况

2016年全球共有8个国家和地区生产淡水鲈，总产量为37.77万t，比上年增长6.22%，其中养殖产量37.60万t，捕捞产量0.17万t。主要养殖国家分别是中国、意大利、墨西哥和阿尔及利亚，其中中国的养殖产量占99.47%，其他国家和地区所占比例较小。捕捞国家是墨西哥、美国和多米尼加，捕捞产量分别占67.64%、26.63%和5.73%。

全球淡水鲈产量呈逐年上升趋势，从2005年的14.19万t增长到2016年的37.77万t，年均增长率为9.31%（图6.1）。预计2018年全球淡水鲈总产量为39.50万t。

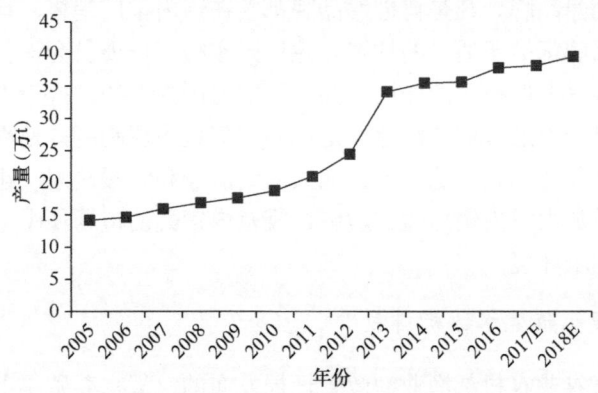

图6.1 2005～2018年全球淡水鲈的产量

6.1.2 国内淡水鲈生产与市场概况

6.1.2.1 国内淡水鲈生产

2017年全国淡水鲈养殖总产量为45.69万t，比上年增长22.14%，淡水鲈养殖总产量占全国淡水鱼养殖总产量的 1.57%，比上年增长 0.24%。2017 年全国有 26 个省（区、市）养殖生产淡水鲈，主产区是广东、浙江、江苏、江西和四川等省，淡水鲈养殖产量分别为 29.66 万 t、4.27 万 t、3.65 万 t、2.14 万 t、1.75 万 t，各占全国淡水鲈养殖总产量的 69.96%、10.07%、8.60%、5.04%、4.12%。

根据产业经济跟踪示范区实际生产情况推算，2018 年上述五省淡水鲈养殖产量约为 43.35 万 t，全国淡水鲈养殖产量约为 47.77 万 t。2012~2018 年我国淡水鲈主产区养殖产量见图 6.2。

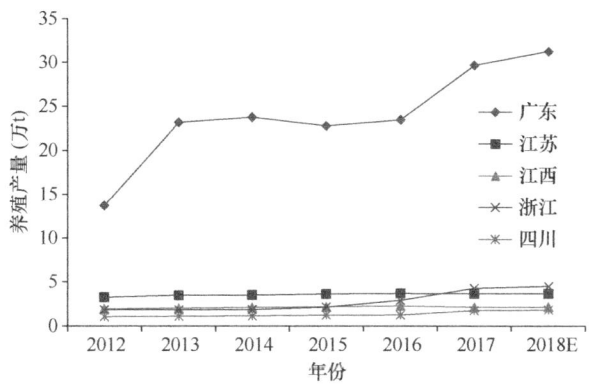

图 6.2　2012~2018 年我国淡水鲈主产区的养殖产量

6.1.2.2　国内淡水鲈市场

淡水鲈国内市场以鲜活淡水鲈为主，规格为<500g/尾和≥500g/尾的鲜活淡水鲈 2018 年平均零售价分别为 29.97 元/kg 和 33.11 元/kg，同比减少 14.10%和 3.50%。2017 年 1 月至 2018 年 12 月不同规格的淡水鲈零售价变化情况见图 6.3。

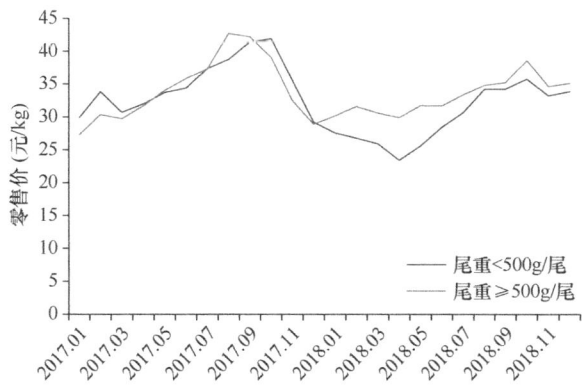

图 6.3　2017 年 1 月至 2018 年 12 月淡水鲈的零售价

6.1.3 淡水鲈产业生产与市场存在问题

6.1.3.1 种质退化严重、良种短缺

目前淡水鲈苗种场的生产经营还是以作坊式、家庭式为主，种苗市场大多来源于小型家庭式苗场，从而导致种质退化问题日益凸显，种质退化现象主要表现为体形差（高背短身）、体形肥胖、生长速度减慢、生产不稳定、性成熟年龄提前、抗病性能下降、病害多等。种苗市场入行门槛低、技术缺失、种质参差不齐，鱼苗的质量主要还是由养殖户自己凭经验辨别，在养殖过程中存在诸如成活率低下、畸形鱼增多、规格不整齐等问题，严重影响整个行业的可持续发展。

6.1.3.2 病害频发、危害程度严重

随着淡水鲈养殖规模的扩大、养殖密度的盲目增加和养殖环境的可控性减弱，病害问题日益凸显，弹状病毒病、虹彩病毒病、诺卡氏菌病、迟缓爱德华氏菌病、车轮虫病等常见疾病对养殖户造成巨大的直接经济损失，同时易产生药物滥用和药残超标等现象，严重影响水产品质量安全和环境保护，给产业的可持续发展带来严重影响。

6.1.3.3 饲料投喂率不高

淡水鲈养殖技术已比较成熟，但饲料投喂率不高。长期以来，养殖淡水鲈都依靠投喂冰鲜鱼，造成水质恶化、病害增多。各水产饲料企业对淡水鲈配合饲料的推广力度也很大，但存在配合饲料价格偏高、配合饲料品种繁多、质量参差不齐等问题，在一定程度上阻碍了淡水鲈养殖过程中配合饲料的应用。

6.1.4 淡水鲈产业生产与市场发展前景

2019年淡水鲈养殖总体将稳步发展，产量呈平稳增长趋势。广东、江苏、浙江、江西、四川和福建等淡水鲈主产区的产量约为36万t，全国淡水鲈预计产量为40万t。随着淡水鲈市场的逐步稳定发展，对苗种重要性的认识在逐年提高，淡水鲈优良品种的价值将得到体现。由于淡水鲈养殖技术的进步、饲料配方的优化、加工工艺的完善及养殖户意识的增强，淡水鲈饲料产量将在未来几年内呈爆发式增长，饲料取代冰鲜鱼将是大势所趋。人工配合饲料的推广应用、规模化甚至工厂化养殖将成为淡水鲈养殖业未来的发展方向。

6.1.5 淡水鲈产业生产与市场发展建议

6.1.5.1 加快淡水鲈优质种苗基地建设

种苗是整个淡水鲈产业的源头，增加良种场、良种繁育场的数量、规模并加大建设力度，充分发挥政府在水产良种产业发展中的管理调控作用，从政策和资金两方面对良种的培育、保种、生产和推广给予扶持；建立区域性产业苗种支撑体系，对亲本的质量控制、隔离保存与规模繁育等进行系统规划，避免地区苗种无序、无监管的流通，降低病灾事件发生概率，保障产业健康发展；加大良种补贴的政策支持、加大科研投入和攻关政策激励力度。进一步开展淡水鲈优良品种的选育，培育优质苗种。同时，加快推动新品种"优鲈1号"种苗的推广应用，提升淡水鲈产业核心竞争力。

6.1.5.2 加强行业规范管理

完善法律法规，建立健全水产养殖行业准入和市场准入机制。一是由工商部门牵头从冰鲜鱼市场供应链着手，切断供应链；二是加强养殖行业准入和养殖废水排放方面的监督管理，形成高压态势。

6.1.5.3 注重市场引导，加大拓展市场空间

对于淡水鲈产业的发展，市场开拓是决定产业兴衰的重要因素，要依托科技，延伸产业链、争取深加工。要争取社会资金投入，与省内外科研部门、企业加强横向联合，不断开发高附加值的产品，拉长产业链，形成科研、养殖、加工一体化发展格局，为淡水鲈持续、健康发展提供广阔的发展空间。另外，大力开展有关淡水鲈的宣传。有计划地开展淡水鲈养殖产品推介和饮食文化推广，让更多的人知道淡水鲈的品味价值、了解淡水鲈的文化以增加市场认可度。

6.2 2018年淡水鲈产业特点、问题及趋势分析

6.2.1 淡水鲈产业特点及存在问题

养殖面积与产量：2018年我国淡水鲈养殖产业延续了2017年的增长势头。养殖区域与养殖面积进一步扩大，养殖区域从2017年的广东、浙江湖州和江苏吴江三大主产区（占90%以上的产量），扩展到2018年的江苏北部、安徽、湖南、湖北、河南、河北、四川与重庆等地。同时由于养殖技术的提高、人工配合饲料

淡水鲈种质资源与品种改良岗位　叶星

的应用推广及消费市场的拓展等，全国淡水鲈养殖产量估计可达 50 万 t。

苗种生产：淡水鲈育苗场数量迅速增加，广东、浙江、江苏、四川、湖北、河南等新增育苗场数百家，但以标粗为主，繁殖相对较少。工厂化育苗场有所增加，供苗期有所延长。

饲料：淡水鲈人工配合饲料产量与销量继续扩大，估计饲料容量超过 50 万 t。主流品牌的饲料销量与 2017 年相比几乎全部翻倍增长。

市场：2018 年市场已趋饱和，开始出现供大于求的迹象。从 2018 年整体情况来看，淡水鲈塘口价相对 2017 年有所下降，最高塘口价为 17 元/kg，比 2017 年的 21 元/kg 低了 4 元/kg。但相对平稳，价格振幅收窄。全年塘口价基本维持在 5 元/kg 以上（图 6.4）。2018 年大口黑鲈主产区的塘口价在第四季度下降较为明显（图 6.5）。养殖产量增加、市场价格下降及主产区塘租上升等导致养殖利润普遍有所下降，但总体上养殖大口黑鲈仍有一定的利润。

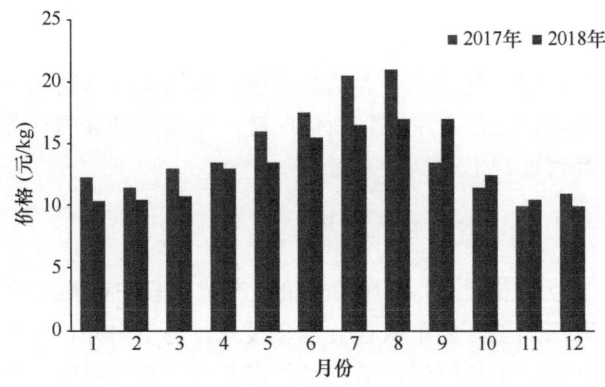

图 6.4　2017～2018 年淡水鲈的塘口价走势比较（彩图请扫描封底二维码）

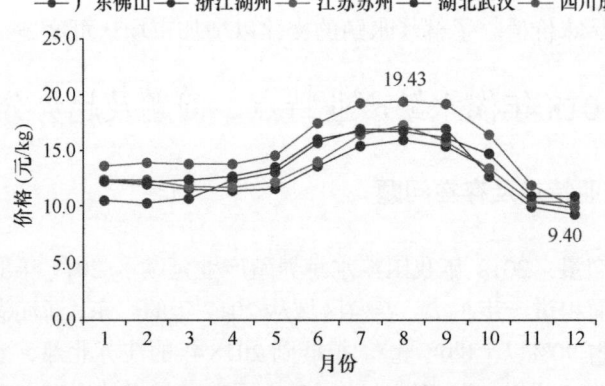

图 6.5　2018 年淡水鲈主产区的塘口价

问题：①全国各地包括广东、浙江、江苏、四川、湖北与河南等地大口黑鲈育苗场数量急增至数百家。原来依靠广东提供鱼苗的大口黑鲈养殖大省，如浙江、四川等逐渐开始为当地供苗，在很大程度上降低了对广东苗种的需求。但亲鱼种质质量及育苗技术参差不齐；②人工配合饲料市场竞争激烈，既要保证质量又要降低价格，且少部分人工配合饲料配方仍未很好地解决养殖后期的肝脏病变问题；③受2017年高利润的刺激，2018年新增许多养殖户，老养殖户也扩大面积或增加密度，但由于新养殖户缺乏养殖技术，老养殖户对淡水鲈病害防控措施实施不到位，均出现较大损失。各种病毒性、细菌性及寄生虫病害问题有加剧趋势，烂身、烂鳃等病害高发；④由于养殖规模的进一步扩大，市场趋于饱和而存在一定的恶性竞争现象。

6.2.2 淡水鲈产业发展趋势

（1）**养殖规模进一步扩大**。由于消费市场的不断拓展及餐饮行业的创新（如酸菜鱼等），加上运输技术的提高，大口黑鲈的流通量越来越大。同时在人工配合饲料的推广和市场价格的刺激下，2018年大口黑鲈养殖规模进一步扩大，有10%以上的增长幅度。增长最快的地区是四川和华中地区（湖北、湖南、河南）。

（2）**工厂化、规模化育苗及反季节育苗**。养殖规模的扩大使对优质苗种的需求进一步增大，各地育苗场、工厂化育苗车间的出现提高了育苗效率。同时有更多反季节苗种培育的尝试，基本可满足全年的放苗与养成需要；北方由于生长期短，采用早春苗并通过配套大棚进行早春保温养殖，以缩短上市时间。

（3）**人工配合饲料质量有所提升**。大口黑鲈人工配合饲料市场竞争加剧，销量前四名的品牌饲料销量占市场销量的70%以上，主流品牌的饲料销量与2017年相比几乎全部翻倍增长，2019年市场空间依然很大，竞争格局逐渐形成，依然处于快速发展期。饲料品质及适口性、大口黑鲈肝脏健康及生长速度、饲料转化率等仍是研发的努力方向。

（4）**病毒性、细菌性病害问题加剧**。今年普遍发生的病害，一是鱼苗转食阶段病害（"白身病"）死亡情况较严重；二是池塘养殖阶段，特别是夏季高温时段广东地区的鲈烂身死亡情况较严重，病鱼组织样品检测显示主要为诺卡氏菌病和虹彩病毒病。

6.2.3 淡水鲈产业发展建议

（1）**种质方面**：①随着养殖规模的扩大，对优质苗种的需求加大。因此需加快对大口黑鲈优良品种的培育，提高种群遗传多样性，提高其生长与抗病性能；

②加强对良种场、良种繁育场的规划、建设和政府管理力度；③建立区域性产业苗种支撑体系，做好亲本质量控制、保存及规模繁育等规划，避免地区苗种无序、无监管的流通，降低病灾事件发生概率。

（2）**养殖方面**：淡水鲈养殖密度较高，特别是广东地区放养密度 5000～12 000 尾/亩，产量 2000～3500kg/亩，因此应加大对健康养殖、绿色发展的理念宣传教育及科学养殖技术的推广力度，并考虑适时推行放养密度限制制度，以减少病害发生及药物使用，保证产品质量安全。同时采用合适的养殖模式、合理的放养密度与水质的精细化管理，减少病害，使淡水鲈适时上市，以提高养殖效益。

（3）**人工配合饲料方面**：①加强对淡水鲈营养需求与代谢等基础性研究，解决饲料适口性、淡水鲈肝脏健康及生长速度等问题；②规范人工配合饲料的质量标准、加强质量监管，加强地方渔业主管部门对饲料企业的管理权限，保证饲料品质与养殖者利益，确保水产品质量安全。

（4）**市场风险方面**：①要根据当地市场行情调整养殖品种结构，切忌盲目扩大生产规模；②进行淡水鲈加工产品的研发，提高产品附加值，延伸产业链，扩大市场需求；③加强对商品活鱼运输过程的监管，防范质量安全风险。

第 7 章 鳜

7.1 2018 年鳜产业生产与市场概况分析

7.1.1 国内鳜生产概况

2017 年全国鳜养殖总产量为 33.56 万 t,比上年增加 10.05%,鳜养殖总产量占全国淡水鱼养殖总产量的 1.16%,比上年增加 0.08%。全国有 24 个省（区、市）养殖生产鳜,主产区是广东、湖北、江西、安徽和江苏等省,鳜养殖产量分别为 8.63 万 t、7.93 万 t、5.67 万 t、4.04 万 t、2.70 万 t,各占全国鳜养殖总产量的 26.32%、23.63%、16.90%、12.04%、8.04%。根据产业经济跟踪示范区实际生产情况推算,2018 年上述五省鳜养殖产量约为 29.96 万 t,全国鳜养殖产量约为 34.46 万 t。2012～2018 年我国鳜主产区养殖产量见图 7.1。

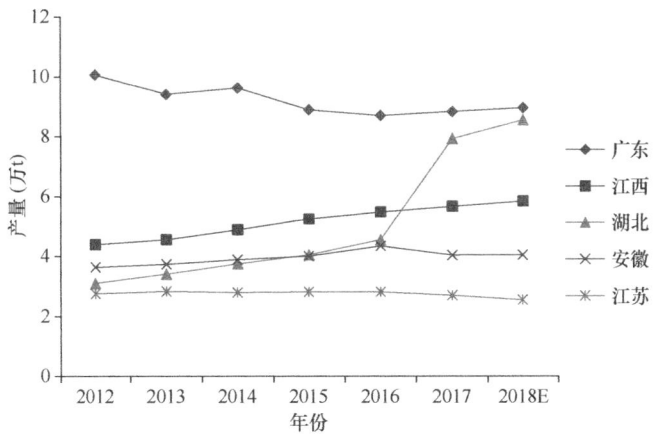

图 7.1 2012～2018 年我国鳜主产区的养殖产量

7.1.2 国内鳜市场

国内鳜市场以鲜活鳜产品为主,规格为 250～500g/尾、500～750g/尾和 ≥750g/尾的鲜活鳜在 2018 年的平均零售价分别为 73.30 元/kg、74.23 元/kg 和 74.32 元/kg,

---

产业经济研究室　张红燕

同比增加 15.65%、14.01%和 19.35%。2017 年 1 月至 2018 年 12 月不同规格的鳜零售价变化情况见图 7.2。

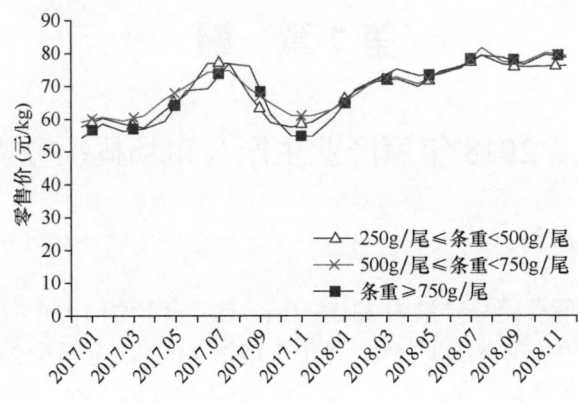

图 7.2　2017 年 1 月至 2018 年 12 月鳜的零售价

7.1.3　鳜产业生产与市场存在问题

7.1.3.1　良种体系建设滞后

当前制约鳜产业快速发展的关键因素是优质苗种十分短缺，苗种品质退化严重，良种覆盖率低，而且苗种来源复杂，大多数未开展检验检疫。规模化鳜繁育企业和基地缺乏、良种体系的缺失，致使鳜在良种选育、繁殖、销售及质量监督等方面未能形成产业化经营和规范化管理。

7.1.3.2　疾病危害较大

养殖过程中没有注重预防大于治疗的原则，导致寄生虫病频发，如指环虫病、车轮虫病、斜管虫病，继而诱发细菌性疾病和病毒性疾病，其中鳜虹彩病毒病尚无可治疗的方法，给养殖户造成的损失很大，也制约了鳜产业的健康发展。

7.1.3.3　品牌建设重视不够

生产者的品牌意识淡薄，品牌建设能力较差，一些合作社的品牌建设仅仅注册了商标，并未赋予品牌实质内涵，品牌的知名度、美誉度和诚信度极为有限，要加大品牌的培植力度。

7.1.4　鳜产业生产与市场发展前景

2018 年鳜产量约为 32 万 t，2019 年产量预计会有所增加，在 33 万 t 左右。

2018年鳜平均价格比去年同期上涨16%左右。预计2019年北京、上海、福州、广州等一二线城市消费群体将增多，鳜的需求量上涨，价格会有所下降。随着鳜苗种培育、成鱼养殖、饲料开发等技术的发展，鳜产业将朝着规模化、规范化、集约化、科技化、产业化方向发展。

7.1.5 鳜产业生产与市场发展建议

（1）选育鳜优良品种。开展育种和制种技术的改进工作，选育具有成活率高、抗病性强、生长速度快、可摄食冰鲜鱼、饵料系数低、耐低氧、易运输等特点的鳜优良品种。建立鳜人工配合饲料可控养殖新技术和新模式，简化生产流程，示范引领可推广、可复制的成功案例。

（2）加速实现鳜全人工配合饲料饲养进程。目前鳜仍以活鱼为主要饵料，容易引发鳜暴发性流行病，且发病率及危害日益严重。投喂人工配合饲料，可以从源头上降低鳜发病概率，也可大幅降低饲料成本，提高养殖效益。

（3）严格执行技术标准，发展无公害鳜养殖。农业农村部已经制定了鳜及其养殖技术标准，各级渔业推广部门要深入开展技术培训，把养殖技术标准和无公害鳜的质量要求宣贯到生产从业者，要求生产从业者严格按照技术标准的要求安排日常生产活动。

7.2　2018年鳜产业现状、问题及趋势分析

7.2.1 鳜产业发展概况、特点

鳜是我国重要的水产养殖经济品种，凭借肉质鲜嫩、无肌间刺等特点，饱受国内外消费者青睐，年消费量高达近30万t。全国商品鳜总产量超过29万t，产值超过200亿元，鳜产业已经成为带动地方农业经济发展的重要力量。鳜食性奇特，自开食起终生以活鱼虾为食，这在世界养殖鱼类中绝无仅有。目前，我国鳜集约化养殖全程使用活饵料鱼，导致养殖成本极高、供应缺乏保障，严重制约了鳜产业的发展。因此，用人工配合饲料替代活鱼养殖鳜是产业绿色可持续发展的必然选择。虽然从20世纪50年代开始，包括美国国家研究院（NRC）水产营养饲料主席Hardy教授在内的国内外专家先后开展了鳜人工配合饲料研究，但未获成功，鳜拒食人工饲料机制不明。

近年来国内研究学者先后开展了鳜驯食人工配合饲料研究，华中农业大学梁旭方教授团队长期致力于鳜人工配合饲料可控养殖技术研究与集成，首次揭示了

鳜营养需求与饲料岗位　梁旭方

鳜拒食人工饲料的感觉神经机制。鳜主要依靠对运动敏感的弱光视觉和特有的侧线振动感觉来捕食活饵料鱼,而决定一般养殖鱼类摄食饲料的化学感觉不能诱导鳜对食物的攻击反应,仅能在吞咽食物过程中发挥作用。此外,虽然饲料在落水瞬间也在运动,但鳜需对食物窥视跟踪一段时间后才突发攻击,而此时饲料已沉底不动,因此通常情况下鳜拒食人工配合饲料。该团队进一步发现了鳜驯食决定机制,涉及视觉、节律、食欲及学习记忆等关键信号通路,明确了晨昏弱光驯食、促摄饵物质诱食及示范鱼带动等方法可有效地提高鳜人工配合饲料驯化率。据此,该团队发明了鳜驯食人工配合饲料技术,通过在晨昏弱光环境下训练鳜在水面抢食,使鳜在摄食前不再窥视跟踪,并利用死饵料鱼及人工配合饲料在落水瞬间的运动性来有效刺激鳜的视觉和侧线振动感觉,同时利用促摄饵物质诱食和示范鱼带动,逐步从喂食活饵料鱼过渡到喂食死饵料鱼及人工配合饲料,驯食成功率达到90%以上。2017年学者开展了鳜营养需求、饲料氮能比、饲料利用等方面研究,发现鳜不同于一般养殖鱼类,对蛋白质和脂肪需求很高,但对淀粉耐受性差,还研发出鳜促摄饵物质及相关饲料添加剂,为下一步开发鳜实用配合饲料及其商业化推广奠定了基础。

不少单位依据目前开展的鳜人工配合饲料研发,推出鳜人工配合饲料进行试验养殖。鄂州品泓生物科技股份有限公司研发了鳜专用悬浮膨化配合饲料,通过对传统膨化饲料的工艺进行创新,开发了适宜鳜营养需求与摄食行为的膨化配合饲料。广东德宁水产科技有限公司研发了鳜预混料,特别补充纯天然的促生长、诱食、免疫和抗应激物质。三通生物工程(潍坊)有限公司研发了"海童牌鳜专用饲料",为适合鳜摄食习性开发的干品饲料,在操作方便、不受季节的影响、降低成本、安全养殖等方面做出了前瞻性创新。台山立金生物科技有限公司研发出斑鳜、翘嘴鳜全程驯化缓沉或膨化饲料。在人工配合饲料投喂鳜的养殖过程中发现,不同个体鳜驯食人工配合饲料存在差异,且存在抗病能力下降、生长速度减慢等问题,因此发展现代鳜产业、选育饵料利用率高特别是适合人工饲料喂养的鳜新品系仍然十分重要。

湖北等地科研机构开展了鳜遗传育种相关工作,如华中农业大学成功选育了生长快的翘嘴鳜新品种"华康1号",2017年相关水产机构(武汉市农业科学院水产科学研究所等)对该新品种进行了推广及应用,已产生较好的经济效益和社会效益。在此基础上,2017年该研究团队开展了鳜驯食性状相关基因的SNP位点及其与鳜驯食性状的相关性研究,以翘嘴鳜"华康1号"为基础,筛选出易驯食鳜品系。2017年由中山大学、广东海大集团股份有限公司、佛山市南海百容水产良种有限公司联合选育的"长珠杂交鳜"正式获批为水产新品种。通过杂交育种的技术手段缓解病害问题对当前鳜养殖产业的制约,并期望通过种质与配方的有机结合来寻求鳜养殖的新方向。

7.2.2 鳜产业存在问题

目前，我国均采用活饵料鱼池塘集约化养殖鳜，活饵料鱼供应缺乏保障，鳜养殖成本高。此外，活饵料鱼常携带病原而诱使鳜发病，养殖户滥用药导致鳜产品质量安全问题时有发生，危害消费者的健康，使得鳜已成为水产品安全检测部门的重点监控对象，用人工配合饲料替代活鱼养鳜是产业绿色可持续发展的必然选择。而商品化鳜人工饲料及配套摄食人工配合饲料鳜品系的缺乏、人工配合饲料养殖鳜覆盖率低等现状严重制约了现代鳜产业的发展。

虽已有团队成功筛选到易驯食鳜品系，但仍需加强该品系的扩繁与推广。目前虽然人工饲料养殖鳜的案例不断涌现，但我国使用人工配合饲料养殖鳜的覆盖率不足 5%，全程使用饲料成功养殖鳜的案例屈指可数。人工配合饲料的诱食性、对鱼类长速的影响及料比等问题仍待摸索，这严重制约了我国鳜养殖业的稳定发展。

7.2.3 鳜产业发展的趋势及建议

为推动鳜水产养殖绿色发展，应开展多学科联合研究，相关研究团队与知名企业合作攻关，开发鳜实用配合饲料并进行商业化推广。此外，开展已有易驯食且饲料利用率高、生长快的鳜新品系扩繁及人工饲料推广十分重要。建立鳜品种和饲料配套优选技术体系，对饲料利用率高的鳜新品种和高效鳜人工饲料配套优选体系进行应用及推广，促进该研究成果进一步集成与示范，形成规模效应，是推动鳜产业化可控养殖快速发展的良策，也是鳜现代化产业可持续发展的必然趋势。

建议通过政府的合理引导与支持，联合科研单位、教学机构、水产技术推广站及优势企业等，建设示范基地与平台，包括建设工厂化养殖示范基地、配备可控养殖监控设备等，推动鳜产业变革和快速发展，走出一条"优种、优鱼、优品牌"的新型鳜产业发展之路。组成"产、学、研、管"联合体，建立鳜优良养殖新品种的人工繁殖、苗种培育、成鱼养殖、推广、营销、服务等"繁育推"一体化技术体系，使鳜产业转型升级得到长足健康的发展，实现鳜品种和饲料配套优选技术体系的示范化、产业化。

第8章 黄　　鳝

8.1　2018年黄鳝产业生产与贸易概况分析

黄鳝是合鳃鱼科黄鳝属的一种鱼类,是我国特色淡水名优品种,广泛分布在我国的长江、珠江和黑龙江流域的江河、湖泊、池塘、沟渠及稻田中,是我国重要的特种经济养殖鱼类。2016年,全球黄鳝总产量达38.78万t,中国的黄鳝养殖产量也从1999年的2000t上升到2016年的38.6万t,17年增加了192倍,2016年养殖黄鳝产值达到270亿元,黄鳝成为中国养殖的主要特色淡水鱼类之一。

8.1.1　国际黄鳝生产与贸易概况

2016年全球共有6个国家和地区生产黄鳝,总产量为38.78万t,比上年增长5.06%,其中养殖产量38.62万t,捕捞产量0.16万t。养殖产量前三位的国家分别是中国、柬埔寨和新加坡,其中中国黄鳝养殖产量占全球的99.99%。2000年开始联合国粮食及农业组织(Food and Agriculture Organization of the United Nations,FAO)有了黄鳝捕捞数据,黄鳝捕捞国家主要是泰国和巴西。

全球黄鳝产量呈逐年上升趋势,从2007年的约19万t增长到2016年的约38万t,年均增长率为8.01%(图8.1)。2017年全球黄鳝总产量大约为39万t,其中养殖产量为39万t,捕捞产量为0.17万t(图8.2)。

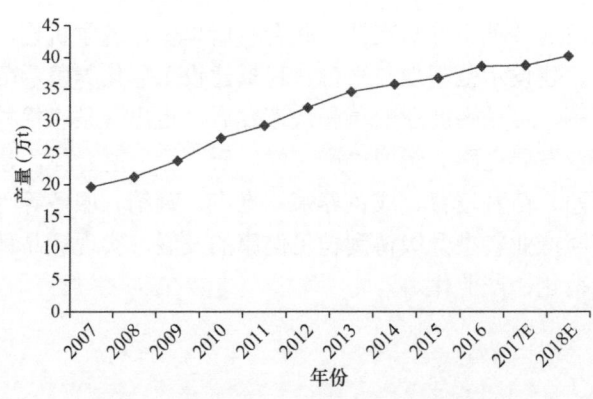

图8.1　2007~2018年全球黄鳝的产量

产业经济研究室　袁媛

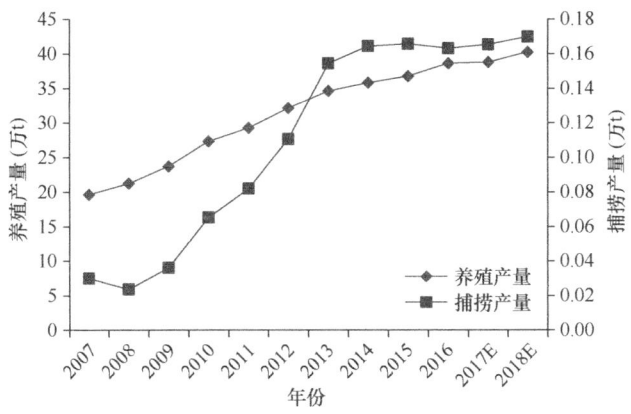

图 8.2　2007~2018 年全球黄鳝的养殖与捕捞产量

全球黄鳝贸易方面，东南亚国家和地区都有消费黄鳝的习惯，东南亚市场上黄鳝商品供应缺口极大。中、日、韩是黄鳝的主要消费国。规格 150g/尾以上的黄鳝国内市场价格为 6 万~10 万元/t，国际市场价格可高达 20 万~30 万元/t。按照国外市场需求，黄鳝以冰冻鳝筒出口韩国、烤鳝片出口日本，加工品的市场导向明显。

8.1.2　国内黄鳝生产与贸易概况

8.1.2.1　国内黄鳝生产

2017 年全国黄鳝养殖总产量为 35.83 万 t，比上年减少 7.20%，黄鳝养殖总产量占全国淡水鱼养殖总产量的 1.23%，比上年增加 0.02%。全国有 19 个省（区、市）养殖生产黄鳝，黄鳝养殖主要在长江中下游地区，主产区是湖北、江西、安徽、湖南和四川五省，黄鳝养殖产量分别为 17.23 万 t、8.35 万 t、4.10 万 t、3.29 万 t 和 1.16 万 t，各占全国黄鳝养殖总产量的 48.09%、23.30%、11.44%、9.18% 和 3.24%，5 个主产区产量占全国产量的 95% 左右。湖北养殖规模最大，近几年，江西、安徽、湖南养殖规模增长较快，四川、河南、山东、浙江、广西等省（区、市）黄鳝养殖也逐步发展，养殖区域逐年扩大。

根据产业经济跟踪示范区实际生产情况推算，2018 年上述五省黄鳝产量约为 33.92 万 t，全国黄鳝产量为 35.58 万 t。2013~2018 年我国黄鳝主产区产量见图 8.3。黄鳝养殖产量从 1999 年的 2000t 上升到 2017 年的 35.8 万 t，18 年增加了 178 倍。

8.1.2.2　国内黄鳝市场

国内黄鳝市场以鲜活黄鳝产品为主，规格主要为 50~100g/尾、100~200g/尾、

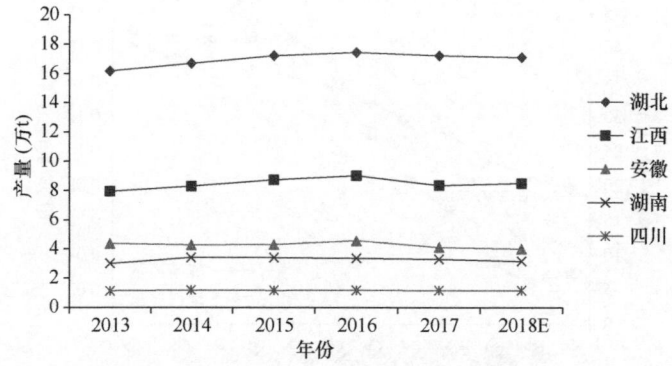

图 8.3　2013～2018 年我国黄鳝主产区的产量

>200g/尾的鲜活黄鳝 2018 年平均批发价分别为 52 元/kg、55 元/kg 和 54 元/kg，规格在 50～100g/尾的黄鳝价格有一定幅度上涨，其他规格黄鳝价格皆有所下降（表 8.1）。2018 年不同规格的黄鳝批发价变化情况见图 8.4。

表 8.1　2018 年 1～12 月黄鳝主产区鲜活黄鳝的批发价　（单位：元/kg）

规格（g/尾） 月份	1	2	3	4	5	6	7	8	9	10	11	12
50～100	53.00	53.00	57.34	50.64	48.58	49.76	48.66	51.00	56.50	54.38	52.29	50.00
100～200	53.50	52.00	57.44	57.00	58.86	61.00	63.00	67.00	51.00	50.69	48.62	47.50
>200	54.00	50.00	52.34	52.36	55.42	59.76	58.66	64.50	58.00	48.92	50.07	49.50

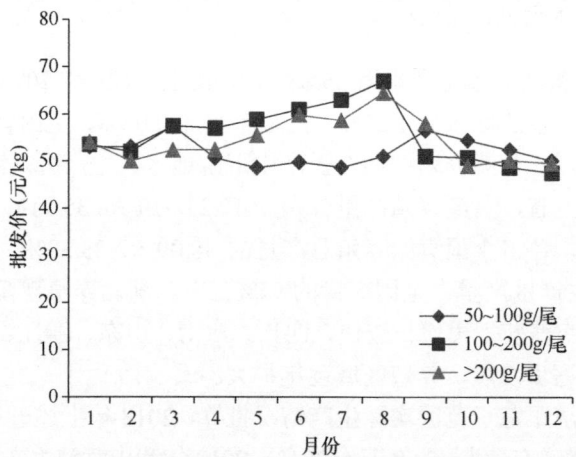

图 8.4　2018 年 1～12 月黄鳝的批发价

8.1.3　中国黄鳝产业生产与贸易发展前景

黄鳝养殖产业中，苗种绝大多数来源于野生捕捞。由野生资源数量逐渐减少、捕捞损伤和运输造成的死亡率较高，苗种质量逐年下降而得不到可靠的保障。目前，虽然人工仿生态育苗技术取得突破，黄鳝苗种规模化生产具有了一定能力，但还是不能满足生产需求。近期内苗种还是制约黄鳝产业健康快速发展的主要瓶颈。

从国内市场看，黄鳝消费量一直较高，特别是广东、上海和江苏等地长期供不应求，每个城市年消费量近 10 万 t，黄鳝市场潜力极大。从国外市场看，东南亚黄鳝供应缺口大，规格 150g/尾以上的黄鳝国内市场价格 6 万～10 万元/t，国际市场价格 20 万～30 万元/t，是我国水产品中国际市场竞争力较强、销售前景最好的品种之一。以黄鳝为主题的餐饮节庆、休闲垂钓、旅游观光、电子商务等产业正蓬勃发展，产业融合发展前景十分广阔。随着稻田综合种养模式的推广，稻田农药、化肥使用量大大减少，黄鳝资源有逐渐恢复的趋势。因此，今后 5 年黄鳝产业仍具有较大的拓展潜力。

8.2　2018 年黄鳝产业现状、问题及趋势分析

黄鳝（*Monopterus albus*）隶属于合鳃鱼目合鳃鱼科，是我国特色淡水名优品种，营温热带淡水底栖生活，广泛分布在我国的长江、珠江流域的江河、湖泊、池塘、沟渠和稻田中。黄鳝肉味鲜美、营养价值高，鳝肉中富含二十二碳六烯酸（DHA）、二十碳五烯酸（EPA）及卵磷脂等 3 种特殊物质，且属高蛋白质、低脂肪、低胆固醇肉质，具有健脑、益智、抗衰、治病等功能。《本草纲目》记载，鳝鱼性味甘温无毒，入肝、脾、肾三经，能补虚劳，强筋骨，祛风湿，特别是与中药合用，治疗黄疸肝炎有独特疗效，所以被誉为"人类健康的生命之鱼"。民间流传有"夏吃一条鳝，冬吃一枝参"之说。国内以湖北、安徽、江西、江苏、浙江、上海为代表，吃黄鳝已成为一种习俗，在我国的香港、台湾和日本、韩国等十分俏销。

8.2.1　黄鳝产业发展现状

黄鳝主要在长江中下游地区养殖，主产区包括湖北、安徽、湖南、江西、四川等省，养殖方式以池塘网箱养殖为主，5 个主产区产量占全国产量的 95% 左右。其中湖北养殖规模最大，2016 年养殖产量约 18.45 万 t，产值 125.13 亿元，产量占全国产量（约 38.6 万 t，产值 262 亿元）的 47.8%。近几年，江西、安徽、湖南的养殖规模增长较快，四川、河南、山东、浙江、广西等的黄鳝养殖也逐步发展，养殖区域逐年扩大（表 8.2～表 8.4）。

黄鳝泥鳅种质资源与品种改良岗位　杨代勤

表 8.2　2009~2016 年中国黄鳝不同地域养殖产量　　（单位：t）

年份 地域	2009	2010	2011	2012	2013	2014	2015	2016
全国	237 034	272 939	292 410	320 966	346 077	357 991	367 547	386 137
上海市	40	0	9	16	5	101	8	3
江苏省	8 026	7 521	7 092	7 307	7 200	6 540	6 036	5 743
浙江省	660	730	911	906	1 124	1 125	768	849
安徽省	29 593	36 453	38 814	40 806	43 643	42 627	42 881	45 597
福建省	641	630	781	725	698	768	924	934
江西省	56 544	71 129	74 472	77 332	79 472	82 995	87 384	90 193
山东省	678	2 112	2 483	2 453	2 083	1 688	1 578	1 581
河南省	1 736	1 811	1 700	1 740	2 452	2 612	3 140	3 776
湖北省	99 620	110 694	123 835	144 398	161 837	166 973	172 166	184 493
湖南省	24 556	27 006	28 079	28 635	29 999	34 112	33 959	33 537
广东省	2 049	2 698	1 761	2 559	2 267	2 870	3 079	3 820
广西区	1 348	1 414	1 508	1 649	1 699	1 752	1 754	1 709
海南省	369	384	348	352	365	56	50	51
重庆市	598	542	608	687	746	862	1 057	1 053
四川省	9 866	9 377	9 429	10 510	11 409	11 837	11 646	11 760
贵州省	139	192	248	308	465	342	330	285
云南省	477	202	195	275	321	371	424	384
陕西省	42	44	137	308	319	355	357	360

注：广西区是指广西壮族自治区

表 8.3　2016 年全国及 5 个主产区黄鳝养殖产量对照表

	全国	湖北省	江西省	安徽省	湖南省	四川省
产量（t）	386 137	184 493	90 193	45 597	33 537	11 760
比例（%）		47.78	23.36	11.81	8.69	3.05
位次		1	2	3	4	5

表 8.4　2016 年全国黄鳝养殖产量前十名的县（市）及其产量、产值

排名	县（市）	产量（万 t）	产值（亿元）
1	湖北省洪湖市	40 542	28.379 4
2	湖北省监利县	37 013	25.909 1
3	湖北省仙桃市	32 878	23.014 6
4	江西省余干县	19 678	13.774 6
5	湖北省公安县	14 563	10.194 1
6	湖南省华容县	9 661	6.762 7
7	安徽省望江县	8 580	6.006 0
8	江西省进贤县	7 758	5.430 6
9	湖北省沙洋县	7 021	4.914 7
10	安徽省霍邱县	5 700	3.990 0

8.2.2 黄鳝产业存在问题

（1）黄鳝品种混杂，缺乏优质良种。目前人工养殖黄鳝苗种以野生资源为主，还没有人工选育的品种。在黄鳝主要养殖区由于苗种资源缺乏，需要从全国各地购买苗种进行补充，因此养殖品种混杂，养殖效益不稳定。

（2）种苗严重缺乏，种苗成本高，占到黄鳝养殖成本的60%以上。

（3）人工生态繁育鳝苗技术能部分解决鳝苗问题，但受自然条件和天气影响大，生产不稳定。

（4）病害防控研究不力。黄鳝养殖过程中病害严重，而对黄鳝病害的研究既不系统，也不深入，在养殖过程中病害暴发时没有有效的防治措施，这也是造成目前人工养殖黄鳝中只有不到一半的养殖户真正盈利的原因。

（5）不能完全用人工配合饲料养殖黄鳝，人工配合饲料需要添加鱼糜或蚯蚓等动物饲料，易对水体造成污染，导致病害发生。

（6）品牌影响能力不强。目前黄鳝品牌多，但都影响小，在全国还没有影响力很强的品牌。

（7）正面宣传引导不够。黄鳝养殖一直有谣言伴随，如避孕药、人工激素、寄生虫等，虽然中央媒体在主要版面刊登过专题进行澄清，省市电视台、电台及报刊均进行了不同程度的澄清报道，但是谣言过一阵后又传播出来，特别是在销售旺季，这极大地影响了消费市场。

（8）销售主要为鲜活产品，市场主要在国内，由于没有深加工，影响产品在国内北方及国（境）外销售。

8.2.3 黄鳝产业发展趋势

（1）选育优良品种，如抗病能力强、繁殖能力强、生长速度快的品种。

（2）研究在大棚温室等设施内进行人工生态繁育鳝苗的系列技术，以期能规模化稳定生产鳝苗，解决苗种成本高的问题。

（3）系统研究黄鳝病害发生机制及其防治技术，以有效提高黄鳝养殖成活率。

（4）开发能完全替代动物饲料的全价黄鳝配合饲料。

（5）制定黄鳝养殖技术规程，建立规范养殖用药标准。

（6）加强精深加工产品的开发和应用，提升产品附加值，积极开拓国（境）内外市场。

第 9 章 泥 鳅

9.1 2018 年泥鳅产业生产与贸易概况分析

泥鳅是我国重要的淡水养殖品种之一，在国内、日本、韩国青鳅（泥鳅）等都非常畅销，市场需求量大。我国常见的养殖鳅类有大鳞副泥鳅和台湾泥鳅等。2016 年，全球泥鳅养殖产量为 40.12 万 t，我国泥鳅养殖产量为 40.02 万 t，占全球泥鳅养殖产量的 99.75%。

9.1.1 国际泥鳅生产概况

2016 年全球共有 3 个国家和地区生产泥鳅，总产量为 40.12 万 t，比上年增长 9.26%。养殖国家和地区分别是中国大陆、韩国和中国台湾，分别占全球泥鳅养殖产量的 99.75%、0.20%和 0.05%。泥鳅捕捞国家包括印度尼西亚和日本，但是从 2006 年开始，FAO 没有统计捕捞产量。

全球泥鳅产量呈逐年上升趋势，从 2007 年的 13.25 万 t 增长到 2016 年的 40.12 万 t，年均增长率为 13.10%（图 9.1）。2018 年全球泥鳅总产量大约为 43 万 t。

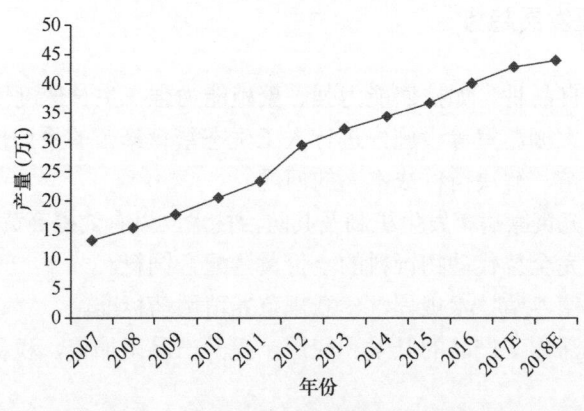

图 9.1 2007~2018 年全球泥鳅的产量

产业经济研究室　袁媛

9.1.2 国内泥鳅生产和贸易情况

9.1.2.1 国内泥鳅生产

2017年全国泥鳅养殖总产量约为39.47万t，比上年减少1.37%，泥鳅养殖总产量占全国淡水鱼养殖总产量的1.36%，比上年增加0.10%。全国有29个省（区、市）养殖生产泥鳅，主产区是江西、江苏、湖北、安徽和四川五省，泥鳅养殖产量分别约为9.26万t、5.22万t、4.55万t、4.07万t和3.28万t，各占全国泥鳅养殖总产量的23.46%、13.23%、11.53%、10.31%和8.31%。

根据产业经济跟踪示范区实际生产情况推算，2018年上述五省泥鳅产量为26.72万t，全国泥鳅产量为39.89万t。2013~2018年我国泥鳅主产区的产量见图9.2。

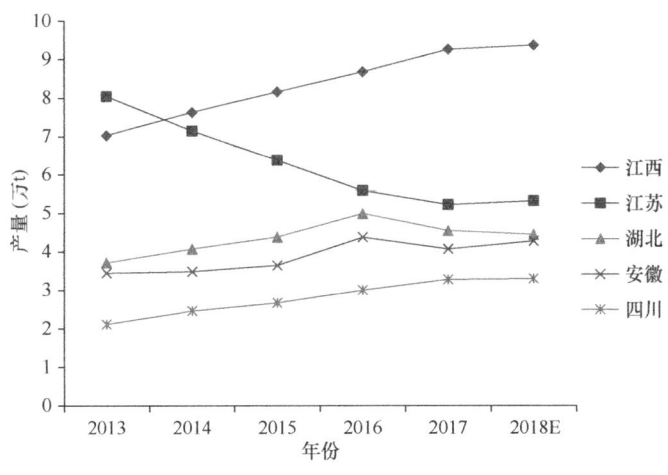

图9.2 2013~2018年我国泥鳅主产区的产量

泥鳅的养殖生长周期比较短，一般经过120~150d的饲养就能达到上市的规格。根据产业经济跟踪示范区实地调研，若泥鳅采用池塘养殖，每亩泥鳅产量可达1000~1500kg，泥鳅的成本13元/kg左右（主要包括苗种、饲料、塘租及水电等），亩利润可达1万元左右，一年两茬的利润可达2万元/亩左右。若进行稻田养殖，每亩稻田可产泥鳅50~100kg，泥鳅的收入可达500~1000元/亩。泥鳅的生命力较强，对水体要求不严格，容易进行人工养殖，养殖的经济效益比较高。

9.1.2.2 中国泥鳅贸易

国际市场对我国泥鳅的需求量连年增加，尤其是韩国、日本需求量较大。目前我国人工养殖的泥鳅中，出口量占总产量的20%~40%，泥鳅的出口主要集中在韩国和日本，且多为活泥鳅出口。2017年，我国泥鳅出口量达7700t左右，出口额达 4600 万美元。2018 年泥鳅出口情况保持相对稳定。

9.1.2.3 国内泥鳅市场

国内泥鳅市场以鲜活泥鳅产品为主。2018 年，规格主要为 30P、40P、60P 及>60P 的鲜活台湾泥鳅平均售价分别为 18.50 元/kg、15.72 元/kg、15.73 元/kg 和 17.98 元/kg（表 9.1）。2018 年泥鳅主产区不同规格的台湾泥鳅价格行情变化情况见图 9.3。2018 年 6 月之前，广东、浙江、江西等地的台湾泥鳅塘口价一路走高，均价在 20 元/kg 左右，6 月以后，台湾泥鳅集中上市，鱼价不断下滑，之后一路回落，到 8 月中旬，进一步跌至 14 元/kg，10 月开始，价格保持相对稳定。

表 9.1　2018 年 1~12 月国内泥鳅主产区台湾泥鳅的价格　（单位：元/kg）

规格（P） \ 月份	1	2	3	4	5	6	7	8	9	10	11	12	平均
30	19.00	21.00	19.50	21.00	24.50	26.00	20.00	17.50	16.00	12.60	12.50	12.40	18.50
40	14.60	20.00	16.20	18.60	19.00	18.00	15.20	14.00	15.00	12.40	13.00	12.60	15.72
60	15.60	16.00	15.80	18.00	19.00	17.00	16.00	14.50	15.50	13.00	14.80	13.60	15.73
>60	18.60	18.00	16.80	18.70	19.50	19.00	17.65	18.00	18.00	16.50	18.00	17.00	17.98

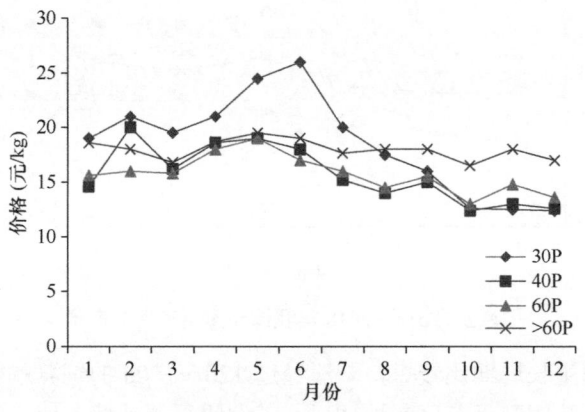

图 9.3　2018 年 1~12 月台湾泥鳅的价格

9.1.3　中国泥鳅产业生产与贸易发展前景

我国泥鳅在国内外市场上深受欢迎，销路很宽。从 1995 年至今泥鳅连续十多年走俏市场，年需求量 10 万~15 万 t，但市场只能供应 5 万~6 万 t，缺口较大，拉动价格连年攀升至 20 元/kg 以上，养殖利润可观，未来养殖面积会进一步扩大，产量将得到相应提升。泥鳅养殖应推行标准化、生态健康养殖，促进泥鳅出口质量稳步提升，推动泥鳅养殖上规模、创品牌，针对不同人群开发不同的产品，加大宣传，迅速抢占国内市场，让泥鳅养殖可以持续健康发展。

9.2 2018年泥鳅产业现状、问题及趋势分析

9.2.1 泥鳅生产与贸易概况

2017年全国泥鳅养殖总产量约为39.47万t，比上年增长5.93%，全国有29个省（区、市）养殖生产泥鳅，主产区是江西、江苏、湖北、安徽、四川五省，泥鳅养殖产量分别约为9.26万t、5.22万t、4.55万t、4.07万t、3.28万t，与上年相比增幅分别是6.24%、–6.97%、–9.73%、–7.57%、8.49%，详见表9.2、图9.4。目前主养品种为大鳞副泥鳅（本地黄板鳅）、青鳅（泥鳅）、台湾泥鳅，主要分布在江西、广东、江苏、浙江及华北部分地区。

表9.2 全国泥鳅的生产情况

单位	2017年产量（t）	2016年产量（t）	2015年产量（t）	2017年与2016年相比		2016年与2015年相比	
				增幅（%）	同比增加（t）	增幅（%）	同比增加（t）
全国	394 691	400 209 372 587*	366 186	5.93	22104	1.75	6401
江西省	92 599	86 816 86 816*	81 626	6.66	5783	6.36	5190
江苏省	52 217	55 858 53 811*	63 802	–2.96	–1594	–15.66	–9991
湖北省	45 518	49 947 41 049*	43 852	10.89	4469	–6.39	–2803
安徽省	40 695	43 775 39 789*	36 473	2.28	906	9.09	3316
四川省	32 788	30 004 30 004*	26 697	9.28	2784	12.39	3307
广东省	23 358	24 961 23 020*	21 129	1.47	338	8.95	1891
辽宁省	9 729	18 421 15 653*	17 801	–37.85	–5924	–12.07	–2148
湖南省	17 844	17 131 17 131*	15 700	4.16	713	9.11	1431
河南省	11 105	15 781 11 651*	12 566	–4.69	–546	–7.28	–915
重庆市	16 100	15 480 15 480*	9 581	4.01	620	61.57	5899

*按照第三次农业普查结果调整后2016年各地区水产品产量，后面对比情况均按此数值计算

从表9.3、图9.5中可以看出，江西省泥鳅主要生产区分布在上饶市、吉安市、宜春市等地。

9.2.2 泥鳅生产渔情采集点基本情况

江西省渔情采集点2017年与2016年泥鳅生产基本情况对比见图9.5。成鱼出

黄鳝泥鳅营养需求与饲料岗位　周秋白

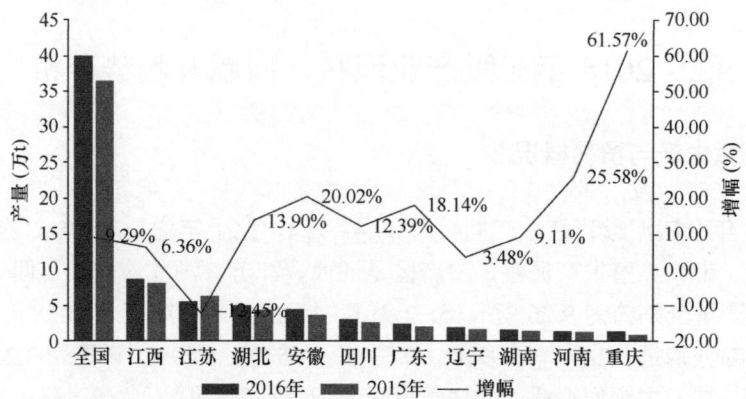

图 9.4　全国泥鳅的生产情况（彩图请扫描封底二维码）

表 9.3　江西省泥鳅的生产情况

单位	2018 年（前三季度）产量（t）	2017 年产量（t）	2016 年产量（t）	2017 年与 2016 年相比	
				增幅（%）	同比增加（t）
上饶市	9 415	26 315	25 583	2.86	732
吉安市	9 466	12 510	11 917	4.98	593
宜春市	5 225	10 625	10 327	2.89	298
南昌市	5 299	10 066	9 309	8.13	757
赣州市	8 802	9 794	9 366	4.57	428
抚州市	8 145	8 692	7 993	8.75	699
九江市	2 120	7 629	5 565	37.09	2 064
鹰潭市	1 996	2 694	2 589	4.06	105
新余市	2 150	2 139	2 001	6.90	138
萍乡市	805	1 583	1 544	2.53	39
景德镇市	521	552	622	−11.25	−70
合计	53 944	92 599	86 816	6.66	5 783

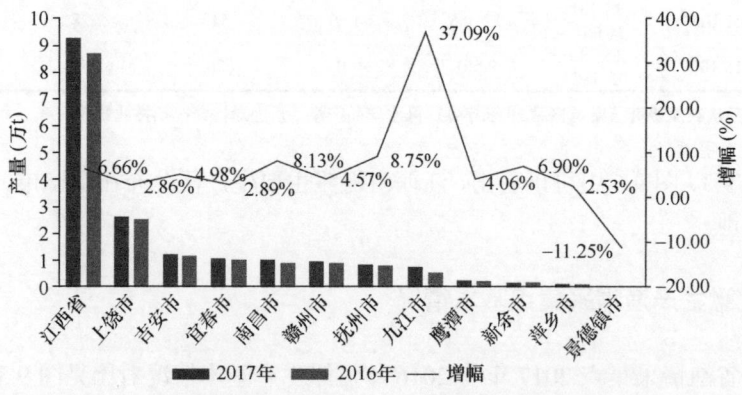

图 9.5　江西省泥鳅的生产情况（彩图请扫描封底二维码）

塘量、成鱼出塘收入、成鱼综合塘口价、苗出塘量、苗种出塘收入、苗综合出塘价、投苗数量、苗种费用均呈不同程度下降趋势，详见表9.4。总体上，泥鳅产量和产值均降低，投苗投种数量减少，产业呈萎缩状态，但养殖技术有所提高，苗种繁育技术日趋完善，苗种费用降低。

表9.4 江西省泥鳅的生产情况

	2017年	2016年	增幅（%）	同比增加
成鱼出塘量（t）	124.9	137.41	−9.10	−12.51
成鱼出塘收入（万元）	252.13	290.8	−13.30	−38.67
成鱼综合塘口价（元/kg）	20.86	21.16	−1.42	−0.3
苗出塘量（万尾）	290	372.5	−22.15	−82.5
苗种出塘收入（万元）	21.8	29.1	−25.09	−7.3
苗综合出塘价（元/万尾）	751.72	781.21	−3.77	−29.49
投苗数量（万尾）	3 252	695 586.5	−99.53	−692 335
投种数量（kg）	0	50	−100.00	−50
苗种费用（元）	105 000	308 300	−65.94	−203 300

9.2.3 泥鳅产业存在问题

（1）台湾泥鳅由于生长速度快、耐粗性好，养殖成本较低，但其市场认可度下降，价格不断走低。土著泥鳅和大鳞副泥鳅市场需求大、价格高，但生长速度慢，养殖成本高。比较而言，养殖土著泥鳅没有台湾泥鳅有优势。目前，市场上台湾泥鳅销售小型化，广大消费者难以区别台湾泥鳅和土著泥鳅，造成市场混乱，土著泥鳅虽然有价格优势但很难真正体现，土著泥鳅养殖严重萎缩。

（2）台湾泥鳅种质混乱，繁殖厂家往往使用其后代作亲本，种质退化现象明显，生长速度和抗病力下降。

9.2.4 泥鳅产业发展趋势

（1）从2018年部分采样点情况分析，2018年泥鳅养殖品种仍以大鳞副泥鳅为主，养殖量有继续减少趋势，价格呈低水平徘徊状态。

（2）养殖方式仍以池塘养殖为主，稻田综合种养有所增加。

第 10 章 鲟

10.1 2018 年鲟产业生产与贸易概况分析

10.1.1 国际鲟生产与贸易概况

1. 国际鲟生产

2016 年全球共有 34 个国家和地区生产鲟，总产量约为 10.55 万 t，比上年增长 0.19%，其中养殖产量 10.53 万 t，捕捞产量 251t。养殖产量前十位的国家分别是中国、亚美尼亚、俄罗斯、伊朗、意大利、美国、越南、波兰、法国和保加利亚，分别占全球鲟养殖产量的 85.29%、4.42%、3.10%、2.04%、0.95%、0.90%、0.89%、0.50%、0.43%和 0.30%。

鲟捕捞国家有加拿大、俄罗斯、美国和伊朗等，其捕捞产量分别占全球鲟捕捞产量的 50.20%、23.11%、9.16%和 9.16%。

全球鲟产量呈逐年上升趋势，从 2007 年的 2.66 万 t 增长到 2016 年的 10.55 万 t，年均增长率为 16.5%。从图 10.1 和图 10.2 可看出，2017 年全球鲟总产量大约为 10.92 万 t，其中养殖产量为 10.89 万 t，捕捞产量为 260t；2018 年全球鲟总产量大约为 10.95 万 t，其中养殖产量约为 10.92 万 t，捕捞产量约为 271t。

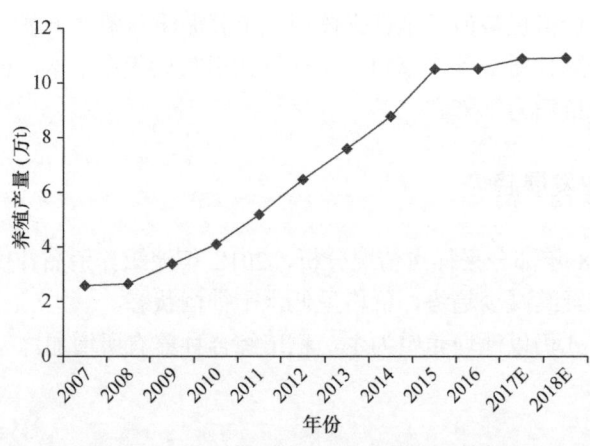

图 10.1 2007~2018 年全球鲟的养殖产量

产业经济岗位　袁永明

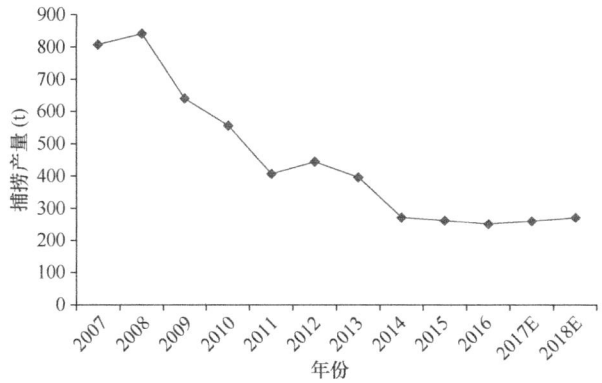

图 10.2 2007~2018 年全球鲟的捕捞产量

2. 国际鲟贸易

全球鲟贸易产品形式主要是鱼子酱,整条、鱼片贸易量相对较少。

2016 年全球鲟鱼子酱进出口总量为 3482t,与上年相比增长 5.64%,其中出口总量 1639t,比上年增长 1.74%,进口总量 1843t,比上年增长 9.38%。自 2007 年以来,全球鲟鱼子酱的进出口总量一直呈增长趋势(图 10.3),年均增长率 29.8%。2017 年全球鲟鱼子酱进出口总量约为 3000t,2018 年全球鲟鱼子酱进出口总量约为 2900t。

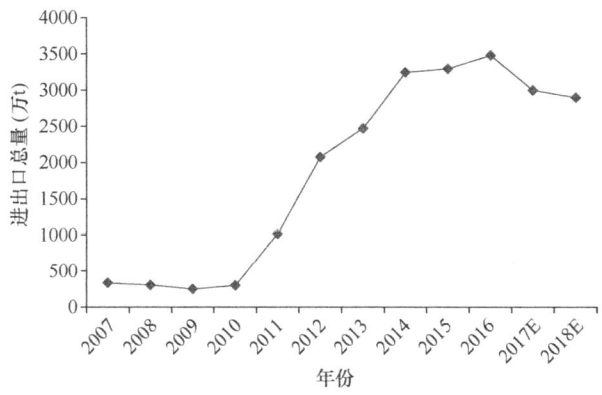

图 10.3 2007~2018 年全球鲟鱼子酱的进出口总量

2016 年全球鲟鱼子酱进出口总额为 18.7 亿美元,与上年相比增长 11.91%(图 10.4)。其中出口总额 10.0 亿美元,比上年增长 11.74%,进口总额 8.6 亿美元,比上年增长 12.11%。自 2007 年以来,全球鲟鱼子酱进出口总额整体呈增长趋势,年均增长率 6.25%(图 10.4)。2017 年全球鲟鱼子酱进出口总额约为 19.0 亿美元,2018 年全球鲟鱼子酱进出口总额约为 21.7 亿美元。

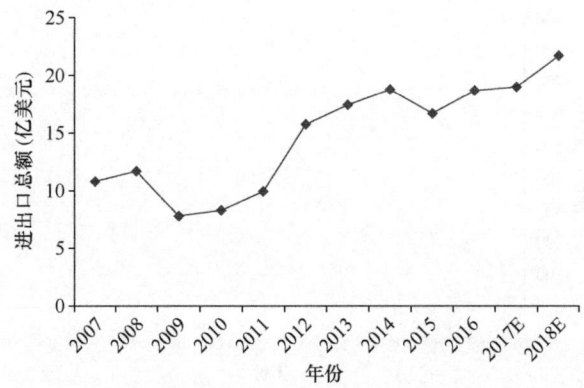

图 10.4　2007～2018 年全球鲟鱼子酱的进出口总额

10.1.2　国内鲟生产与贸易概况

1. 国内鲟生产

我国是世界最大的鲟养殖生产国，占全球鲟养殖总产量的 85% 左右。2017 年全国鲟养殖总产量为 8.31 万 t，比上年增长 5.5%，全国有 24 个省（区、市）养殖生产鲟，产量较大的是山东、云南、四川、贵州和湖南五省，鲟养殖产量分别为 1.1 万 t、0.96 万 t、0.81 万 t、0.79 万 t、0.65 万 t，分别占全国鲟养殖总产量的 13.8%、11.6%、9.7%、9.5%、7.9%。

根据产业经济跟踪示范区实际生产情况推算，2018 年上述五省鲟产量为 4.4 万 t，全国鲟产量为 9.0 万 t，2012～2018 年我国鲟主产区产量见图 10.5。

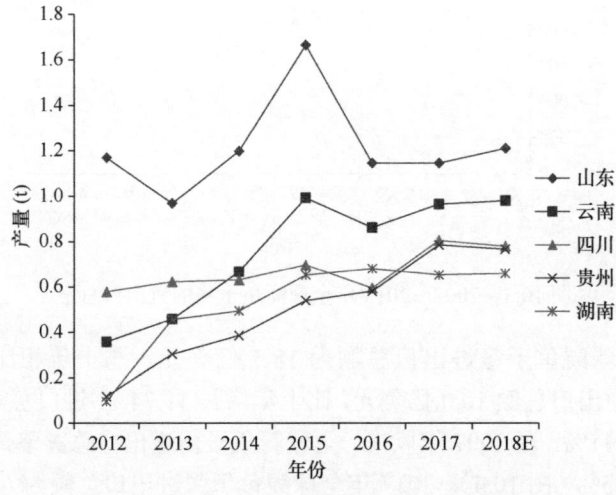

图 10.5　2012～2018 年我国鲟主产区的产量

2. 中国鲟贸易

中国是世界主要鲟鱼子酱出口国之一,鲟鱼子酱价格高昂,我国境内消费很少,基本上都出口到欧美等国家。2018 年我国鲟鱼子酱和鲟鱼子酱代用品出口总量约 3800t,比上年减少 9.1%,出口总额 7813 万美元,比上年减少 3.3%。其中,鲟鱼子酱出口量 128.5t,比上年增长 36.8%,出口额 3052 万美元,比上年增长 17.5%;鲟鱼子酱代用品出口量 3671t,比上年减少 10.2%,出口额 4761 万美元,比上年减少 13.1%。2013 以来我国鲟鱼子酱出口量和出口额一直呈现持续增长态势,近 6 年鲟鱼子酱出口量平均增长率 35.15%,出口额平均增长率 16.14%,呈增量缩价的局面。

1) 出口地区结构

根据中国海关进出口贸易统计数据分析,浙江、四川、云南、湖北和江苏是我国鲟鱼子酱出口的主要省份,2018 年以上各省鲟鱼子酱出口量分别占全国出口总量的 61.7%、11.8%、8.5%、8.2% 和 6.6%。主要出口地区数量从 2013 年的 2 个省份逐年扩大到 7 个省份,浙江一直是我国鲟鱼子酱出口量最大的省份,出口量占全国出口总量的一半以上,近 5 年出口量一直呈增长趋势(表 10.1),四川省从 2014 年开始出口量增长显著,2017 年出口量增长将近一倍。

表 10.1 2013～2018 年我国鲟鱼子酱主要出口省份的出口量与出口额

	出口量(kg)						出口额(万美元)					
	2013 年	2014 年	2015 年	2016 年	2017 年	2018 年	2013 年	2014 年	2015 年	2016 年	2017 年	2018 年
浙江	21 271	25 432	44 760	55 547	63 132	79 324	1 151.3	1 085.8	1 550.5	1 705.5	1 813.7	1 960.2
四川	0	4 305	5 303	5 975	10 046	15 177	0.0	131.2	151.3	151.7	231.6	307.4
湖北	7 225	2 826	3 508	7 626	6 905	10 571	293.0	111.3	65.9	220.5	161.7	216.2
江苏	0	0	0	2 537	6 393	8 470	0.0	0.0	0.0	55.8	133.6	186.3
云南	0	0	985	1 218	6 068	10 945	0.0	0.0	43.5	50.6	178.3	285.4

数据来源:中国海关进出口贸易统计

从表 10.1 可以看出,我国鲟鱼子酱出口地区相对非常集中,不断有新的省份加入进来,出口地区在不断扩大。

2) 出口市场结构

根据中国海关进出口贸易统计数据分析,我国鲟鱼子酱出口市场主要是欧美地区,主要向美国、德国、法国、俄罗斯和比利时等国家出口。美国是我国鲟鱼子酱出口第一大国,近 5 年从我国进口的鲟鱼子酱一直呈增长趋势;进口量同样呈增长趋势的德国是我国鲟鱼子酱出口的第二大国(表 10.2)。

表 10.2　2013~2018 年我国鲟鱼子酱出口目标国的出口量与出口额

	出口量（kg）						出口额（万美元）					
	2013 年	2014 年	2015 年	2016 年	2017 年	2018 年	2013 年	2014 年	2015 年	2016 年	2017 年	2018 年
美国	1 144	4 678	10 855	21 848	25 490	38 487	77.9	196.3	400.7	605.9	682.7	872.5
德国	7 498	10 601	12 397	17 842	22 340	25 447	381.2	407.7	381.4	526.5	575.1	516.9
法国	3 251	5 163	8 335	11 322	15 219	13 388	222.3	265.5	297.9	332.0	476.3	383.5
俄罗斯	0	0	620	3 057	7 093	15 029	0.0	0.0	17.7	69.1	147.0	333.1
比利时	5 414	6 611	9 336	3 645	4 603	6 871	233.2	267.8	267.4	108.4	120.2	145.0

数据来源：中国海关进出口贸易统计

3）出口价格变化

鲟鱼子酱价格主要取决于全球尤其是欧美市场的需求和供给形势，在高回报的吸引之下，全球人工养殖鱼子酱供应量逐年上升，因此鲟鱼子酱产品的市场价格呈现下行的趋势。2013 年以来我国鲟鱼子酱出口价一直呈下降趋势，2018 年出口价 237.5 美元/kg，比 2013 年下降了 53.1%（图 10.6）。

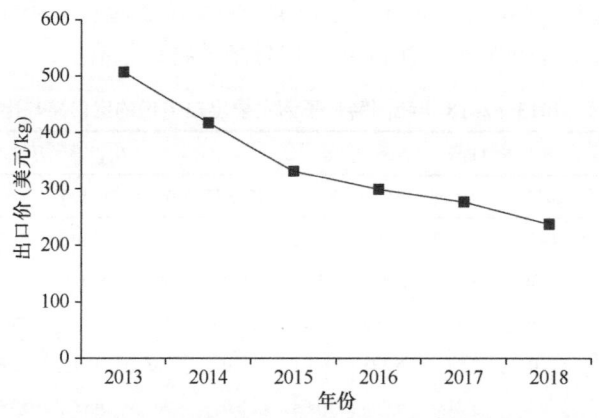

图 10.6　2013~2018 年我国鲟鱼子酱的出口价

3. 国内鲟市场

国内鲟市场以鲜活鲟产品为主，上市规格为>1500g/尾的鲜活鲟。2018 年我国鲟产业仍然处于产能过剩状态，价格低迷，1000~3000g/尾的商品鱼塘口价仍然维持在 23~31 元/kg，鱼子酱内销价格维持在 4000 元/kg 左右。

2018 年 1~12 月平均塘口价、平均零售价和平均批发价分别为 26 元/kg、54 元/kg 和 39 元/kg；与 2017 年同期相比，平均塘口价下降 2.2%，平均零售价下降 2.7%，平均批发价下降 5.3%（图 10.7~图 10.9）。

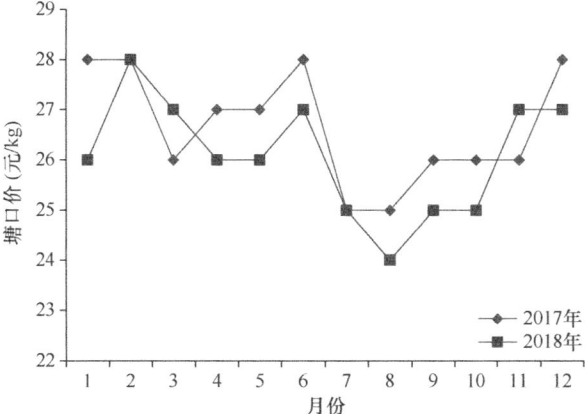

图 10.7　2017 年和 2018 年 1~12 月鲟的塘口价

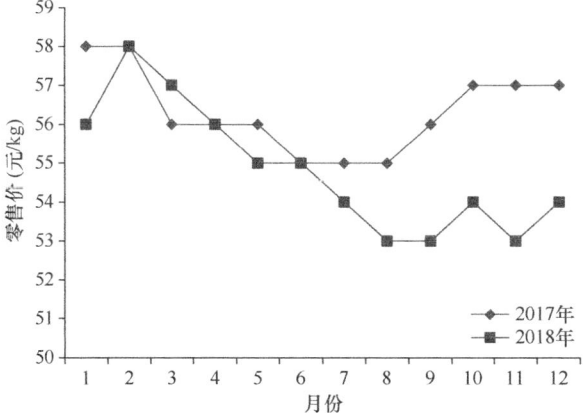

图 10.8　2017 年和 2018 年 1~12 月鲟的零售价

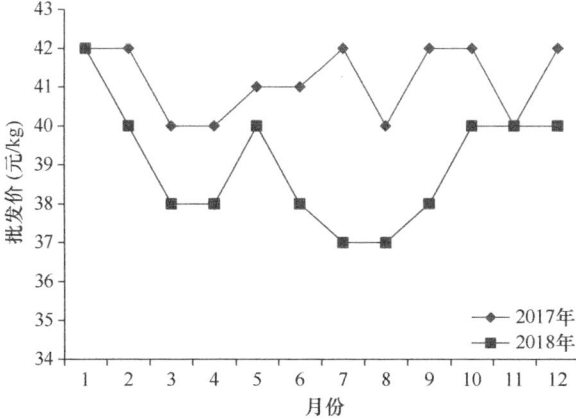

图 10.9　2017 年和 2018 年 1~12 月鲟的批发价

10.1.3　中国鲟产业生产与贸易发展前景

10.1.3.1　产业特点

1. 消费渠道狭窄，消费群体不广泛

鲟及其加工产品的主要消费对象以高端宾馆饭店为主，消费者对鲟肉、鲟皮、鲟筋等产品制作食用方法了解较少，接受程度不广泛。

2. 养殖投入成本高

多数地区鲟养殖以山间溪水为主要的冷水资源，常位于比较偏僻山区，养殖产量偏低。

3. 种质资源有保障

我国共有国内外鲟种质材料 14 种，有丰富的品种、品系种质资源，鲟杂交育种方式是成熟且广为应用的方式之一，该技术在鲟杂交新品种培育中得到了广泛应用。目前，国内已建立鲟杂交技术体系，基本可满足鲟育种的需求。

10.1.3.2　存在问题

1. 苗种业

鲟种业保障体系建设缺陷。目前市场上只有一个国家正式审定鲟品种，优异种质资源鉴定与保存的深度和广度不够，生产企业研发能力薄弱，缺乏"育繁推"一体化的龙头企业，资金投入总量少，满足不了鲟良种培育的需要。

2. 成鱼养殖业

鲟养殖中，网箱养殖曾占较大份额。在新环保政策影响下，有些主产区网箱养殖已经或者面临取缔，对鲟养殖布局和养殖产量打击较大，鲟产量有所回落、趋稳。养殖区域继续向西南地区转移，但养殖点分散，单户养殖企业规模较小，技术基础薄弱，部分省份尚无繁殖场，也无饲料企业，导致养殖成本较高。

养殖周期长，养殖户资金压力大。成鱼养殖一般都要正常养殖 8 年以上才可以取鱼子，因此鲟养殖一般需要雄厚的资金支持。

3. 国际贸易

产品单一，渠道单一。国内尚未形成鱼子酱消费文化，鱼子酱的销售主要依靠国际市场出口，国内加工企业没有价格主动权。受经济下行及鲟企业 CITES 注册难的影响，鲟鱼子酱出口面临国际市场检验和更多国内外的竞争。鲟加工下脚料鱼肉、鱼皮、鱼鳍、鱼尾及内脏等所占比例较大，但加工利用率较低，受技术、资金、市场等条件的限制，养殖与加工企业单独开发此类产品还有一定难度。

4. 国内市场

从内销市场来看，中国淡水养殖的品种繁多，鲟消费一直增长缓慢，很难像草鱼一样成为主要消费品种，这种情况在短时间内还很难有较大转变。另外，鲟生产成本呈现不断上升的趋势，国内外市场都受到了来自越南鲶鱼低价竞争的挑战和压力。

10.1.3.3 产业发展趋势

1. 成鱼养殖速度放缓

鲟性成熟较迟，一般需 8~10 年，培育鲟亲本形成一定的生产能力，需要投入大量资金，而且在培育过程中还受到水域的生态环境、繁殖技术、投资环境、市场等诸多可变因素的影响，成鱼养殖发展速度将相对减慢。

2. 鲟价格将进一步降低

市场容量继续扩大，商品价格将进一步降低。目前的鲟消费价格呈逐年下降趋势，但随着人们对鲟的进一步认识和鲟价格的逐年下降，鲟会被越来越多消费者认识和接受。

3. 经济效益将明显降低

商品鲟价格由 1998 年的 400~600 元/kg 下降到目前的 40~60 元/kg，但生产者仍有钱可赚，未来几年，鲟生产仍将是水产生产中获利较高的产业之一。

10.1.4 鲟产业生产与贸易发展建议

10.1.4.1 充分开发可利用的冷水资源

我国西北及东北、西南等地有丰富的冷水资源，适宜发展冷水鱼的增养殖业，建议政府出台相应政策开发这些可利用水资源进行冷水鱼养殖工作，建立以冷水性鱼类为主的特色鱼类产业经济带。

10.1.4.2 加大科技攻关力度，提高养殖科技含量

（1）加大科技投入，进一步加强对鲟养殖技术的研究，如人工繁育的催产率、受精率、孵化率，建立鲟苗种生产体系，加强对进口苗种的管理。

（2）从良种选育、养殖管理和渔业机械化投入方面做细做强，推进渔业设施

建设，注重生态、健康的养殖模式，依靠现有的养殖面积，提高我国鲟养殖水平，生产出更多产品，提高养殖经济效益。

（3）对于病害问题，一方面要继续加大防治技术的研究，鼓励与高等院校、科研院所进行合作深入研究，另一方面要加大普及水产用药的规范和标准，提高养殖户对水产品质量安全问题的重视程度,普及相关病害预防措施的技术和知识,加大组织培训宣传力度。

10.1.4.3　加快鲟产品深加工开发

（1）鲟加工以鱼子酱为主，部分鱼肉用于加工熏制产品等。建议建设区域性冷水鱼产品加工厂，推动品牌建设，提高冷水鱼加工能力。

（2）加速发展鲟加工产业，尤其是名贵部位的加工，提升整体市场竞争力。

10.2　2018年鲟产业现状、问题及趋势分析

10.2.1　鲟产业特点、问题

我国鲟养殖产量自 2013 年上升至超过 6 万 t 以来，一直在 7 万～10 万 t 的水平波动，并占世界养殖总产量的 80%以上，但目前面临的困难较大。《2018 中国渔业统计年鉴》记载的 2017 年鲟全国产量为 83 058t，其中山东 11 448t、云南 9647t、四川 8054t、贵州 7857t、湖南 6533t、河北 6455t、浙江 5674t、湖北 4871t、江西 3555t、福建 3345t、广东 2954t、重庆 1957t、陕西 1954t、北京 1856t、辽宁 1240t、河南 1127t、山西 1092t、江苏 1070t、广西 921t、甘肃 535t、新疆 463t、安徽 255t、吉林 131t、宁夏 64t。没有产量记载的省（区、市）是天津、内蒙古、黑龙江、上海、海南、西藏、青海及台湾。

鲟养殖中，网箱养殖曾占较大份额，但受国家环保风暴的影响，至 2018 年，各省（区、市）的网箱拆除工作已基本完毕，鲟产量有所回落、趋稳。

受经济下行及鲟企业 CITES 注册难的影响，鲟出口不畅，2018 年我国鲟产业仍然处于产能过剩状况，价格低迷，1～3kg/尾的商品鱼出塘价仍然维持在 21～30 元/kg，鱼子酱内销价格处在 4000 元/kg 的水平。

鲟是亚冷水性鱼类，由于我国西南地区拥有较好的冷水资源，鲟养殖区域继续向西南地区转移，其中部分是由华中等地区的网箱拆迁导致的。西南地区鲟养殖虽然份额增大，但养殖点分散，单户养殖企业规模较小，技术基础薄弱，部分省份尚无繁殖场，也无饲料企业，导致养殖成本较高。以贵州省为例，鲟目前已成为该省规模性外销的品种，2017 年养殖产量达到 8950t，在特色淡水鱼中仅次

于鲫鱼，高于淡水鲈、泥鳅、鲑鳟。截至 2018 年，该省鲟养殖场达 102 家，但无一家鲟繁殖场，无一家鲟加工企业，无一家饲料企业生产鲟饲料。

西南地区的山溪等自流冷水资源为养殖户节省了大量的水电成本，但常年水温低于 20℃，导致鲟鱼生长缓慢，养殖效益降低，鱼价较高，可达 40~50 元/kg。这种情况亦见于华中等地区的水库自流水养殖。

就鲟本身而言，种质退化严重，不耐高温、不耐运输的现象明显。2018 年鲟苗种供应约 4000 万尾，但纯种鲟基本无苗供应，主要供应抗病力较强的杂交鲟"西杂"，其中不耐运输的"大杂"全国只有湖北一家苗种场供应苗种。

鲟饲料企业仍然艰难，勉强维持，利润空间较小，客户分散、难找。

10.2.2 鲟产业发展趋势

经历 2016~2018 年影响之后，2019 年鲟产业将继续趋稳，网箱拆迁全部完成，鲟全部转入陆地养殖。

成立于 2015 年的中国鲟产业联盟、启动于 2017 年的国家特色淡水鱼产业技术体系等组织，将继续对鲟产业起到一定的推动作用。

10.2.3 鲟产业发展建议

近 10 多年来，我国鲟养殖产量一直占据世界鲟养殖产量的 80%以上，从全国范围看目前形成了从苗种到加工的鲟产业链。但 2016 年以来，我国鲟产业面临较大的困境，建议 2019 年政府继续加大引导、宣传、扶持的力度，同时充分发挥行业协会、产业技术体系的功能，具体建议如下。

（1）建议政府动员、扶持有实力的龙头企业开展鲟深加工方面的研究，走深加工、精细化生产经营之路，提高鲟产品的附加值，提高我国鲟养殖业的市场竞争力。同时加大宣传力度，扩大国内消费市场。

（2）建议通过行业协会及相关科研机构，研究和制定鲟养殖技术规程，以促进鲟养殖技术标准化。建议针对鲟的管理制定专门规定，简化鲟制品出口批文手续、延长批文有效期、实行鲟肉出口退税政策等。

（3）建议尽快出台人工驯养繁殖鲟子代个体的相关管理规定，本着"加强资源保护、积极驯养繁殖、合理开发利用"的方针，促进鲟驯养繁殖和经营利用规范化、科学化管理。

（4）建议加强对鲟养殖产品的统计工作，建立全国数据库，在统计数据的基础上，科学引导产业发展。

（5）建议政府加大对鲟养殖产业的支持，通过低息贷款、专项基金、产业项目等形式解决企业资金压力。

第11章 鲑　　鳟

11.1　2018年鲑产业发展现状及趋势分析

11.1.1　国际鲑生产与贸易概况

11.1.1.1　国际鲑生产

2016年全球共有19个国家和地区生产鲑，总产量为329.6万t，比上年下降8.9%，其中养殖产量241.5万t，捕捞产量88.1万t。养殖产量前十位的国家分别是挪威、智利、英国、加拿大、澳大利亚、爱尔兰、美国、日本、新西兰和俄罗斯，分别占全球鲑养殖产量的51.10%、26.65%、6.76%、6.18%、2.32%、0.68%、0.67%、0.55%、0.54%和0.53%。

鲑捕捞国家主要包括俄罗斯、美国、日本、加拿大、澳大利亚、新西兰、意大利、瑞典、芬兰和黑山等，鲑捕捞产量分别占全球鲑捕捞产量的53.11%、28.88%、14.71%、2.41%、0.22%、0.22%、0.07%、0.07%、0.07和0.06%。

全球鲑产量呈逐年上升趋势，从2007年的256万t增长到2016年的约330万t，年均增长率为2.9%。2017年全球鲑总产量大约为340万t，其中养殖产量为251万t（图11.1），捕捞产量为89万t（图11.2）。

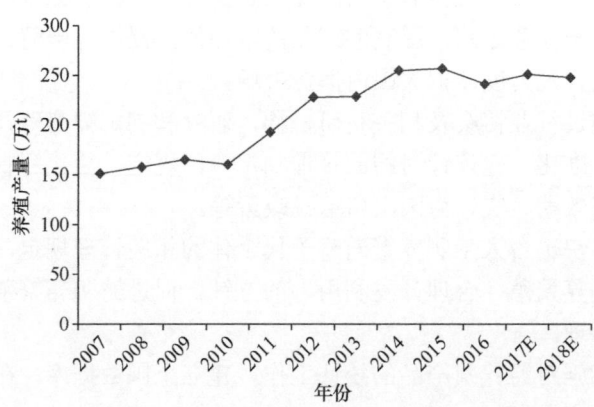

图11.1　2007~2018年全球鲑的养殖产量

产业经济研究室　贺艳辉

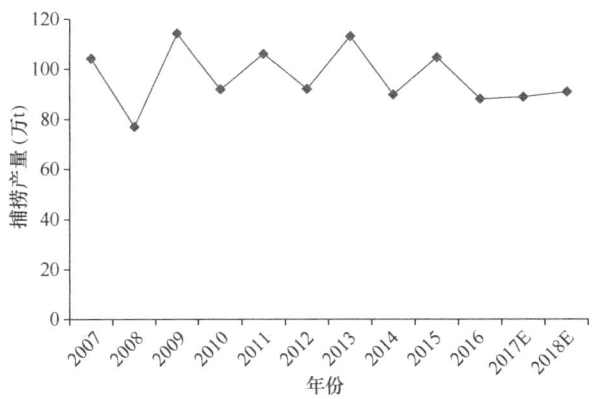

图 11.2　2007~2018 年全球鲑的捕捞产量

11.1.1.2　国际鲑贸易

2016 年全球鲑进出口总量为 644 万 t，较上年减少 2.4%，其中出口总量 329 万 t，比上年减少 3.9%，进口总量 315 万 t，比上年减少 0.8%。2007~2015 年全球鲑进出口总量一直呈持续增长趋势，2016 年进出口量有所下降（图 11.3），2006~2017 年均增长率达 6.3%。2017 年进出口总量预计为 643 万 t。

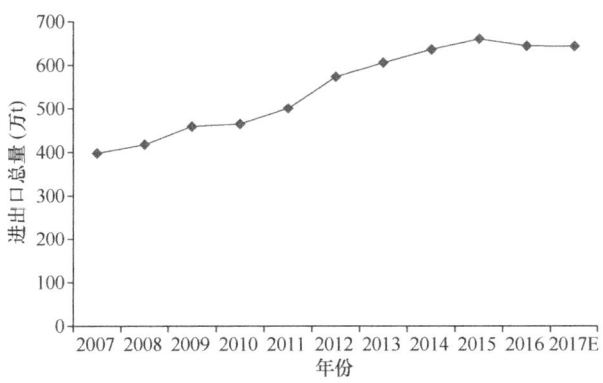

图 11.3　2007~2017 年全球鲑的进出口总量

2016 年鲑进出口总额为 472.7 亿美元，与上年相比增长了 17.33%（图 11.4），其中出口总额 238.2 亿美元，比上年增长 17.1%，进口总额 234.5 亿美元，比上年增长 17.5%。近十年全球鲑进出口总额除 2015 年出现明显下降外一直呈增长趋势，年均增长率 9.6%。2017 年进出口总量预计为 480.0 亿美元。

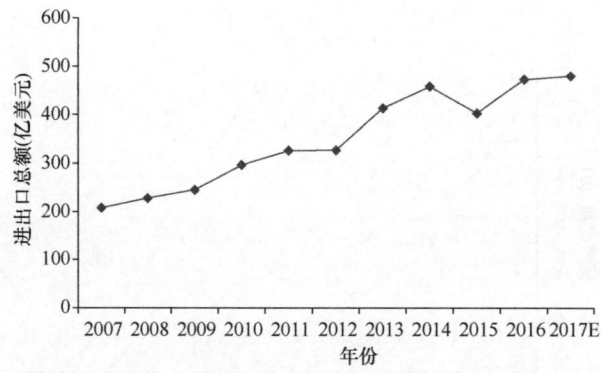

图 11.4　2007～2017 年全球鲑的进出口总额

11.1.2　国内鲑生产与贸易概况

11.1.2.1　国内鲑生产

2017 年全国鲑养殖总产量为 3089t，比上年减少了 0.5%，全国有 17 个省（区、市）养殖生产鲑，产量最大的地区是辽宁、四川、甘肃、云南和吉林五省，鲑养殖产量分别为 1147t、634t、315t、186t 和 178t，各占全国鲑养殖总产量的 37.1%、20.5%、10.2%、6.0% 和 5.8%。根据产业经济跟踪示范区实际生产情况推算，2018 年上述五省鲑产量约为 2460t，全国鲑产量约为 4900t。2012～2018 年我国鲑主产区产量见图 11.5。

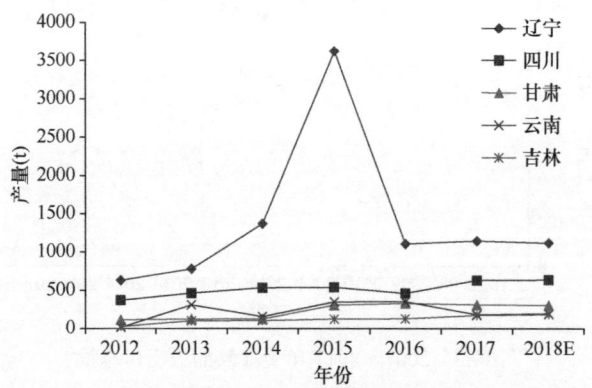

图 11.5　2012～2018 年我国鲑主产区的产量

11.1.2.2　中国鲑贸易

中国鲑进出口贸易按鱼种分为大麻哈鱼和大西洋鲑，按加工工艺可分为冷冻、鲜冷、熏制和制作或保藏。其中，出口鲑产品主要是冷冻和经过加工制作的熏制、制作或保藏的产品，进口鲑产品主要是鲜冷和冷冻产品。

2018 年中国鲑进口总量为 29.8 万 t，同比增加 42.5%，进口总额为 13.3 亿美元，同比增加 44.1%。其中，其他冻大麻哈鱼进口量最大，达到 21.5 万 t，同比增长 43.5%，进口额 5.68 亿美元，同比增长 29.3%，平均进口价 2.64 美元/kg，同比下降 9.9%；鲜、冷大西洋鲑进口量位居第二，达到 6.5 万 t，同比增长 71.5%，进口额 6.52 亿美元，同比增长 83.1%，平均进口价 10.06 美元/kg，同比上升 6.7%；冻大西洋鲑及多瑙哲罗鱼进口量位居第三，达到 1.47 万 t，同比增长 8.2%，进口额 9129 万美元，同比增长 4.5%，平均进口价 6.21 美元/kg，同比下降 3.4%。

2018 年中国鲑产品出口总量为 9.76 万 t，同比减少 4.6%，出口总额为 6719 万美元，同比增加 6.6%。其中冻大麻哈鱼、大西洋鲑及多瑙哲罗鱼的鱼片出口量最大，达到 8.9 万 t，同比下降 4.9%，出口额 6.1 亿美元，同比增长 6.0%，平均出口价 6.93 美元/kg，同比上升 11.6%；制作或保藏的其他鲑出口量位居第二，达到 3970t，同比增长 25.9%，出口额 3209 万美元，同比增长 17.0%，平均出口价 8.08 美元/kg，同比上升 14.1%；其他冻大麻哈鱼出口量位居第三，达到 3273t，同比增长 7.1%，出口额 1038 万美元，同比增长 5.4%，平均出口价 3.17 美元/kg，同比下降 1.6%。

11.1.3 中国鲜产业存在的问题

（1）成鱼养殖产业不稳定。鲑市场价格波动较大，养殖需投入资金比较的，渔民盲目扩增或减少养殖量，导致亏损严重；鲑养殖以水库、网箱养殖方式为主，受国家环保政策影响较大，导致养殖量波动较大。

（2）消费者认知程度不高。从内销市场来看，中国淡水养殖的品种繁多，由于鲑产量少、价格相对高且养殖区域分散，消费者认知程度不够，因此不能进入百姓家庭餐桌，制约产业进一步扩大。2018 年部分地区在一段时间内出现了鲑销售难的问题，在一定程度上影响了鲑的扩大再生产。

11.2　2018 年鳟产业发展现状及趋势分析

11.2.1 国际鳟生产与贸易概况

11.2.1.1 国际鳟生产

2016 年全球共有 77 个国家和地区生产鳟，总产量约为 85.3 万 t，比上年增长 8.6%，其中养殖产量 84.6 万 t，捕捞产量 7442t。养殖产量前十位的国家分别是伊朗、土耳其、挪威、智利、秘鲁、中国、意大利、丹麦、法国和俄罗斯，各占全

产业经济研究室　贺艳辉

球鳟养殖产量的 19.31%、12.65%、10.39%、10.00%、6.18%、4.45%、4.35%、3.70%、3.20%和 3.07%。

鳟捕捞国家主要包括西班牙、瑞典、芬兰、美国、加拿大、秘鲁、土耳其、日本、波兰和瑞士等,捕捞产量分别占全球鳟捕捞产量的 24.19%、18.24%、13.10%、8.95%、6.07%、5.40%、5.03%、4.19%、2.89%和 2.11%。

全球鳟产量整体呈上升趋势,从 2007 年的 69.0 万 t 增长到 2016 年的 85.3 万 t,年均增长率为 2.4%。2017 年全球鳟总产量大约为 85.8 万 t,其中养殖产量为 85.0 万 t(图 11.6),捕捞产量为 7600t(图 11.7);2018 年全球鳟总产量大约为 87.8 万 t,其中养殖产量为 87.0 万 t(图 11.6),捕捞产量为 7800t(图 11.7)。

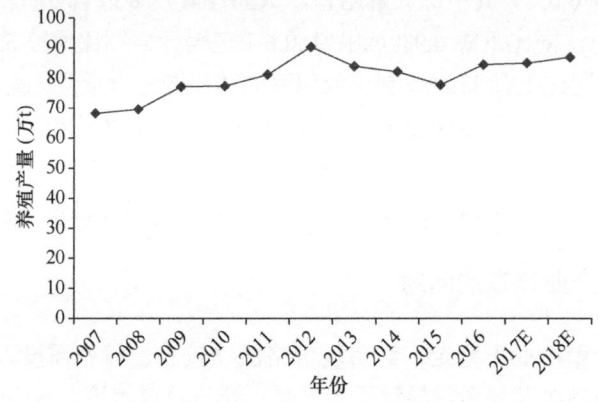

图 11.6　2007～2018 年全球鳟的养殖产量

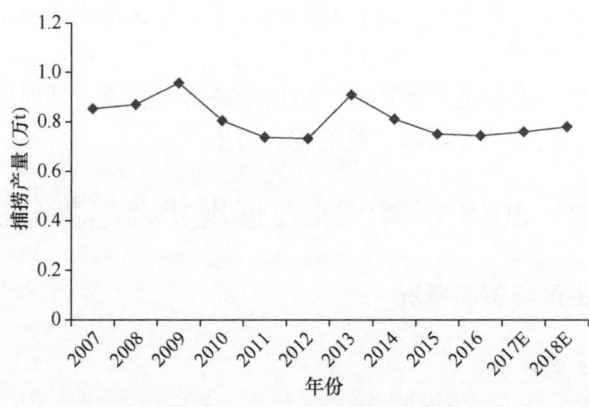

图 11.7　2007～2018 年全球鳟的捕捞产量

11.2.1.2　国际鳟贸易

2016 年全球鳟进出口总量为 54.5 万 t,较上年增长 4.3%。其中,出口总量

28.0 万 t，比上年增长 10.0%；进口总量 26.6 万 t，比上年减少 1.2%。近十年全球鳟进出口总量一直呈持续波动趋势（图 11.8），年均增长率达 2.5%。2017 年进出口总量预计为 55.0 万 t。

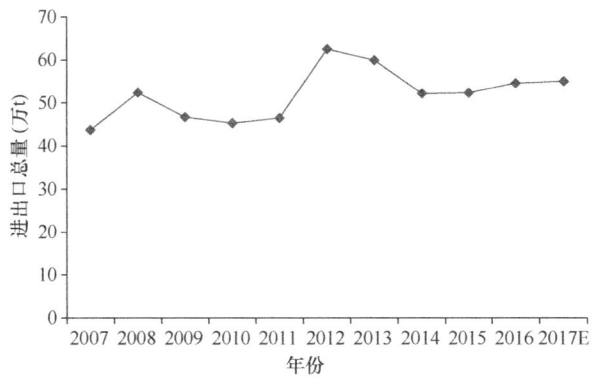

图 11.8　2007~2017 年全球鳟的进出口总量

2016 年全球鳟进出口总额为 36.2 亿美元，与上年相比增长了 20.2%（图 11.9）。其中出口总额 18.6 亿美元，比上年增长 24.4%；进口总额 17.7 亿美元，比上年增长 16.0%。近十年全球鲑进出口总额除 2015 年出现明显下降外一直呈增长趋势，年均增长率达 6.0%。2017 年进出口总量预计为 38.0 亿美元。

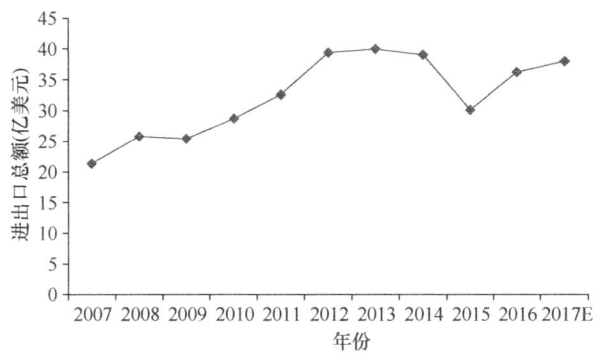

图 11.9　2007~2017 年全球鳟的进出口总额

11.2.2　国内鳟生产与贸易概况

11.2.2.1　国内鳟生产

2017 年全国鳟养殖总产量为 4.1 万 t，比上年增加了 17.8%，全国有 24 个省（区、市）养殖生产鳟，产量较大的地区是青海、辽宁、云南、新疆和河北五省，鳟养殖产量分别为 13 817t、4819t、4562t、3452t 和 1696t，各占全国鳟鱼养殖总产量的 33.3%、11.6%、11.0%、8.3%、4.1%。

根据产业经济跟踪示范区实际生产情况推算，2018 年上述五省鳟产量约为 2.9 万 t，全国鳟产量约为 3.8 万 t。2012~2018 年我国鳟主产区产量见图 11.10。

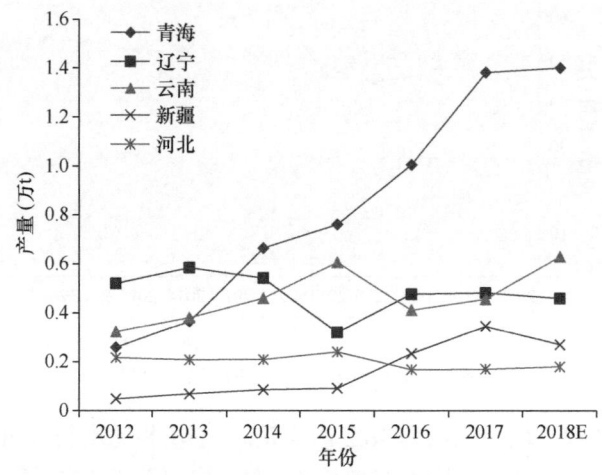

图 11.10　2012~2018 年我国鳟主产区的产量

11.2.2.2　中国鳟贸易

2018 年中国鳟出口总量为 1929t，同比减少 1.8%，出口总额为 2627 万美元，同比增长 6.2%。中国鳟出口的产品品种主要有冻鳟鱼、冻鳟鱼片和熏鳟鱼 3 种形式。

2018 年中国鳟出口产品中，冻鳟鱼 393t，占出口总量的 20.4%，平均出口价 7.58 美元/kg；冻鳟鱼片 948t，占出口总量的 49.1%，平均出口价 14.07 美元/kg；熏鳟鱼 588t，占出口总量的 30.5%，平均出口价 16.92 美元/kg（表 11.1）。

表 11.1　2018 年中国鳟产品的出口价　　　（单位：美元/kg）

月份	1	2	3	4	5	6	7	8	9	10	11	12	均价
冻鳟鱼	8.38	6.43	—	7.97	8.32	6.24	4.82	—	9.11	—	7.07	—	7.58
冻鳟鱼片	17.84	15.07	15.56	10.81	14.07	13.45	13.55	14.50	11.94	14.55	10.41	13.69	14.07
熏鳟鱼	16.82	17.19	18.45	16.91	17.01	16.60	16.74	15.73	16.75	17.17	17.27	17.00	16.92

—：无数据

2018 年中国鳟进口总量为 3526t，同比减少 7.2%，出口总额为 2451 万美元，同比增长 12.2%。进口国以挪威、丹麦和智利为主，进口产品主要有冻鳟鱼、冻鳟鱼片和熏鳟鱼 3 种形式。

2018年中国鳟进口产品中，冻鳟鱼3454t，约占进口总量的98%，平均进口价6.70美元/kg；冻鳟鱼片3.2t，占进口总量的0.1%，平均进口价14.61美元/kg；熏鳟鱼40.2t，占进口总量的1.1%，平均进口价22.22美元/kg（表11.2）。

表11.2 2018年中国鳟产品的进口价 （单位：美元/kg）

月份	1	2	3	4	5	6	7	8	9	10	11	12	均价
冻鳟鱼	5.80	7.65	6.39	6.66	7.46	7.57	7.32	7.49	6.90	7.08	7.15	6.81	6.70
冻鳟鱼片	13.04	0.00	0.00	0.00	0.00	0.00	18.16	0.00	18.63	25.00	—	—	14.61
熏鳟鱼	22.40	0.00	0.00	0.00	22.40	0.00	11.77	0.00	21.89	22.09	—	—	22.22

一：无数据

11.2.2.3 国内鳟市场

我国鳟商品鱼形态主要有两种，一是大规格去内脏产品形式，主要是去内脏然后冰鲜保存的产品，2013~2014年大规格虹鳟价格基本为50元/kg，受到国际市场虹鳟价格提升的影响，主要是进口国——智利遭受灾害，2015~2017年价格有所上扬，为52~56元/kg，预计2019年价格为50~54元/kg。另一种是鲜活产品，约占我国鳟养殖产量的80%，规格为0.75~2.5kg/尾上市，新疆和云南两个主产区2018年虹鳟销售价格维持在32~38元/kg，随着季节的变动和区域的不同出现差异，较之前几年有所下降，基本与2018年持平，河北与辽宁两个主产区价格维持在26~30元/kg，价格有小幅增长，北京价格维持在30~36元/kg，预计主产区2019年价格变动不大，因为鲜活鱼主要依靠国内的需求能力，属于自给自足，受国外大规格产品冲击不大。

北京2018年1~12月鳟的平均塘口价、平均批发价和平均零售价分别为26元/kg、32元/kg和38元/kg（表11.3）；新疆2018年1~12月鳟的平均塘口价、平均批发价和平均零售价分别为32元/kg、36元/kg和40元/kg（表11.4）。

表11.3 北京2018年1~12月鳟的价格

规格（g/尾）	平均塘口价（元/kg）	平均批发价（元/kg）	平均零售价（元/kg）
>1000	26	32	38

表11.4 新疆2018年1~12月鳟的价格

规格（g/尾）	平均塘口价（元/kg）	平均批发价（元/kg）	平均零售价（元/kg）
>1000	32	36	40

11.2.3 中国鳟产业发展趋势

目前我国鳟养殖以大水面网箱、山泉或地下水流水养殖和工厂化养殖为主，养殖空间受环保政策影响不断缩减，国内市场对鳟认知定位模糊，养殖利润空间小，影响鳟养殖的积极性。然而鳟在国外市场的地位比较高，尤其是欧美地区，是联合国粮农组织承认并推广的淡水鱼之一，尽管目前受到"淡水三文鱼"团标的争议和质疑等片面的解读与传播，影响国内消费量，但相信随着时间推移，人们认识到鳟的营养价值和保健价值，需求量会持续增长，建议体系专家、科研院所、协会和企业等鳟相关单位团体及从业者对鳟多做正面宣传和推广，引导广大消费者消除对鳟的误解，正确消费鳟产品，促进产业健康发展。

11.3 2018年鲑鳟产业现状、问题及趋势分析

11.3.1 鲑鳟产业发展概况

鲑科（Salmonidae）鱼类（业内统称为鲑鳟）是一类经济价值较高的冷水性鱼类，是在"十三五"渔业"转方式、调结构"中提及的西北内陆地区重点发展的水产养殖对象。据FAO统计数据显示，近年来全球以大西洋鲑（*Salmo salar*）和虹鳟（*Oncorhynchus mykiss*）为代表的鲑鳟养殖年产量超过200万t，排在鲤科鱼和罗非鱼之后，是世界第三大主要养殖鱼类。虹鳟和大西洋鲑在中国均无天然分布，作为持续30余年世界水产品产量第一的水产大国，鲑鳟产量仍无法满足国内市场需求。

我国鲑鳟养殖是从20世纪60年代开始的，经历了50多年的发展，已经形成了一定的产业规模，近5年（2012~2017年）累计创产值估计50亿元，产生了巨大的经济和社会效益。据不完全统计，近3年（2015~2017年）我国鲑鳟进口总量超过62万t，其中各类鲜鱼总量为11万t，占总量的17.74%，鲜鱼产品90%以上为生食产品；冷冻总量超过51万t，占总量的82.26%。同时，国内年均养殖生产4万t以上的鲑鳟，其中虹鳟约为2.8万t，主要用于生食的大规格虹鳟年产量约为1.5万t。继虹鳟和金鳟之后，我国又先后引进了硬头鳟（虹鳟的海水型）、银鲑、王鲑、白点鲑、大西洋鲑、北极红点鲑等品种，另外还积极开发了本土的哲罗鲑、细鳞鲑等品种。这些鲑鳟类对水温和盐度的适应性各有特色，将成为以虹鳟为主导的鲑鳟产业的重要补充或替代。但是在产业的快速发展中逐渐暴露出一些如产品形式单一、产品品质不高、冷水资源利用效率低下等问题，已严重影响了我国鲑鳟的可持续发展。

11.3.2 鲑鳟产业的特点

目前我国鲑鳟养殖地区已遍布全国26个省（区、市），但主产区都在经济欠

发达的地区和偏远地区。从全国层面上看养殖地区较分散，在主产区内分布也比较分散，导致产业关键技术、贸易等信息交流和物流不畅，专业化程度低，没有形成强势的产业规模。鲑鳟养殖方式总体上属于粗放状态，以直流水和网箱养殖为主要模式。我国无海水养殖区域，导致生产规模始终不大。产品形式单一，品质参差不齐，加工能力有限，产品以鲜活、冰鲜和烟熏为主。产业组织主要是以繁、育、养、推、加工一体化的模式为主；从产业链角度看，有良种繁育、苗种生产、成鱼养殖、饲料生产、加工与销售的企业或农户，但都表现为小而全的形式、社会分工不细，导致效率不高等特点。

11.3.3 鲑鳟产业存在的问题

1. 种质与品种改良

目前，我国在大规格鲑鳟产品方面，还需要大量进口，我国主要养殖品种还是虹鳟、金鳟、山女鳟、银鲑、北极红点鲑、白鲑、细鳞鲑、哲罗鲑等。以虹鳟为例，目前国家层面对种质资源缺乏有效引种，管理不规范，缺乏长期的鲑鳟良种选育规划；鲑鳟种质资源仍受国外控制，国外种质占80%，良种不良，如成活率过低、生长性状差、不适应中国养殖环境；缺乏具有自主知识产权的鲑鳟良种，鲑鳟产业面临优良品种匮乏、优质土著鱼开发滞后、三倍体制种规模化能力不足等发展瓶颈问题；研究机构的育种团队与国内种质公司结合不够紧密，资本投入严重不足。

2. 养殖模式与设施

网箱养殖模式面临被取缔的境地，在现有环保形势压力下，鲑鳟产量将下降，通过什么模式或技术来弥补这个缺陷？在使用高能环保型饲料的前提下，要尽快开展研究养殖容量与排放问题、养殖容量与疾病发生等，提出指导性数据或技术（在该方面技术资料的积累，由于发不了高档次的论文，一些科研计划不愿意拿出资金支持，同时一些研究机构也不愿意从事此类研究，而这些技术成果正是产业所急需的），制定相关国家技术标准，同时配套相关法规制定。云、贵、川、渝等地7~10月存在3~4个月的浑水期，降低成本是亟待解决的问题；云、贵、青等高原地区存在溶解氧过低情况，解决低成本增氧问题也是面临的一大难题。

3. 病害情况

病害暴发严重，如IHNV、IPNV等病毒性病害，细菌性病害如杀鲑气单胞菌、黄杆菌、耶尔森、小瓜虫、三代虫等，急需疫苗及有效防治药品，疫病防控体系还不健全，产量和质量还不能完全保障。

4. 饲料与营养

国内饲料与国外饲料品质上还存在差异；缺乏统一的国家饲料与营养工艺标准；缺乏统一的饲料采购平台；鲑鳟营养需求及饲料研究不足。

5. 水产品加工

品牌意识强化不够，产品深加工还处于初级阶段，鲜活与冰鲜产品比例失调，鲜活产品占总产量的80%，冰鲜大规格产品占20%，产品附加值未能完全体现。

6. 龙头企业

产业发展定位不够，目前缺乏行业领军企业带动产业发展，专门化程度不够。

7. 销售与流通

没有实现订单制，各地区多数为休闲渔业内销，实现大规格产品订单制的龙头企业比例十分有限。

8. 养殖许可证的发放

苗种生产或商品鱼生产（如苗种生产单位禁止生产商品鱼，同时饲料厂严禁进行养殖活动）要经过评估，其中审核事项包括资质、水资源、生产配额、销售配额，养殖模式如流水池塘模式一、模式二直至模式四（参照欧盟标准）。

11.3.4 发展趋势及建议

我国鲑鳟养殖产业有丰富的养殖用冷水资源、成熟的繁育养等科学技术条件和高涨的养殖热情；面临政策资金的强力支持、国内外强劲的消费需求和预期等机遇；因此，我国鲑鳟养殖产业应充分发挥优势，努力克服威胁，紧紧抓住机遇，积极迎接挑战，将我国鲑鳟养殖产业做强做大。鲑鳟产品由于有机、绿色和品质相对较高的特点，在人们高度关注生活品质和食品安全的今天，正逐步受到全社会的关注和追捧。鲑鳟养殖现在乃至将来都是渔业发展中的朝阳产业。

未来，我国鲑鳟养殖产业将成为渔业结构调整和产业发展方式转变的重要部分。为了产业的健康持续发展，提出以下对策建议。

1. 保护种质资源，加快良种化进程

优良品种是鲑鳟养殖可持续发展的物质基础，目前我国鲑鳟品种繁多，有国外引进的，也有国内野生资源存在的，但适合我国养殖条件的、获得大多数养殖户认可的品种不多，主导品种仍是虹鳟，但虹鳟为引进种，我国并无自然分布，

导致原种缺乏，保护现有繁育群体的遗传多样性和避免近交衰退成了当务之急，并通过特定渠道引进原种补充外血。因此，国家应大力保护鲑鳟种质资源，并加大育种和疫苗研发资金的投入，构建育种、制种、苗种培育的国家体系，加快培育出适合我国国情的优良品种，并规范苗种生产制度，从而提高良种的覆盖率和贡献率。

2. 加大政策和资金扶持，提升产业化进程

国家应该从战略高度加大政策扶持和资金投入力度，政府应该做好各方面的总体规划和行业发展的引导工作。政府可以对鲑鳟的养殖进行总体规划，如国家育种计划、繁育体系、疾病防控体系和质量监管体系等。利用国家层面的重视和政策扶持，积极引导民间资本进入鲑鳟养殖业，倡导建设规模化、操作标准化、生产集约化的产业体系。

3. 提高养殖工艺水平和产品品质，加快品牌建设

随着人们对高品质水产品的热爱和国内外市场消费需求的日益强烈，利用国家政策、资金支持和充足民间资本投入的机遇，政府应做好鲑鳟养殖产业的规划，平衡好产业区域发展，在有条件的地方扩大养殖规模，形成产业集群，避免网箱上岸一刀切的做法；加强养殖设施化水平建设，升级养殖技术和模式，逐步引进北欧的先进养殖理念，逐步开展路基循环水养殖模式和深远海网箱养殖模式，不断提升我国鲑鳟养殖业的工业化水平。提高鲑鳟加工业水平，大力发展鲑鳟的深加工业，提高产品附加值，从而加大产品品牌建设力度等。

4. 建立产业协调合作组织，提高市场竞争力

我国鲑鳟的养殖技术已相对成熟，但区域发展不平衡，养殖产品品质良莠不齐，导致市场恶性竞争。故应积极促进建立政府主导下的产业协调合作组织，以此平台，一方面加强产业技术和贸易信息交流，提高对国内外市场的产品营销能力；另一方面通过市场竞争优胜劣汰，从而规范产品市场、规范行业秩序，加强自律，大力提高产品质量，把鲑鳟养殖技术优势变为经济和贸易优势，利用好中国的人口红利，着力满足内需。

第二篇
2018年各省（区、市）特色淡水鱼产业发展现状及趋势分析

第 12 章 2018 年京津冀地区特色淡水鱼产业发展现状及趋势分析

12.1 产业发展现状及存在问题

12.1.1 产业发展现状

2018 年,京津冀地区特色淡水鱼产业环保风暴和行业准入的影响继续发酵,但发展却不尽相同。

1. 苗种生产的特点与形势

2018 年,罗非鱼苗种需求与上一年度相比略有增加,苗种生产企业继续减少,苗种价格与上一年持平,北京市苗种价格达到 17 元/kg,河北省的高阳县、任丘市、黄骅市等地价格达到 16~17 元/kg,天津市也达到了 15 元/kg 以上。苗种以规格 6~10 尾/kg 的需求量为最大,少数养殖户要求 2~3 尾/kg 的苗种,主要是垂钓用户,养殖一个月左右即可达到垂钓规格。经调查,各大苗种生产企业利润与上一年持平。

鲟苗种受各地网箱和围网拆除的影响略有下滑,北京市苗种生产量继续占据最高份额,达到 60%以上,生产能力达到 80%以上,2018 年上半年统计北京市共生产苗种 0.45 亿尾,河北省 300 万尾,成鱼品种以西伯利亚鲟和史氏鲟杂交为主,售价为 0.25~0.3 元/尾,生产鱼子酱的品种是以鲟鳇杂交为主。

虹鳟苗种生产主要在河北省和北京市,2017 年北京市生产苗种 345 万尾,河北省发眼卵 1800 万粒左右,鱼卵价格 0.04 元/粒左右。京津冀地区淡水鲈和黄颡鱼养殖量较小,苗种绝大部分都是从外地引进。

2. 成鱼养殖状况

2018 年罗非鱼成鱼养殖企业利润略有增加。除 8 月受天津七里海拆除养殖场影响鱼甩卖价格下跌外,与 2017 年相比价格普遍上涨,越冬鱼最高达到 16.6 元/kg,7~8 月大规格成鱼上市价格也在 15 元/kg 以上,2018 年京津冀地区罗非鱼成鱼产量较上年略有下降,预计在 1.8 万 t 左右,价格最低的 9 月达到了 11 元/kg 左右,

---

北京综合试验站 张欣

10月份销售价格在14.4元/kg。2018年饲料价格下降，苗种价格上升，京津冀地区罗非鱼成鱼养殖成本在9.5~12元/kg，全年均有较好利润。

鲟、虹鳟由于环保风暴因素，产量继续下滑，预计北京市在2000t、1200t左右，河北省8000t、1000t；北京市养殖面积持续下滑，在18万m^{2}左右，河北省目前变化不大，约80万m^2，但存在变数。

京津冀地区黄颡鱼养殖面积在4000亩左右，产量3500t；淡水鲈1000亩，产量为1000t。

3. 冬季罗非鱼售价平稳

北方地区的成鱼价格受成本和养殖条件所限一直高于南方，京津冀地区罗非鱼价格在2012年以前出塘价最高可以达到17.0~18.0元/kg，远高于南方市场，前几年由于运输技术不过关，成本过高，南方鱼难以与当地产品竞争，随着运输技术取得突破，福建生产的罗非鱼逐渐通过京福高速运到上海乃至北京，2017年冬季北京市场罗非鱼采购价格在16元/kg左右，比较稳定，福建产品和本地产品不再有剧烈冲突，市场运作达到了平衡。

12.1.2　产业存在问题

1. 环保风暴影响继续发酵

2018年，京津冀地区环保监察力度明显提高，北京各区县均不鼓励水产养殖，不再颁发养殖证，续期也非常困难；除地热水严格征收水费外，常温井也收取2元/t的水资源费，对排放水的监测频率和执法力度持续加强，大部分养殖企业面临沉重的改造压力。天津市今年取缔了七里海湿地罗非鱼养殖企业，也在试点征收地热资源费，养殖企业面临成本急剧提高的压力，对罗非鱼行业的影响很大。河北省的环保力度也非常大，继白洋淀彻底禁绝网箱和围网养殖后，各地对养殖水排放均有严格规定，冷水鱼养殖绝大部分临近河道，政策执行的进度和强度将严重影响产业生存，北京综合试验站与河北省现代农业产业技术体系淡水养殖创新团队联合进行了情况了解和尾水处理指导，重点养殖企业均有水处理举措，有望提高生存能力。

2. 北京市特色鱼市场准入影响深远

2017年10月9日，北京市食品药品监督管理局食品流通市场科发布《关于对本市市场重点活鱼产品供应企业实施产销衔接目录管理的通知》，对供应北京市的鳜、鲈、黄颡鱼、鮰、黑鱼、罗非鱼等6种产品实施产销衔接目录管理，北京综合试验站接到养殖和流通企业的求助信息后，引导商户和养殖企业积极应对，与主管部门进行沟通，改进养殖企业自检能力，严格执行禁用药物规章，全部采用健康养殖技术，目前市场运作平稳、有序。

12.2　产业发展趋势

12.2.1　成鱼养殖面积会大幅下降

随着环保风暴的持续进行，其影响的首先是成鱼养殖，京津冀地区对环保政策的执行均较为严格，北京市冷水鱼养殖企业将大幅度减少。目前2019年确定能够存留下的企业不足40家，仅怀柔区就有86家冷水鱼养殖企业面临停产，如果继续严格执行，北京市保留下来的企业将不足1/3，天津继取缔七里海湿地罗非鱼养殖企业后，对养殖尾水排放将更加严格，大部分企业在观望，河北省除雄安新区外较为缓和。目前北京综合试验站在天津和河北大力推广尾水处理技术及稻渔、鱼茶、鱼荷等循环养殖技术，将有力地帮助主要养殖企业渡过难关，但冷水鱼的养殖面积大幅下降是不可逆转的趋势。

12.2.2　苗种生产企业对良种的需求进一步提高

京津冀地区大部分苗种生产企业不具备自行生产高品质罗非鱼苗种的能力，从经济角度看成本过高，苗种主要来自两广、海南地区，出于成本考虑，前几年多采购价格较低的苗种，然而生产的大规格苗种质量逐年下降，成鱼养殖中期产苗率越来越高，影响了企业信誉，因此，未来几年对苗种的质量要求会越来越高，苗种采购将向品种培育规范、综合实力强的大企业集中，更加注重品牌。

12.2.3　健康养殖成为行业发展的关键

随着京津冀一体化进程的加快，以及空气污染的加重，环保标准会更高、执行力度会不断加强，水产养殖行业也会对排水提出更高要求，以前部分养殖户大排大放的方式会受到限制，北京站也会加强生态养殖技术的推广，在保证效益的同时，对排水处理进行不断改进，促进自然水域的净化进程。

12.3　产业发展建议

12.3.1　推进养殖合作社建设

京津冀地区罗非鱼、鲟、鲑鳟产业由于地区特点集中度较强，有利于组织建设行业协会或养殖合作社,现在在天津市汉沽地区罗非鱼、北京市冷水鱼合作社建设较好,受到北京综合试验站支持的有天津众民水产养殖专业合作社和维江水产养殖专业合作社,在销售和养殖过程中发挥了良好作用,其他地区也要进行类似尝试,可以有效提高产业的沟通和互助,未来我站会继续支持龙头企业建立合作社,稳定特色淡水鱼产业发展。

12.3.2　加强健康养殖技术推广与优化

在北方地区罗非鱼苗种生产是产业发展的限制性因素,2019年,北京综合试验站将加强罗非鱼越冬温室高产养殖技术推广,强化健康养殖理念,促进水处理的技术与执行进度,我们需要继续坚持通过试验站和试验点加强推广、示范与培训来推动产业的进步与发展。

12.3.3　持续推进良种推广与种质管理

在工作过程中,我们发现仍有部分养殖企业对良种重视程度不够,选择苗种仍然将价格作为主要指标考虑,良种推广的工作还要进一步加强,选择优质苗种进行养殖示范,加强对育苗龙头企业的扶持和监控需要持续长久的努力。

第13章　2018年江苏特色淡水鱼产业发展现状及趋势分析

13.1　产业发展现状及存在问题

13.1.1　淡水鲈

1. 江苏省淡水鲈产业概况

江苏省淡水鲈养殖品种以淡水鲈为主，花鲈、梭鲈、宝石鲈养殖面积和产量均较少。淡水鲈养殖地区主要为苏州市吴江区、相城区和南京市溧水区，亩产1000kg左右。全省养殖面积5万～6万亩，苏州、南京两地养殖面积分别为3.5万亩和1万亩。养殖模式以池塘养殖为主，河蟹与淡水鲈套养技术、池塘工业化养殖技术等均处于试验阶段。

2. 江苏省淡水鲈产业主要存在的问题

（1）养殖苗种基本为"优鲈1号""优鲈2号"，但由于良种亲本引种规模与力度限制，市售的苗种质量尚参差不齐。

（2）养殖过程中常见的病毒性疾病为虹彩病毒病、弹状病毒病，细菌性疾病主要是诺卡氏菌病，寄生虫病为指环虫病、车轮虫病、波豆虫病等，此外还有肝胆坏死病、溃疡病、肠炎病等。外引苗种养殖过程中病毒并发生率较高。

（3）养殖过程采用冰鲜鱼喂养方式较多；有部分养殖采用前期配合饲料，后期用冰鲜；全程用配合饲料的养殖户较少，市售配合饲料种类偏多，鱼龙混杂，且价格偏高，不同品牌饲料养殖效果不一。

（4）长期投喂冰鲜鱼池塘容易富营养化，水质调控技术要求高。当前环保督查力度越来越大，急需引进和推广全程配合饲料投喂技术及池塘工业化循环水养殖技术。

（5）受气候条件影响，本地区淡水鲈养殖周期较短，11月前集中上市，此时南方地区成鱼大量上市对本地区成鱼销售影响较大。

南京综合试验站　陈校辉

13.1.2 黄颡鱼

1. 江苏省黄颡鱼产业概况

黄颡鱼是江苏省主要特色淡水养殖对象,区域内养殖品种包括非选育黄颡鱼、全雄黄颡鱼及杂交黄颡鱼,以杂交黄颡鱼和全雄黄颡鱼为主。养殖区域主要为盐城、扬州、连云港等地区,亩产量1250~1500kg。全省养殖面积近8万亩,其中盐城地区3万亩,扬州地区近1万亩,养殖模式为池塘主养、套养,池塘工业化养殖尚处试验阶段。

2. 江苏省黄颡鱼产业存在的主要问题

(1) 苗种质量参差不齐,外引的苗种以次充好现象较为严重。
(2) 杂交黄颡鱼受精率不稳定,苗种产量直接制约了苗种供应量。
(3) 常见病为车轮虫病、指环虫病、小瓜虫病、赤皮病、爱德华氏菌病,部分病害治疗效果不明显。
(4) 市场上饲料种类混乱,黄颡鱼成鱼质量、色泽不一,影响成鱼价格。

13.1.3 鳜

1. 江苏省鳜产业概况

养殖的品种以翘嘴鳜为主,少量养殖斑鳜和杂交鳜,主要养殖区域为扬州、泰州、盐城、南京、苏州等地区,年产量2万t以上。养殖方式有套养、主养及水槽养殖,以河蟹池塘套养为主,主养区域主要集中在扬州、苏州及常州等地,水槽养殖尚处试验阶段。地区市场价格一般夏季高、冬季低。

2. 江苏省鳜产业存在的主要问题

(1) 良种覆盖率低,良种滞后于养殖生产,养殖用苗种多数为非选育苗种,缺乏系统选育,来源主要为当地企业自繁或外地引购。
(2) 受气候条件影响,本地苗生产期滞后,外地苗养殖过程病害发生率高。
(3) 养殖过程中病害问题日益突出,主要病害有斜管虫病、指环虫病、车轮虫病、烂鳃病、肠炎病、虹彩病毒病等各类疾病,其中虹彩病毒病发生后对产业影响最大,且没有特别好的治疗方法。
(4) 养殖技术参差不齐和养殖成本地区间差异较大,缺乏可操作性的技术规范或养殖标准。
(5) 鳜养殖活饵分级配套技术要求高,无法使用配合饲料喂养,养殖管理难度大。

（6）杂交鳜生长优势不突出，在实际养殖过程中，产效不突出。

13.1.4 泥鳅

1. 江苏省泥鳅产业概况

江苏省泥鳅养殖区域主要位于连云港市赣榆区、海州区和灌云县，全市养殖面积2万余亩。赣榆区养殖面积和产量均为最高，养殖面积1.2万亩，产量达2500kg/亩，养殖方式为池塘养殖，养殖品种以大鳞副泥鳅为主，普通泥鳅和台湾泥鳅也有少量养殖。苗种来源主要为河南、东北地区等地的野生苗种，自繁苗种只占苗种总量的20%，规模化大规格苗种人工繁育技术仍处于探索阶段。赣榆区养殖泥鳅以鲜活上市为主，70%以上出口韩国。加工产量很少，产品主要为泥鳅罐头和泥鳅汤，泥鳅罐头主要投放韩国商超及国内韩餐馆。

2. 江苏省泥鳅产业存在的主要问题

1）苗种供应得不到保障，自繁成本极高

目前，赣榆地区苗种以河南和东北地区的野生苗为主，价格过高。当地也在积极探索通过人工繁殖方法自繁泥鳅苗种，但是受到繁育技术和当地环境因素的影响，繁育成本高。

2）市场行情持续走低，价格不能稳定

受全国泥鳅规模扩大、成品价格下滑的影响，赣榆本地泥鳅价格也随之下降，且生产成本逐年上涨，尤其是劳务费、塘租等涨幅较大，养殖企业和养殖户微盈利甚至亏损。

3）病害

总体上，泥鳅养殖过程中的病害问题较其他特色淡水养殖品种稍好。目前，赣榆地区泥鳅养殖过程中的主要疾病有气泡病（苗种阶段）、寄生虫病（以车轮虫病为主）及高温季节的肠炎病。

4）产品检验检疫方法和标准有待统一

赣榆养殖泥鳅主要出口韩国，韩国政府对于产品质量把控极为严苛，国内的检验检疫方法和强度与韩国标准不一，时有因两国检测和抽检方法的差异而造成出口产品检验结果不一的情况，加大出口风险。

5）产品形式和市场过于单一

整个赣榆泥鳅行业没能把握自身品质优势，缺乏品牌意识及探索动力，赣榆泥鳅20年一成不变地以鲜活产品出口韩国。

13.1.5 斑点叉尾鮰

1. 江苏省斑点叉尾鮰产业概况

江苏省鮰主养区为盐城、连云港、南通等沿海地区，由于近几年四大家鱼养殖行情逐年走低，再加上异育银鲫粘孢子虫病、腮出血病等病害频发，原先从事四大家鱼养殖的养殖户逐渐开始养殖鮰，养殖方式主要为沿海滩涂大水面养殖，主养鮰，套养少量鲢、鳙、鲫等，鱼塘规模在几十亩到几百亩不等，亩产1000kg左右。全省养殖面积9万~10万亩，盐城地区鮰养殖面积5万~6万亩，南通、连云港地区养殖面积近1万亩。目前，鮰产业也逐渐从加工出口转向国内市场。

2. 江苏省斑点叉尾鮰产业存在的主要问题

（1）该省苗种产量较低，主要从湖北嘉鱼购买，苗种质量得不到保障。
（2）价格波动较大。
（3）大多养殖企业或养殖户最近几年才开始从事斑点叉尾鮰养殖，养殖技术均有待提高。
（4）春季时水霉病、寄生虫病较为严重，缺乏有效应对措施。
（5）加工产量逐年减少，过度依赖出口，加工产品内销市场开发力度不够。

13.2 产业发展建议

我国是世界人口大国，对水产品有着巨大的潜在市场消费能力。随着经济发展和消费理念的改变，市场对"安全、营养、健康"的水产品需求量会越来越大。针对江苏省特色淡水鱼产业存在的一些共性问题，建议如下。

13.2.1 加强苗种质量监管

政府部门要重视保种工作，提高苗种繁育准入门槛并加强市级以上种苗场监督管理工作，同时做好苗种来源的质量监管，建立全方面苗种管理体系，有效减少质量较差的苗种进入市场。

13.2.2 制定行业操作规范

当前的水产市场仍是个信息不对称的市场，普遍存在监管与查处难度大、违法成本较低的问题。政府层面需加强对养殖企业或个体户的监管，定期进行安全养殖意识教育，正确引导。商品鱼养殖过程中制定严格的行业标准，包括苗种选择、消毒处理、管理模式、饵料选择、投喂方式和病害防治等。开展水产品质量安全监控和可追溯体系信息平台的试点建设。强化查处力度，提高违法成本，对信誉不良的企业实施贸易限制与一定的处罚，以促使特色淡水鱼产业健康发展。

13.2.3 政策引导扶持

政府、行业协会等要积极发挥导向作用，引导养殖户健康养殖，控制产量，不以利益最大化为目的。积极探索以防为主、防治结合，绿色、生态、健康可靠的养殖模式。定期对特色淡水鱼价格提供预测和报告，建议政府出台相应的扶持政策。结合渔业养殖保险，降低广大水产养殖户的经营风险。

第14章　2018年浙江特色淡水鱼产业发展现状及趋势分析

14.1　淡水鲈产业发展现状、存在问题及发展趋势分析

14.1.1　产业发展现状及特点

淡水鲈是浙江省海洋与渔业局[①]《关于推介发布2016～2018年浙江省渔业主推品种和主推模式与技术的通知》(浙海渔推〔2016〕1号)中的主推品种之一,深受养殖户和消费者的欢迎,近两年来在浙江省的养殖规模和产量发展极为迅速,已成为浙江省淡水水产养殖业供给侧结构性调整的重要品种之一,发展前景非常广阔。

2017年,浙江全省推广淡水鲈养殖,面积4.98万亩、产量5万t以上,产量比2016年增加约70%,主产地为湖州市、嘉兴市、杭州市等地。其中,湖州市2017年养殖面积4.7万亩,产量占全省产量的90%以上,其中湖州市南浔区养殖面积3.6万亩,吴兴区8000余亩。目前,湖州市作为浙江省内"优鲈1号"的繁育中心,在引进广东省的繁育技术以后,现在湖州市每年生产淡水鲈苗约10亿尾。其中,湖州湖旺水产种业有限公司采用温度引导、水流刺激、营养调控等技术措施,突破了淡水鲈苗的秋季繁殖技术,为国内首创。

目前,浙江省淡水鲈养殖模式主要有2种。一是池塘专养,混养少量鲢、鳙,亩产800～900kg。二是近年来新兴起的池塘循环流水"跑道"养殖模式,淡水鲈被认为是较为理想的一种"跑道"养殖品种,受到广大养殖户青睐,在湖州、杭州等地推广较为普遍,单位水体产量可达40kg/m^3,养殖出的成鱼体型佳、肉质与口味好,折合亩均利润是传统鱼塘的3～4倍;并且养殖水实现循环利用,生态效益也十分明显。

在养殖饲料使用上,2017年浙江省海洋与渔业局印发了《浙江省实施水产养殖推广渔用配合饲料替代冰鲜或冰冻小鱼虾行动方案》(浙海渔推〔2017〕1号)文件,杭州综合试验站建设依托单位浙江省水产技术推广总站组建省级团队,开

杭州综合试验站　丁雪燕
[①] 2018年10月4日,党中央、国务院批准同意《浙江省机构改革方案》,组建省自然资源厅,不再保留省海洋与渔业局

展在淡水鲈等主要品种养殖中推广配合饲料替代冰鲜或冷冻小鱼虾行动，2017年推广配合饲料养殖淡水鲈8000亩以上，2018年已推广将近2万亩，基本实现了在主产区的全面覆盖应用，并在保护养殖水环境、减少病害发生、方便养殖管理方面作用明显，促进了淡水鲈养殖产业的健康可持续发展。

14.1.2 产业存在问题

（1）淡水鲈配合饲料应用技术还需进一步提高。在省总站"十三五"配合饲料推广行动的统一开展与推进下，再加上近两年冰鲜鱼饵料价格的上涨，很多养殖户逐渐开始转向使用淡水鲈配合饲料养殖，体现出其在成本节约、水质调控、生产管理上的诸多优势。但目前部分养殖户仍有顾虑：一是饲料驯化环节，部分渔民由于操作不当而驯化失败或驯化不完全；二是投喂淡水鲈配合饲料长势整体上比投喂冰鲜略慢，尤其是高温期间摄食不足，使用淡水鲈配合饲料中秋、国庆难卖鱼，部分甚至年底都难卖鱼，影响第二年招标。

（2）苗种品质退化。湖州淡水鲈苗主要养殖广州苗、"优鲈1号"和普通本地苗，湖州当地养殖普通本地苗偏多，淡水鲈种质退化严重，普通本地鱼苗长势缓慢，发病率提高。

（3）病害情况较为严重。2017年湖州地区淡水鲈苗前期发病严重，部分塘口甚至排塘，影响养殖户后期养殖。近几年淡水鲈养殖密度不断提高，冰鲜鱼养殖影响水质严重，细菌性溃疡病、出血病、诺卡氏菌病等频发。减少淡水鲈发病率以预防为主，使用配合饲料替代冰鲜鱼可以减少冰鲜对水质的污染，周期性使用生物制剂改善水体环境，日常投喂中草药或者保健产品以提高鱼体体质。

（4）淡水鲈价格波动大。淡水鲈新口价格一般在中秋、国庆左右价格较高，并且养殖成本较低。而年底由于大规模出鱼往往价格达到低谷，第二年五六月淡水鲈价格较高，但是由于产卵饵料系数较高，而产卵鲈体质较差，养殖风险和成本都很高，因此把握好出鱼时机非常重要。

（5）淡水鲈产品质量存在安全隐患。由于使用冰鲜鱼，塘口水质恶化，影响淡水鲈的口感和品质，另外由于发病率高，部分客户如果使用违禁药品会影响淡水鲈的产业链发展。湖州地区淡水鲈主要销售到杭州、上海、南京等城市，消费者对产品安全要求越来越严，如果检测出违禁药品会造成严重的不良影响。

14.1.3 产业发展趋势

由于气候原因，浙江省养殖的苗种主要来自广东省。最近几年主要推广养殖"优鲈1号"，上市规格主要为400～750g/尾，市场销售价格为18～40元/kg。当年苗上市量在40%左右,第二年高温前基本出售完毕。从自然条件看,浙江省的养殖成本要高于、周期要长于以广东为代表的南方池塘专养。病害主要由水质引起,投喂冰鲜鱼等在高温季节非常容易引起诺卡氏菌病,从而引起大量死亡。但在本站的南浔示范县(区)调研发现,2017年夏季高温天,菱湖镇(该镇淡水鲈养殖面积2.56万亩)暴发了大面积淡水鲈病害,而投喂配合饲料的示范基地池塘却几未发病,对比之下对养殖户触动较大,对今年配合饲料的推广工作有了良好的推动作用。

今年7～8月,浙江省大部分地区持续高温,有一个多月时间气温都在35℃以上,另外残饵、粪便的长期大量积累,造成水质恶化,容易引发蓝藻暴发及氨氮、亚硝酸盐超标,进而影响淡水鲈吃食情况不佳、肝胆病变加剧。

今年9月,浙江省湖州地区8两以上规格的淡水鲈31～32元/kg,统货28元/kg,鱼价比去年同期下跌6～8元/kg。除了传统的几个主养区,河南、湖北、山东等地也开始有人养殖淡水鲈,市场上的养殖量进一步扩大,集中上市导致整体的价格都不太理想。2017年浙江省淡水鲈养殖成功率并不高,投喂冰鲜鱼的淡水鲈由于水质不好引起的烂身等现象比较普遍。随着饲料接受度的提高,今年这种情况有所缓和,但投喂饲料的淡水鲈也面临新的问题,仍有一定的发病隐患存在。整体来说,今年浙江省淡水鲈养殖的进展比去年顺利。目前,新口塘的鱼规格大多在225g/尾左右,等到10月底普遍长到350g/尾左右即可上市;而老口塘的存塘量在5%～10%,平均规格350～400g/尾,炮头500g/尾左右,与往年相比相差甚远。

14.2　黄颡鱼产业发展现状、存在问题及发展趋势分析

14.2.1　产业发展现状及特点

黄颡鱼是浙江省主要的特色淡水鱼品种之一,也列入了省海洋与渔业局《关于推介发布2016～2018年浙江省渔业主推品种和主推模式与技术的通知》(浙海渔推〔2016〕1号)主推品种,该品种深受浙江省消费市场欢迎,养殖前景广阔。

2017年全省养殖面积约10万亩,主要养殖地区有湖州(8.9万亩)、杭州(0.53万亩)、嘉兴(0.33万亩)。黄颡鱼属于可高密度养殖的品种,高的亩产可达5000kg以上,一般亩产也在2000～2500kg。苗种基本能满足本省养殖需求。养殖全程可全部投喂颗粒饲料,也可投喂冰鲜鱼或者鸡鸭内脏。省内养殖成本10～16元/kg,市场价格竞争充分,价格波动较大,市场价格和养殖效益取决于南方价格与出鱼数量,一般3～5月炮头150g/尾的黄颡鱼价格为22～24元/kg,6月之后价格下降到18元/kg左右。

在苗种方面，浙江省养殖的黄颡鱼苗种主要有普通苗、全雄苗和杂交苗等，苗种质量参差不齐。普通苗的优点是苗种便宜、购买方便，但由于雌鱼较多，表现出整体生长慢、抗病力差、不耐运输的缺点，目前仍是普通养殖户的第一选择，苗种市场占有率最高。全雄苗的优点是前期生长速度快、较普通苗耐运输，同规格商品鱼销售价格较普通苗高，缺点是后期生长较慢、抗病力较差。杂交苗的优点是生长快、抢食凶、抗病力强、耐运输，缺点是价格较贵、体色略浅、养殖技术要求高。浙江省本土优质的黄颡鱼苗种场不多，苗种多来自四川、广东等省份。

在养殖模式上，主要有①池塘专养模式，如南浔示范县（区）示范户余金花，亩产量约780kg、亩效益0.59万元，饲料系数1.5，投入产出比30%；②池塘混养模式，如德清示范县钟管徐卧虎淡水产养殖场，进行黄颡鱼与翘嘴鲌套养，全年出售全雄黄颡鱼商品10万kg、翘嘴鲌2万kg，预估存塘黄颡鱼20万kg、翘嘴鲌3万kg，平均产量1500kg/亩，饲料系数1.6，亩均效益0.65万元；③池塘循环水"跑道"模式，"跑道"单位水体产量可达$60kg/m^3$，实现利润450元$/m^3$。

14.2.2　产业存在问题

（1）优质苗种缺乏。黄颡鱼苗种种类繁多，有普通苗、全雄苗和杂交苗等，苗种质量参差不齐，浙江省本土优质的黄颡鱼苗种场不多，养殖户苗种许多来自广东省、四川省。

（2）养殖密度提高，风险加大。湖州千金作为浙江省黄颡鱼养殖重镇，近年来养殖密度不断提高，普遍在2万～3万尾/亩，甚至3万尾/亩以上。虽然密度在一定范围内提高产量会增加，但是养殖户普遍存在塘口相应配套设备及技术未明显改善提高的问题，导致养殖中后期风险不断加大。

（3）病害危害严重。每年6月、11月黄颡鱼烂皮病、出血病及烂鳃病等病害频发，导致养殖户损失较严重，目前对于烂皮病、出血病及烂鳃病等病害以防为主，采用综合防控技术，改善水体环境，增强鱼体免疫力。

（4）专业技术人员匮乏。养殖户专业技术能力有限，仅凭多年养殖经验，对于养殖过程中出现的水质、病害等问题，主要通过渔药店及与其他养殖户之间的沟通交流来应对，缺乏渔业相关专业技术人员的科学指导培训。

（5）产品质量安全存在隐患。整个养殖过程中渔药使用量大，不够规范，产品质量无法得到保证，销售市场以杭州、上海、南京及北京等国内大城市为主，无法进行出口或扩展海外消费市场。

（6）产业化程度低。浙江省黄颡鱼养殖方式以散户自主经营为主，缺乏具有影响力的龙头企业和专业合作社，导致专业技术及信息共享有限，养殖户几乎没有抵御市场风险的能力。

14.2.3 产业发展趋势

从 2018 年上半年的表现来看，浙江省黄颡鱼价格持续下滑、近期维持弱势稳定的状态，与此同时，黄颡鱼养殖过程中的病害有增无减，肠炎病、出血病、爆头病、烂身病、腹水病等不断困扰着养殖户，浙江省湖州地区一直就是黄颡鱼苗的重要产区之一，也是黄颡鱼的重要养殖区域之一，三季度浙江湖州的黄颡鱼价格差不多处在全国的低谷区，普通黄颡鱼规格为 150g/尾的塘口价是 13.6 元/kg，规格为 200g/尾的塘口价是 15.2 元/kg，规格为 250g/尾的塘口价是 17.6 元/kg，全雄鱼规格为 300g/尾的塘口价是 19.2 元/kg，杂交鱼规格为 300g/尾的塘口价是 18.4 元/kg。总体上存塘鱼的规格偏小，因为新鱼存塘量充足但规格不大，老鱼规格大但存量越来越少。由于利润并不理想，今年湖州一带很多的黄颡鱼养殖户开始转养泥鳅等品种。湖州地区现在养殖的黄颡鱼以全雄鱼、杂交鱼、普通鱼为主，普通黄颡鱼的养殖量越来越少，全雄鱼和杂交鱼占有一定的市场份额。鱼价方面近期略有回升。这两年，浙江省黄颡鱼产业整体呈现回落的态势，养殖量越来越大导致鱼价低迷，再加上种质退化是整体趋势，导致这几年黄颡鱼病害无法达到明显缓解，同时，养殖环境变差也是病害多、养成率低的原因之一。

14.3 乌鳢产业发展现状、存在问题及发展趋势分析

14.3.1 产业发展现状及特点

2017 年浙江省乌鳢养殖面积为 1.53 万亩，主要分布在湖州、嘉兴、杭州等地。其中，湖州占全省总规模的 73%，几乎全在德清县养殖（1.12 万亩）。养殖品种主要是本地种，国家水产新品种"杭鳢 1 号"主要在杭州本地养殖。

乌鳢能在超高密度养殖并可摄食任何动物源性饵料，池塘精养模式下亩产可以高达 0.75 万 kg。之前，本地乌鳢养殖普遍使用冰鲜鱼，甚至鸡鸭内脏，养殖尾水不经处理或经简单沉淀直接排放，对产品品质、质量安全及生态环境造成了不良影响。近年来，在省委省政府"五水共治"的统一行动和"渔业转型促治水"的要求下，杭州、台州、湖州等地方政府对乌鳢这一品种采取了禁养或限养的举措。根据《浙江省实施水产养殖推广渔用配合饲料替代冰鲜或冰冻小鱼虾行动方案》（浙海渔推〔2017〕1 号）文件统一部署，浙江省水产技术推广总站将乌鳢配合饲料替代冰鲜或冷冻小鱼虾养殖作为主要工作内容，在全省进行联动推广。以德清县为例，今年县政府出台了《德清县进一步推进渔业生态养殖加快尾水治理实施方案》，一方面严禁乌鳢等养殖污染较重品种的新增养殖，另一方面明确规定"禁止投喂动物源性饵料，实现配合饲料替代"养殖乌鳢，通过"治水倒逼促转型"推进全县乌鳢养殖业减量提质和转型升级。目前，全县绝大部分乌鳢养殖场均已

完成养殖尾水治理设施建设，可实现养殖尾水循环利用或达标排放；全年推广配合饲料应用面积3260亩。但目前乌鳢的商品饲料，不论品牌和价格，均较难实现全程应用，主要是由于配合饲料投喂对0.4～0.5kg规格以后的乌鳢养殖效果欠佳，出现"只吃不长"甚至畸形率增加的现象。饲料配方科学性还存在问题，全程推广还存在技术"瓶颈"。此外，持续高价位运行的商品饲料，也限制了配合饲料进一步普及应用。但在池塘循环水"跑道"养殖乌鳢已经有实现全程投喂浮性膨化饲料的成功案例，如杭州余杭区仁和仁姚黑鱼养殖场"跑道"养殖"杭鳢1号"，单条"跑道"实现效益5.5万元，为今后乌鳢的养殖出路和配合饲料的推广应用提供了很好的借鉴。

14.3.2 产业存在问题

（1）饲料和冰鲜共同竞争，冰鲜鱼和鸡肝、鸭肝等冰冻饵料并存，养殖成本远远低于乌鳢饲料，饲料推广难度大。

（2）冰鲜、鸡肝、鸭肝养殖乌鳢的水体污染严重，政府部门正在进行针对性综合整治，传统养殖模式改革势在必行。

（3）消费观念只认可1kg以上的乌鳢，专用饲料养殖周期延长，中途会遇上产卵，成本大幅增加。

（4）鱼价偏低，受南方生鱼（杂交黑鱼统货17元/kg）和鸭肝黑鱼的低价困扰，饲料乌鳢养殖成本高很多，无法推广。

（5）长期土法操作，苗种得不到优良选育。

（6）乌鳢本身发病较少，但一旦发病较难治愈，乌鳢主要的疾病有暴发性出血病、诺卡氏菌病、细菌性烂鳃病和寄生性烂鳃病。

14.3.3 产业发展趋势

近年来全国环保治理督察及浙江省实施的"五水共治"等大政策影响，各地加大了对水产养殖污染环境治理，实行了大面积网箱拆除、甲鱼温室大棚拆除、黑鱼养殖退养转产等政策。以杭州余杭区为例，2016年以来全面退养黑鱼面积9122亩，减少产量5473t，导致一些品种产量减少、价格上涨。

14.4 泥鳅产业发展现状、存在问题及发展趋势分析

14.4.1 产业发展现状及特点

泥鳅是浙江省海洋与渔业局《关于推介发布2016～2018年浙江省渔业主推品

种和主推模式与技术的通知》(浙海渔推〔2016〕1 号)主推品种之一,2017 年浙江省泥鳅养殖产量 1.89 万 t,主要分布在浙江省湖州、台州、嘉兴和宁波等地区。养殖模式集中于土塘专养本地泥鳅,少量专养台湾泥鳅。经过几年实践检验,台湾泥鳅虽然具有生长快、规格大和不钻泥等优点,但市场对台湾泥鳅认可度不高,价格无优势。从浙江省平湖池塘循环水养殖初步结果来看,在水槽内养殖泥鳅苗种和商品泥鳅,擦伤情况较严重,养殖风险较大。本地泥鳅适合稻鳅共生、莲鳅共生和茭鳅共生等,是综合种养的理想品种,泥鳅品质佳、经济效益好。

14.4.2 产业存在问题

(1)专养泥鳅密度高、生长快、投饲强度大,高温季节池塘常见蓝藻水华,水质差且极不稳定。目前土池养殖均没有尾水处理设施。阶段性的换水会造成水环境污染。

(2)泥鳅本身的群居性和呼吸器官的特殊性给高密度养殖创造了条件,但养殖者忽视泥鳅对水质的要求。恶劣水质往往导致泥鳅疾病频发,治愈难度大,造成一定的损失。

(3)高密度养殖易发出血病、肠炎病及寄生虫病。

(4)受广东等地大面积养殖台湾泥鳅影响,浙江养殖泥鳅(尤其是台湾泥鳅)成本高于广东,没有市场优势。

(5)养殖技术及难度相比四大家鱼等要难许多,养殖模式需有新的突破。

(6)随着泥鳅养殖业多年的发展,种鳅多代的利用,一定程度上影响了苗种的质量。

14.4.3 产业发展趋势

通常来说,每年 5 月以前台湾泥鳅价格都比较理想,2018 年 4~5 月,浙江省台湾泥鳅成鱼塘头价均达 26 元/kg 以上,5 月上旬最高报价有 29 元/kg,之后开始一路回落。目前,主产区湖州台湾泥鳅价格低于 16 元/kg。高温天气下,各地台湾泥鳅的常见病害,诸如爆鳃病、烂身病、烂嘴病、红点病等也比较普遍。一方面,湖州区域不少黄颡鱼养殖户在今年转养台湾泥鳅,养殖面积大约是去年的两倍;另一方面,由于去年台湾泥鳅的行情并不理想,宁波区域约有 2/3 的养殖户转行搞种植。总体而言,今年浙江地区的台湾泥鳅养殖面积有明显增加。在 5~6 月,泥鳅价曾达 26 元/kg。随着上市量增大,目前湖州 20 条/kg 的泥鳅价格已降至 15.8 元/kg。

14.5 鲟产业发展现状、存在问题及发展趋势分析

14.5.1 产业发展现状及特点

鲟属于亚冷水性鱼类,浙江省鲟养殖主要集中在杭州、衢州、绍兴和台州等地区。目前浙江省鲟养殖主要为大水面网箱养殖和陆地流水养殖,养殖品种主要有俄罗斯鲟、西伯利亚鲟和杂交鲟等,产品分为商品鱼和深加工产品。商品鱼的规格在 600~1000g/尾,市场价格在 24~46 元/kg;杭州千岛湖鲟龙科技股份有限公司是世界上最大的鲟养殖和鱼子酱加工企业,主要深加工是鱼子酱、各种鱼肉制品及鱼皮制品,产品畅销世界。柯城鲟是浙江省衢州市柯城区的特产。柯城区利用独特的冷水资源优势,发展鲟养殖业,形成了以繁育、养殖、加工、出口、休闲为一体的鲟产业发展新格局,一举成为全国最大的鲟养殖基地、国家级鲟良种场。2017 年底,柯城区养殖鲟产量达到 3000 多 t,苗种繁育 3000 万尾,鱼子酱产量 65t,鱼肉加工出口 813t,产值约 1.9 亿元。

14.5.2 产业存在问题

(1)鱼子出口受阻,价格低。浙江的鲟养殖基本以养殖母鱼为主,主要取鱼子,销售鱼子酱,前几年鱼子行情好,达到 8000 元/kg,由于全球经济下行及鱼子酱主要消费国俄罗斯需求量急剧下降,出口价格不断降低,最低突破 1000 元/kg,目前基本稳定在 1500 元/kg 左右,养殖效益有所下降。

(2)环境治理导致大量养殖区域拆迁。鲟的最适生长温度在 18℃左右,高于或低于这个温度都会影响鲟生长,特别是高于 25℃,鲟极易暴发肠炎等疾病,因此浙江的鲟主要养殖在水库深水网箱内,用此方法让鲟度夏。近年来,浙江省对于环境污染治理日益收紧,大部分网箱被拆除,鲟产业急剧萎缩,大部分以养殖为生的养殖户都停养上岸,部分规模养殖场转移到江西等省。

(3)养殖周期长,资金压力大。母鱼养殖一般都要正常养殖到 8 年以上,因此鲟养殖一般需要雄厚的资金支持。

(4)产品单一,渠道单一。大鲟只有母鱼的鱼子具有较高的经济价值,而公鱼和母鱼肉销售困难,即使能销售价格也较低。鱼子酱主要靠出口,国内市场由于没有形成相应的消费习惯,用量微乎其微,没有价格主动权。

14.5.3 产业发展趋势

近年来,得益于天然的资源优势和地方的支持,浙江省衢州鲟产业不断发展

壮大，年出口量不断攀升，5年时间增长了1000多倍。衢州是全国乃至全球最大的鲟养殖和生产基地，产品份额占全国的80%、全世界的20%。2017年，衢州共出口鱼子酱70t，货值达2100万美元，货值同比增长22%，出口再创新高。2017年开拓韩国、黎巴嫩、泰国、摩尔多瓦、沙特阿拉伯5个新出口目标国，不断掘金海外市场。

第15章 2018年安徽特色淡水鱼产业发展现状及趋势分析

15.1 渔业资源条件与产业发展水平

安徽地处"长三角"腹地,辖境面积 14.01 万 km^2,人口 7059.2 万人,与江苏、浙江、江西、湖北、河南、山东等 6 省接壤。全省水域面积广阔,长江、淮河、新安江三大川流横贯省境,流经安徽 430km 的淮河是中国地理、气候、生物、人文等的分界线;长江皖江段流经安徽 400km,是重要的"淡水鱼类基因库"。全省大小河流 2000 多条,总长度超过 1.5 万 km;湖泊 580 多个,总面积为 $1750km^2$,主要分布于长江、淮河沿岸,占全省湖泊总面积的 72.1%;2017 年水域总面积 64.88 万公顷,其中池塘 18.36 万公顷、湖泊 16.38 万公顷、水库 7.75 万公顷、河沟 4.26 万公顷、稻田养殖 8.48 万公顷(图 15.1)。

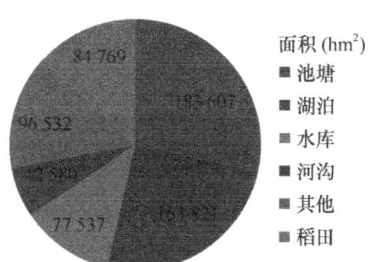

图 15.1 2017 年安徽养殖水域结构分布(彩图请扫描封底二维码)

安徽是内陆水产大省,渔业发展条件得天独厚,为全国重点淡水渔业省份。在全国内陆省份中,常年水产养殖面积位居第 2 位,产量位居第 4 位,渔业经济总产值位居第 3 位。2017 年水产养殖总面积 879 万亩、水产品总产量 240 万 t、渔业第一产业产值 520 亿元、渔业经济总产值 850 亿元,同比分别增长 0.2%、1.8%、4.5%和 5.3%。全省水产品产量万 t 以上主产县 55 个,产量 3 万 t 或产值 5 亿元以上的水产大县 37 个。创建了农业部渔业健康养殖示范县 2 个、水产健康养殖示范场 488 家,水产原良种场国家级 2 个、省级 42 个,无公害、绿色和有机水产品养殖基地 270 多万亩,地理标志保护产品(商标)10 个,2017 年水产品产地监测合格率达到 100%。2018 年，稻渔综合种养发展到 140 多万亩，千亩以上基地 187 个，万亩以上基地 19 个；增产泥鳅、小龙虾等优质水产品 2 万 t，农（渔）民增收近 5 亿元，化肥、农药使用量分别减少 30%、40%以上。现有省级水产龙头企业 37 家、国家级 2 家，水产品加工企业 115 家，2016 年全省加工水产品 26 万 t，加工产值 52 亿元。安徽是"长三角"地区重要的优质淡水产品供应基地，鳜、黄鳝、黄颡鱼、虾蟹、龟类、淡水珍珠鱼年产量居全国第二、三位。探索"三产融合"，休闲渔业蓬勃发展，全省现有规模休闲渔业基地 2000 多家，省级休闲渔业示范基地 181 家、国家级 41 家，2017 年休闲渔业产值达 40 亿元。全省渔业经济运行稳健向好，水产品供应量平稳，大宗水产品价格保持稳中略降，鳜等特色品种价格稳中有升，质量安全良好。

15.2 产业发展现状

15.2.1 养殖区域分布

安徽特色淡水鱼养殖品类涉及广泛，主要有鳜、鲈、鲴、鳡、黄鳝、泥鳅、黄颡鱼等品种。鳜养殖品种以翘嘴鳜为主，兼有大眼鳜、斑鳜、杂交鳜等，养殖区域集中在滁州市、安庆市、池州市、铜陵市、芜湖市、马鞍山市等沿江地区，占总产量的 75%以上，沿淮蚌埠市、淮南市的鳜养殖发展迅速。池州市是大口黑鲈主产区，沿江和沿淮地区发展势头良好。斑点叉尾鲴以滁州市、六安市、淮南市、合肥市等江淮分水岭的皖中为主。鳡以沿淮蚌埠市、淮南市、阜阳市、六安市为重点，全省各地市均有一定的产量。黄鳝、泥鳅养殖集中在安庆市、六安市等地，其中泥鳅养殖在沿淮淮北地区较为普遍。黄颡鱼在安徽中南部普遍养殖。安徽罗非鱼养殖始于 1976 年，养殖区域局限于淮南市、蚌埠市、滁州市的三角地带。鳗、鲟、鲑鳟类也有少部分养殖。

15.2.2 养殖产量

目前，安徽水产品总产量 240 万 t，其中，特色淡水鱼养殖产量 30 万 t 以上。以 2016 年为例，从养殖产量上看，鳜产量近 4.4 万 t，远远满足不了安徽区域鲜活和加工产品的需要；黄鳝、泥鳅、黄颡鱼、鳡产量分别达 4.6 万 t、4.4 万 t、3.5 万 t、3.7 万 t，鲈产量不足 1 万 t，但市场需求旺盛，需要从其他省份产区调入；鲴产量 1.5 万 t，主要依赖中小型水库养殖；罗非鱼产量不足 0.5 万 t，市场需求不高；鳗、鲟、鲑鳟受制于资源条件和加工业带动，有养殖但规模小（图 15.2）。

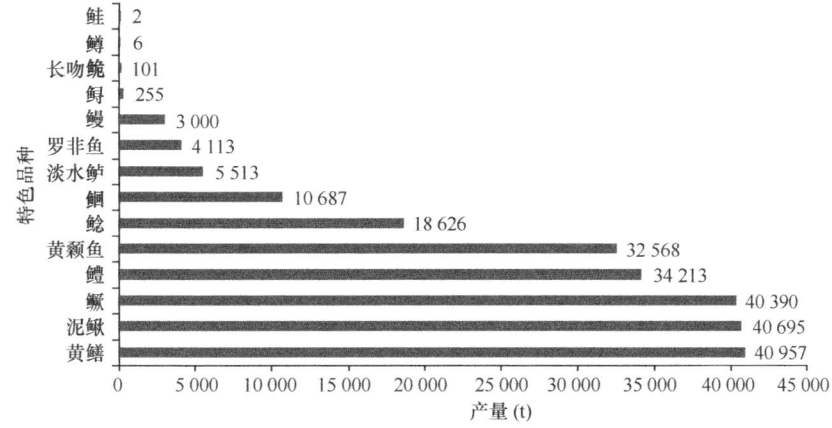

图 15.2 2017 年安徽主要特色淡水鱼产量

15.2.3 养殖模式

安徽省水产养殖业以增强水产养殖综合生产能力、保障水产品有效供给为目标，强化科技驱动，着力发展生态友好型大水面养殖、池塘健康养殖、稻田综合种养和休闲观赏渔业，推进产业转型升级，资源节约、环境友好的绿色水产养殖业有了长足发展。

在大水面增养殖上，针对沿江、沿淮浅水草型湖泊的特点，贯彻净水渔业、生态协同的理念，调查大水面生物量、鱼类种群结构和多项理化指标，核定承载率，广泛采取人放天养、灌江纳苗、捕大留小的措施，合理构建大水面微食物链，大部分大水面保障了水质和生物多样性。

在池塘精养水面上，持续开展渔业健康养殖示范县和水产健康养殖示范场创建活动，通过推广运用生物修复技术，采取种草、投螺、稀放、配养、调水等措施，初步实现经济效益、质量优与环境友好的协调发展，养殖水质达到或好于国家地表水Ⅲ类标准。

在循环流水养殖方面，按照"1+5"的技术模式，每 30~50 亩水面的池塘，建设 3 或 4 个 120m^2 的水槽鱼池，配套建设机械推水、粪污收集、增氧投饵、物联网应用、外塘净化系统，实行养殖精细化管理，实现节能零排、产出高效、产品优质。目前，全省累计建成 79 套，养殖水体 5.6 万 m^3，新增优质水产品产能近万吨。还有近 100 余套正在建设。

在稻渔综合种养上，近年来，通过实施稻渔综合种养双千工程，在稳粮基础上大力发展稻田综合种养，发展较快、面积增倍。2016 年，全省稻渔综合种养面积为 70 万亩；2018 年发展到 140 多万亩，2 年翻一番；预计到年底稻渔综合种养面积将逾 200 万亩。主要养殖泥鳅、黄颡鱼、鳜及克氏原螯虾、龟鳖等。

此外，探索了稻田嵌入循环流水系统（巢湖市）、稻田与池塘轮作轮养（东至县）、借鉴循环流水模式提升山泉流水养鱼系统（休宁县）等方式方法，取得了比较典型的经验。

15.2.4 水产品加工

安徽水产品加工涉及鳜、鲈、斑点叉尾鮰、鳗、鲟、鲑，以及鳊、青鱼、虾蟹、龟鳖等品种，种类包括鲜腌制品、分割冷冻产品、烘干产品、发酵产品、佐餐酱制品、休闲食品等。现有综合养殖与加工国家级龙头企业——安徽富煌三珍食品集团有限公司、明光市永言水产（集团）有限公司，合肥市、黄山市、滁州市、阜阳市、六安市、马鞍山市等地为特色淡水鱼产品加工集聚地。其中，黄山市是安徽地方风味加工水产品鲜腌鳜（臭鳜）的原产地和主产区，规模以上加工企业年加工产值15亿～20亿元，此外还有餐饮业和家庭手工作坊，产值5亿～8亿元。合肥鮰加工、六安鳗加工、阜阳鲑加工、宣城鲟加工等也有一定的市场影响。

15.3　产业特点及存在问题

目前的社会主要矛盾是人民日益增长的美好生活需要和不平衡不充分的发展之间的矛盾。具体到水产养殖业上，则体现为优质安全的水产品供给不能满足人民日益增长的需求。

总体判断，安徽特色淡水鱼产业正如同它的工业、农业等产业经济一样，虽然种质资源、养殖品种资源、养殖条件与环境资源丰富，但生物多样性和优良生态环境没有充分转化为产业资本和产业经济优势。养殖品种多，但集中度弱；产业覆盖面大，但不强；发展模式有创新，但精益程度差；产业链条完整，但加工水平不高。

具体来看，特色淡水鱼特质是高值化、优质化、外向化，与大宗水产相比，由于其蛋白优质、出肉率高、必需氨基酸丰富、质构性好，以及生理特点、生物学特性和养殖成本、供给总量、市场需求等构成与影响价格的多因素作用，特色淡水鱼类多居于消费的高端，但同时特色淡水鱼类对资源依赖的强度又高于其他鱼类，例如，鳜对活饵料鱼的依赖传导到对配套养殖的池塘土地的高强度依赖，鲈、鳢养殖依赖冰鲜野杂鱼的资源供给且会对水体环境造成外部负效应。黄鳝、泥鳅养殖更多地依赖自然资源以维持产业的持续。鮰、罗非鱼、鳗、鲟又突出地表现出对外贸市场的出口依赖。

安徽特色淡水鱼养殖技术还表现出一系列的脆弱性，鳜苗种生产由国家鳜遗传育种分中心、省级良种场等支撑，但远不能满足本地需要，同鲈、鲖、鳢等苗种一样，需要部分或绝大部分从省外购进。个体亲鱼间的遗传相似率、遗传距离、多态位表现出亲缘关系近，以致遗传多样性降低、种质退化、体型体色差异大、生长性弱、抗逆抗病性能差。鳢亲本间性腺发育不同步、繁殖温度不一、配对困难，催产率、受精率和孵化率不高，生长速度低、抗寒能力差、发病率高、运输成活率低。斑点叉尾鮰后代体色分化、体型变化、生长速度减缓，早熟、抗逆力差、发病率高、放养鱼种参差不齐规格偏小，加工出肉率下降。黄鳝、泥鳅的繁殖生物学、规模化繁育技术体系和规模化苗种供给没有得到实质性突破。此外，在特色淡水鱼的不同品种、同一品种不同生长阶段的营养需求，蛋白质、糖类、脂类营养调控机制和饲料原料生物利用率，抗应激、抗氧化、增强免疫、诱食等添加剂技术，营养饲料与品质改善关联的绿色饲料，投喂与生长生理的关联，病害诊断、病害免疫、综合防控、新型渔药和对症用药，亟待技术对策、扩大示范推广。特色淡水鱼养殖模式单一，设施化水平不高，水质处理办法简单，养殖空间没有得到充分利用。

特色淡水鱼保鲜、加工和质量安全依然是产业链中的短板。特色淡水鱼产品多以鲜活销售为主。活鱼带水运输存活率低、机械损伤、成本高的问题突出；预制调理加工产品保鲜、贮藏、速冻、解冻、减菌多坏节品种控制成效不明显，加工产品多样性与副产物利用单调；突破市场门槛和技术壁垒的主要药物残留监控评估技术急需构建。特色淡水鱼产业经济风险缺乏预警、控制和反馈，产业发展受到自然和市场双重风险影响，市场信息不对称，本地或国内区域消费市场价格波动、要素市场变化、相关产品市场变动、产业政策环境都决定性地影响特色淡水鱼产业的健康和可持续发展。

在生态文明建设力度加大、节奏加快的形势下，养殖行业整体上对绿色发展思想认识的滞后问题突显，企业和从业经营主体适应绿色发展的战略主动性不够、经营战术措施不多；产业基础设施建设长期欠账，尾水净化等环保问题突显；科技支撑能力不足的问题突出，大水面增殖渔业、池塘健康养殖等技术研发滞后于水产养殖业绿色发展的需求。

15.4　产业发展趋势

在环境治理的政策背景下，大水面、水库回归于生态和水资源保障功能，"三网"（围网、栏网、网箱）全面取缔，捕捞严格受限，为了保障市场供需均衡，一方面池塘养殖产量贡献的压力加大，另一方面优质化、高值化的特色淡水鱼养殖比例增大。同时，不同类型大水面在生态、生产、生活上如何区别对待，是地方政府、渔业界提出的现实性、发展性问题。

在冰鲜鱼来源制约和池塘养殖面积制约下，需要拓展饵料鱼养殖和供给的方式与途径，提高饵料鱼养殖效率，养殖环节的上下游之间协作分工、专业运作、合理匹配，同时饵料鱼的饲料替代必然得到密切地关注。

在池塘的人工养殖环境下，对抗耐性、丰产性苗种的需求加大，对关键性、轻简性、适应性健康养殖技术体系的要求加强。特别是池塘内流水槽循环流水与工厂化、集约化等高强度养殖技术和系统的应用快速发展，池塘功能分区、适宜性苗种的主养与搭配、外塘对剩余物质和能量的消纳并最大限度地实现经济价值、尾水排放对外部造成的环境负效应最小化、产量与质量的同步保障等一系列技术成为迫切要求。

在新兴消费主体和新兴业态主导下，中青年消费出现品质化、便捷化、多元化、时尚化的趋向，对特色淡水鱼的产品形态提出了十分丰富的需求，市场末端资源型供给和消费下降成为必然，改变储运和加工在产业中大头小尾的格局成为必然，并且在快速城市化的进程中，渔业文化、渔业休闲旅游、渔业产业体验参与成为新的消费趋势。

15.5 产业发展建议

坚持生态优先、绿色发展的理念。以推进渔业供给侧结构性改革为主线，以满足人民对优质安全水产品和优美水域生态环境的需求为目标，加快推进水产养殖业由数量型向质量效益型转变。

突出生态保护，优化产业布局。加强养殖水域滩涂规划编制工作，科学规划并合理划定禁止养殖区、限制养殖区和养殖区，内陆地区因地制宜确定大水面增殖、池塘养殖、稻渔综合种养等生产布局，稳定基本的养殖水域。牢固树立环保意识、绿色渔业发展意识和渔业可持续发展意识，从根本上改变和提升渔业养殖方式，促进绿色发展。开展渔业生产的法律和规章制度研究，规范渔业生产的许可制度，从顶层设计上规范养殖经营行为。进行科学论证，针对湖泊功能区划的需求，合理开展养殖、限制养殖与禁止养殖的规划，反对"一刀切"的做法。加大渔业养殖的正面宣传，转变观念，开展水域养殖容量的科学论证，摆正位置，促进绿色发展。

突出绿色高效，推进水产养殖业转型升级。积极开展绿色养殖技术推广和水产养殖从业者的技能培训，开展专家下基层活动，积极指导当前渔业转型的工作。突出绿色发展，加快推动形成水产养殖业健康发展的生产方式、产业结构。针对环境治理和产品质量要求升级，要以水产养殖尾水治理为重点，研究池塘等典型养殖模式对水体环境的影响、互作过程和生态效应及养殖生物对环境的作用机制，建立养殖容量和轮作养殖制度。集成、传导和推广环保、成本节约、有效、模块化技术与装备，推进池塘养殖、设施养殖和工厂化养殖用水的再循环再利用，加强养殖水域环境监测，健全水产健康养殖生产管理体系。当前环保压力很大，养殖面临新的挑战。部分养殖区域造成了污染，然而其危害程度缺乏数据，水产养殖成了环保整治的牺牲品，制订不同养殖模式的标准、制订尾水排放标准并建立规范化养殖规程刻不容缓。按照先试点再推广的方式，大力开展特色鱼类池塘标准化养殖小区建设，实现养殖尾水达标排放。加大对尾水治理工作的指导、技术支持和项目资金支持。内陆地区要重点发展池塘渔业，大力推进池塘标准化改造，建设以尾水资源化利用为主导的净化配套设施，推广池塘循环水、工厂化循环水等养殖技术；全面推进大水面生态友好型增殖渔业发展，依法有序推进湖泊、水库退网还湖（库），根据养殖水域滩涂规划和资源状况，科学确定品种结构和放养密度，发展净水渔业。推进稻渔综合种养发展，坚持政府引导、农民主体、市场导向、多元投入，着力发展具有地方区域特色的品牌化稻渔综合种养产业，着力推进稻渔综合种养与加工流通、休闲旅游等产业的融合，推进稻渔综合种养产业提档升级。大力推进设施装备现代化。支持建设养殖物联网等设施，推动互联网、大数据、人工智能技术和水产养殖生产深度融合。

突出科学发展，推进水产养殖技术升级提升。重点研发具有重要抗病抗逆性状的水产新种质，试验示范主导养殖优良品种亲体培育、高效制种和幼体中间培育技术，辅之以营养调控和生物性、低毒性、高效性疫病防控。苗种是关系产业发展的关键，目前市场的苗种鱼龙混杂，各种苗种充斥市场，缺乏有效的监管和检查，给养殖户带来极大的养殖风险。养殖呼唤良种，应开展良种的提纯复壮而不是一味去开发新品种。渔药市场管理不规范。药品、非药品市场混乱，从事渔药经营者素质不高，盲目用药、乱用药的情况十分严重，缺乏正确的指导。积极推进"政产学研推"联合，整合资源，内陆地区要重点在现代种业、大水面渔业生态环境修复、增殖渔业、池塘健康养殖、稻渔综合种养等方面开展协同攻关；强化水产技术推广体系建设，加快渔业科技成果转化、应用、推广。

总之，随着改革开放40年来的发展、摸索和认知，水产养殖乃至从池塘到餐桌的水产产业绿色发展逐渐浮出水面，目前在不同程度上迅即覆盖水产养殖业。响应从上而下的政策，解决水产养殖的外部负效应，协调绿色粮仓均衡供给与质量保证，解决生产内部效益与外部效益最大化的矛盾，追求代内与代际发展的公平与可持续，需要根本性的制度安排：其一，全行业的高度认知；其二，水产养殖生产基础的系统升级和功能完备；其三，科技领域基础性、应用性的创新跟进、储备和支撑；其四，技术（产品）服务、金融服务、法律（规）服务的成本控制和效果的显著提高。

第16章 2018年福建特色淡水鱼产业发展现状及趋势分析

福建特色淡水鱼产业发展过程中，除罗非鱼、鳗养殖规模和产量在全国排名靠前外，其余品种养殖规模与国内其他省相比较小，且在省内的养殖比较分散，不具规模。

16.1 罗非鱼产业发展现状分析

16.1.1 产业发展现状及存在问题

1. 市场价格不景气，养殖规模缩减

在淡水养殖鱼类中，罗非鱼逐渐成为福建特色淡水鱼养殖优势品种之一，不仅是福建省水产品出口创汇的支柱性产业，还进入了福建省"十二五""菜篮子"工程。但近年来，在全球经济增长放缓、国际出口市场不景气、国内消费市场开拓困难等多诸多因素的影响下，罗非鱼市场价格持续低迷，出现了养殖收益偏低甚至亏本现象，这严重打击了养殖户信心，使得投苗积极性降低，导致全省罗非鱼养殖面积、产量略有缩减。根据2014~2016年《福建省渔业统计年鉴》分析，福建省近三年来的罗非鱼养殖产量占全省鱼类养殖总产量的比例一直稳定在18%左右。

2. 加工企业减少，国内销售力度增加

福建省养殖的罗非鱼一方面被加工企业收购，另一方面通过活鱼运输的方式销售到北方地区。受福建当地消费生活习惯的影响，当地罗非鱼市场消费量非常有限，再加上市场出口行情不好，加工企业减少罗非鱼收购量甚至停止收购或开始转产，使得部分有能力的养殖合作社、产销大户加大了活鱼北运的力度，同时利用互联网信息积极拓展网上销售渠道，出售的产品以粗加工的冰鲜产品为主。

3. 养殖区域相对集中，生态健康养殖逐渐被重视

福建省罗非鱼养殖区域主要集中在闽南的漳州地区，其中又以龙海市、漳浦县和长泰县养殖居多，养殖产量约占全省罗非鱼养殖总产量的50%。养殖模式依旧以池塘精养或混养和小山塘水库养殖为主，养殖主体仍然是比较分散的个体养殖户，养殖规模相对较小，产业化程度低，养殖设施装备等基础设施相对滞后，质量安全隐患仍然存在。但随着国家对生态保护的重视，养殖户开始逐渐重视生态健康养殖及产品质量安全，主动降低养殖密度，错开上市时间，提高商品鱼上市规格和质量，一些文化技术水平较低的从业者，逐渐被淘汰。

4. 种业基础薄弱，产业化水平低

福建省罗非鱼养殖品种仍然以吉富罗非鱼品系为主，其次为"鹭雄1号"罗非鱼、奥尼罗非鱼及彩虹鲷。苗种来源以本地苗种为主，部分来自海南、广东等地。但福建省罗非鱼苗种生产仍然以个体户等小作坊为主，这些个体经营者生产设施简陋，缺乏引种渠道和保种选育手段，本地苗种质量参差不齐，价格低廉，排挤压缩了罗非鱼良种的推广，部分罗非鱼良种场因生产经营压力，缩小了罗非鱼苗种生产规模甚至停止苗种繁育生产。

5. 链球菌病害依然严峻，防控意识增强

今年罗非鱼主要病害仍然是较为严重的链球菌病，近年来养殖户对此病害认识逐渐加深，防控意识得到增强。在高温发病前期做到早预防、发病时及时处理，降低了罗非鱼链球菌病的发病率和死亡率，总体趋于缓和，发病率为30%~40%，除个别养殖场管理不善导致死亡率较高外，其余死亡率普遍小于10%。

16.1.2 产业发展趋势

1. 市场价格趋稳微升，面积、产量继续减少

自2013年以来，罗非鱼市场价格持续下降走低，直到今年上半年全国淡水水产品价格突然走高，罗非鱼市场价格也小幅上涨，但随后又持续下降，到11月，漳州主产区罗非鱼塘口价在8.4元/kg左右波动，使得罗非鱼投苗量继续下降，即使有些养殖户投苗，也是大幅降低放养密度，或者转变成套养罗非鱼的养殖模式。总体来看，今年罗非鱼市场价格高于去年，但由于整体市场不景气、竞争激烈、投苗量下降，预计明年福建省罗非鱼养殖面积、产量将继续下降，市场价格将趋稳微升。

2. 国内市场销售多样化发展

随着罗非鱼国际市场销售遇阻受挫，罗非鱼加工企业缩减、转行的发展趋势，将倒逼一些企业主动去开发国内销售市场。福建省罗非鱼销售商一方面将积极拓展罗非鱼的北方销售市场，加大活鱼运输销售量；另一方面将利用发达的互联网信息技术开展线上销售，销售产品将根据消费者的需求变得更加多样化。

3. 生态健康养殖模式进一步优化

目前，国家对生态文明建设非常重视，保护生态环境这一理念逐渐深入人心，人民对生活质量的要求越来越高，生态、健康、安全食品被人们所重视。在福建省罗非鱼传统主产区，罗非鱼养殖也将由高产量向高质量、高效益方向发展，现有的多品种生态混养模式将进一步优化和扩大，商品鱼的规格和质量将得到提升，养殖从业人员的文化水平整体将会提高，一些文化技术水平较低的从业者逐渐被淘汰。

4. 良种推广在艰难中前行

福建省具有资质的罗非鱼良种企业非常少，其规模化生产程度不高，良种的推广能力和力度有限。在罗非鱼市场价格整体不好、投苗量下降、非正规苗种个体户降低销售价格的情况下，正规罗非鱼良种生产企业产出的苗种很难大量销售推广，企业的生产经营面临困境，良种推广艰难前行。

5. 病害防控意识增强

每年罗非鱼链球菌病都会给罗非鱼产业带来严重的经济损失，面对年年暴发的罗非鱼链球菌病，少数养殖户退缩了，改养其他鱼种，但大部分的养殖户逐渐认清了病情，防控意识逐年增强，能够做到早预防，提前做好应对措施，有效降低了罗非鱼链球菌等疫病的暴发，保障罗非鱼养殖产业的持续健康发展。

16.1.3 产业发展建议

1. 推进良种繁育体系建设，稳定良种生产供应

罗非鱼苗种生产技术门槛较低，分散经营的个体户在市场行情好的情况下大量生产罗非鱼苗种，这些苗种质量参差不齐，却占据了一定的市场份额，再加上苗种价格低于正规企业生产的良种，严重扰乱了供应市场，导致良种生产企业经营压力增大，研发动力减弱，良种繁育生产受到影响。因此，应提高罗非鱼苗种生产经营门槛，加强苗种生产经营管理，加快良种规模化繁育体系建设，降低成本，提升市场竞争力，稳定良种生产供应。

2. 积极拓展国内销售市场

福建养殖罗非鱼除被加工企业收购后进行出口外，国内市场以活鱼销售为主，且大部分被运输到北方地区，而目前活鱼运输成本较高、距离有限，并且存在一定的风险。因此，需要研发低成本、高效率的活鱼运输技术，降低运输风险，进一步拓展国内市场；同时积极利用"互联网+"技术，拓展线上销售，开发更多的销售产品品种，以满足不同消费者的需求。另外，利用媒体媒介，多方面多渠道加大罗非鱼消费宣传力度。

3. 提质增效，推广生态健康养殖

紧紧围绕国家"十三五"提出的"提质增效"的战略号召，在保护生态环境的大背景下，应加强罗非鱼生态健康养殖示范、引导，加大技术培训和宣传力度，依据当地水土资源和气候条件调整养殖模式、优化养殖环境、推广符合本地环境和产业特点的健康养殖方式，使罗非鱼养殖更加规范化、科学化，进而促进罗非鱼养殖产业持续健康发展。

4. 加强重要疫病防控技术研究

罗非鱼病害的侵扰直接关系养殖经济收益，也关系产品质量安全问题，加强对罗非鱼重要疾病及防控技术研究，完善罗非鱼重要疫病防控技术方案并组织实施，以期为罗非鱼病害防控提供技术支撑，减少损失。

16.2 鳗产业发展现状分析

16.2.1 产业发展现状及存在问题

1. 养殖规模稳步增长，市场价格偏低趋稳

福建省是鳗养殖和出口大省，产量仅次于广东省。根据 2014~2016 年《福建省渔业统计年鉴》分析，鳗养殖面积约占全省鱼类养殖总面积的 4%，养殖产量约占全省鱼类养殖总产量的 12%。福建省鳗养殖相对集中，主产区分布在福州市的长乐区和福清市，其产量占全省总产量的 40% 以上；其次为南平市，占全省总产量的 15% 左右。2018 年由于城市发展建设需要，主产区长乐的鳗养殖场在减少，部分养殖场在向福建省西北内陆山区转移，预计 2019 年福建省西北内陆山区鳗养殖产量会进一步增加。福建省商品鳗 90% 以上依赖出口，出口产品单一，主要为烤鳗、活鳗；主要出口到亚洲地区，其中日本一直占据鳗市场的主导地位。根据 2018 年调研情况，鳗出口价格是：规格 4~5P 的为 9 万~9.2 万元/t，3P 的为 8.8 万~9 万元/t，2.5P 的为 8 万~8.6 万元/t，菜鳗约 6.1 万元/t，与 2016 年相比市场价格波动不大，整体偏低趋稳。

2. 鳗苗依靠捕捞，自然资源有限

目前，鳗苗生产仍然依靠自然捕捞，且产量具有很大的不确定性。2009 年

欧洲鳗被列入《濒危野生动植物种国际贸易公约》的附录，那么日本鳗和美洲鳗也有可能被列入该公约保护名录。另外，根据 2014~2016 年《福建省渔业统计年鉴》分析，连续三年鳗苗的捕捞量从 8345kg 降低到 6363kg。2018 年至今，鳗苗捕捞量远远少于往年，其市场价格波动幅度较大，鳗养殖可持续发展前景堪忧。

3. 养殖品种单一，水资源消耗大

全球鳗品种有 19 种，可进行人工养殖的约有 5 种，主要包括欧洲鳗、日本鳗、美洲鳗、花鳗和双色鳗，但养殖技术比较成熟的依旧是欧洲鳗和日本鳗。如今福建鳗养殖主要品种为美洲鳗，其次为日本鳗和欧洲鳗，其他品种如花鳗、双色鳗养殖较少。养殖模式主要是水泥池精养和土池养殖，养殖过程中存在能耗较大、水资源消耗大、尾水处理困难等问题，需要开展高效环保的循环水养殖新模式，目前在福建内陆山区有少数鳗养殖场已尝试开展工厂化循环水养殖鳗。

16.2.2　产业发展趋势

1. 市场价格稳中回升，养殖成本、产量继续增长

近年来，鳗市场价格持续走低，但今年总体处于趋稳回升的态势。由于全球鱼粉价格持续升高，鳗饲料价格上涨，鳗养殖成本逐渐增加。目前，虽然福建省鳗养殖主产区一些养殖场因城市发展需要被拆除，但不少鳗养殖企业逐渐向福建省西北内陆山区转移建厂，全省鳗养殖面积和产量将持续增长。

2. 鳗苗产量下降，价格升高，投苗量减少

据悉，今年 12 月鳗苗捕捞季节开始，我国传统的鳗苗捕捞地浙江温州、福建霞浦及长乐和台湾等地鳗苗捕捞量远少于往年，鳗苗自然资源面临严峻考验。由于鳗苗捕捞量减少，其流通价格维持高水平，预计今年投苗量要少于往年。

3. 养殖品种、模式主体变化不大，新品种养殖加快发展

目前，在鳗苗人工繁育未能突破的前提下，鳗苗自然资源是左右鳗养殖业发展的首要因素。可能由于今年我国大陆和我国台湾地区鳗苗捕捞量下降，福建省日本鳗的投苗量将大幅减少，其产量也会维持较低水平；而欧洲鳗由于受到国际《濒危野生动植物种国际贸易公约》的保护，投苗量和产量也将维持较低水平。因此，预计福建省鳗养殖品种仍以美洲鳗为主，其次为日本鳗和欧洲鳗，养殖模式仍以水泥池和土池为主，高效环保循环水养殖鳗将得到进一步发展。另外，其他鳗养殖品种如花鳗、双色鳗养殖技术也将有所突破。

16.2.3 产业发展建议

1. 加强鳗苗捕捞监管，保护鳗苗资源

如今鳗苗人工育苗技术还未突破，天然鳗苗资源就成为鳗产业赖以发展的唯一关键。保护鳗苗资源，对促进鳗产业可持续发展弥足重要。我们应进一步加强鳗苗捕捞监管，加强鳗苗繁育水域生态环境管理，为鳗苗繁育提供好的生态环境；严格执行鳗苗捕捞许可证制度，每年限额捕捞鳗苗，推迟鳗苗的开捕期，保护鳗种质资源；加强鳗苗进出口管理，严格审批鳗苗进出口；积极研发鳗苗人工繁育技术。

2. 扩大鳗养殖品种，加强质量安全监管

全球鳗品种有19种，而能够做到规模化养殖的只有日本鳗、欧洲鳗、美洲鳗，其余品种养殖技术还不成熟。在当前日本鳗苗资源大幅下降，欧洲鳗列入《濒危野生动植物种国际贸易公约》禁止出口的背景下，应积极开发其他鳗养殖技术，扩大鳗养殖品种，开创养殖新模式。推进鳗生态健康养殖技术研究，做好养殖水域生态环境建设，从养殖生产技术、产品质量监测等方面加快鳗产业规范化、标准化进程，完善鳗质量安全监管建设。

3. 开发国际新兴市场，增强定价话语权

我国鳗产业是一种典型的严重依赖国际市场的出口型产业，并且出口市场相对单一。福建鳗制品主要出口目标国为日本，日本通过贸易壁垒形成买方数量、价格垄断控制机制，导致我国在国际市场上缺少定价权。因此，应借助国家"一带一路"战略构想，从全球范围内寻求和开拓新兴市场，从而实现市场多元化的国际营销战略，使我国鳗产业持续健康发展。

4. 开拓国内鳗产品消费市场

鳗含有较高的二十碳五烯酸（EPA）和二十二碳六烯酸（DHA），是补充人体必需脂肪酸和氨基酸的理想食物，其营养价值远高于普通鱼类。我国人口众多，消费市场潜力巨大，鳗养殖产业应加强拓展国内市场，积极推广鳗消费，逐渐形成中国人自己的鳗文化，将产业兴衰的命运掌握在自己手里，才是产业存在和发展的关键。

第17章 2018年江西特色淡水鱼产业发展现状及趋势分析

17.1 产业发展现状及产业特点

2016年，江西省特种水产品产量92.50t，比上年增加4.90t，增长5.59%。其中，泥鳅10.28万t，比上年增加0.67万t；黄鳝10.58万t，比上年增加0.24万t，增长2.3%；鳜6.46万t，比上年增加0.22万t，增长3.53%；黄颡鱼6.16万t，比上年增加0.39万t，增长6.76%；鮰只有2.62万t，比上年减少0.01万t，减幅0.38%；鲈2.47万t，比上年增加0.13万t，增长5.56%；鳗1.73万t，比上年增加0.06万t，增长3.59%；乌鳢8.17万t，比上年增加0.59万t，增长7.78%。

17.2 产业存在问题

1. 泥鳅

产业发展快，规模化基地多。台湾泥鳅养殖多，但肉质比不过本地泥鳅，大大的个头，老百姓难以接受，所以很多养殖户把台湾泥鳅养到本地泥鳅那么大，就开始出售。本地泥鳅的繁殖选育未能取得很大的突破。

2. 黄鳝

该省黄鳝人工繁殖技术未能突破，苗种依赖于省外购买，价格波动大。小杂鱼饲料拌喂，易导致病害和营养过剩。

3. 鳜

苗种问题表现为广东出苗种早，购买的苗种成活率较低，可能携带疾病。饵料鱼的供应和配合饲料驯养是另一大问题。鳜养殖以套养和网箱养殖为主，正在取缔网箱养殖，可能会对鳜产量有一定的影响。

4. 黄颡鱼

普通黄颡鱼苗养殖后大小分化严重，而全雄黄颡鱼苗种价格较贵，本地全雄苗种繁育技术未能取得突破，依赖于省外购买。该省缺乏可供应的黄颡鱼苗种，普通苗种繁殖也较少，虽然养殖黄颡鱼有稳定的利润，但连片规模化养殖的还是不多。

5. 鮰

近年来鮰养殖规模逐渐变小，产业严重萎缩，有些鮰加工厂也已改行，主要原因是鮰出口受限，销售渠道不畅，依靠外地市场（以供应四川、重庆为主），市场行情较差。

6. 鲈

本地鲈销量越来越大，而养殖规模较小，主要原因一是鲈的配合饲料尚未完全推广开，依赖于饵料鱼的供应；二是各地正逐步取消网箱养殖。

7. 鳗

一是欧美鳗苗种的进口问题，苗种是鳗养殖的第一大瓶颈，鳗为江西省出口龙头产品，苗种稀缺，主要从国外引进，近年来，欧洲鳗禁止出口，我国鳗养殖慢慢转向美洲鳗和双色鳗。二是地方政府无税收，所以鳗养殖产业得不到很大的推动。三是近年受国际局势的影响，成品鳗出口下降。

8. 乌鳢

市场行情不好，价格不稳定，目前价格偏低，利润低，与广东相比无竞争优势。乌鳢喂养主要通过小杂鱼与饲料打浆，对水质污染严重。苗种来源困难。

17.3 产业发展趋势

江西省鳝、鳅产业呈稳中有增的趋势；鳜产业呈稳中递增趋势；黄颡鱼产业稳中有增；鮰产业呈下滑趋势；鲈产业呈稳中递减趋势；鳗产业呈稳定的趋势；乌鳢产业呈稳中递增趋势。

17.4 产业发展建议

（1）本地泥鳅、特色泥鳅的驯养繁殖。江西水域面积广阔，需突破本地黄鳝苗种繁育技术。

（2）提高鳜繁殖技术，使本地出苗能更早些；同时开展鳜配合饲料驯养技术研究。

（3）省内开展乌鳢疾病治疗与防治技术、苗种繁育技术研究，提升市场价值。

（4）江西需尽快突破黄颡鱼（全雄）苗种繁育技术，完善黄颡鱼卵黄苗供应交流及苗种培育技术。

（5）鲴疾病治疗与防治技术、鲴苗种繁育技术需进一步研究。

（6）加大力度开展鲈苗种繁育技术、疾病治疗与防治技术、鲈配合饲料与驯化养殖技术研究。

（7）政府组织企业集中攻破鳗苗的引进问题。

第18章 2018年湖北特色淡水鱼产业发展现状及趋势分析

18.1 产业发展现状及存在问题

18.1.1 产业发展现状

湖北省地处长江中游，素有"千湖之省"的美誉，水域面积2500多万亩，居全国第一，省内有176种鱼类、164种水生植物，在国内首屈一指。优越的气候条件、丰富的水资源和渔业资源，为湖北省的水产业发展创造了有利条件；湖北省作为全国主要的淡水鱼产区，特色水产品发展迅猛，主要养殖品种包括斑点叉尾鮰、鳜、黄鳝、黄颡鱼、泥鳅、鲟、鳢、鲈。近年来，湖北省渔业生产稳步发展，持续向好，这得益于高度重视并加强特色淡水鱼产业生产与管理、加强水产原良种体系建设、开发和选育名优新品种、提高水产苗种质量等措施。

1. 良种供应能力稳步提高

全省现有水产苗种生产企业384家，包括全国现代渔业种业示范场5家、国家级水产原良种场10家、省级水产原良种场58家，生产品种涵盖特色淡水鱼中黄鳝、泥鳅、虾、中华绒螯蟹、鳜、黄颡鱼、乌鳢、鲟、鲶、鲌、斑点叉尾鮰、长吻鮠、鲈、鳡、鲴等30多个种类。湖北省在保障自身水产品养殖需要的同时，还为外省提供了大量且优质的水产苗种（以大宗淡水鱼为主）。

2. 品种选育、引进和繁育技术水平显著提升

湖北省充分发挥"产学研"一体化平台作用，依托当地权威渔业科研院所和水产种业龙头企业，大力开展渔业新品种选育、引进和繁育技术研发。成功培育和推广了黄颡鱼"全雄1号"、杂交鲌"先锋1号"等水产新品种，引进和推广了斑点叉尾鮰、罗非鱼、鲟等国内外优良品种，攻克了鲌、鳜、鲶、中华倒刺鲃、齐口裂腹鱼、黄鳝等品种的人工繁育技术，对优化湖北省特色养殖品种结构和提高渔业生产效益发挥了重要作用。

18.1.2 产业存在问题

1. 特色水产养殖品种结构尚待进一步优化

近年来,"池塘虾蟹混养""池塘网箱养鳝""池塘专养泥鳅""池塘专养鳜"等一批新的特色品种养殖技术模式的成熟与推广,以及养殖特色品种的"高产出、高收入"效应不断显现,推动了湖北省特色品种产业迅速发展。

特色品种产业的迅速发展较好地推动了湖北省渔业的质效提升。2016年,河蟹、黄鳝、泥鳅、鳜、淡水鲈、黄颡鱼、斑点叉尾鲴的具体详情见表18.1。

表18.1 2016年湖北省特色品种养殖效益

	养殖面积(万亩)	总产量	平均单产(kg/亩)	纯收入(万元/亩)	需求量缺口(万t)
黄鳝	5~66	400万t	85	0.4	50
河蟹	无~100	20万t	750	1.0	30
泥鳅	0.5~12.4	4.38万t	1500	1.5	30
鳜	不可计~11.3	4.5万t	500	0.8	20
淡水鲈	0~0.4	1.5万t	400	1.0	30
黄颡鱼	11.7	9万t	550	1.5	40
斑点叉尾鲴	13.34	24万t	450	0.9	1.8

近年来,尽管湖北省的特色水产养殖取得了较大的发展,但全省水产养殖品种结构同质化现象严重,特色化、差异化发展不足。各类水体养殖的品种结构绝大多数趋同,几乎都是主养青、草、鲢、鳙四大家鱼,套养鲤、鲫、鳊这一结构模式。这种养殖品种结构,以池塘收益为最高,亩均纯收入一般为1000~1600元,养得好的在2000元左右。在劳动力价值不断上涨的今天,这样的收益水平吸引力已不大。而池塘专养蟹、鳝、鳜等特色品种亩均纯收入为3000~8000元,养得好的可超过万元。2016年湖北省淡水养殖总产量为452万t,大宗淡水鱼的产量与特色淡水鱼的产量对比如图18.1所示。

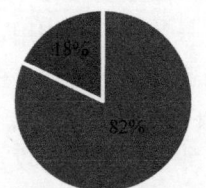

图18.1 大宗淡水鱼与特色淡水鱼产量占比(彩图请扫描封底二维码)

造成养殖品种特色化、差异化发展不足的主要问题有两个，一是渔民习惯于养殖传统的四大家鱼，对特色品种不会养、不敢养、不愿养；二是受种业基础薄弱、资金投入较大等因素影响，特色品种养殖的推广难度较大。

2. 特色水产种业自给能力仍严重不足

当前，湖北省特色产业的主要养殖品种有小龙虾、河蟹、黄鳝、泥鳅、鳜等，除小龙虾种业在省委省政府的高度重视下已得到较好解决外，其他几个品种种业发展严重滞后，已经威胁到特色产业的健康可持续发展。2016年，特色淡水鱼品种部分苗种产量及缺口见表18.2。

表18.2 特色淡水鱼品种部分苗种产量及缺口

	苗种产量（万尾）	缺口（亿尾）
黄鳝	7000	9
泥鳅	3200	4.5
鳜	1200	2

同时，野生资源过度开发利用，导致有的品种苗种资源匮乏，甚至无苗可养。例如，湖北省黄鳝产业长期依赖"买全国"，把全国各地的野生苗种买回来进行养殖。但是随着网箱养鳝技术的推广和养殖规模的不断扩大，依靠野生黄鳝苗种发展养殖已难以为继，带动黄鳝苗种价格直线上升，从2010年的30元/kg涨到2016年的54元/kg，涨幅大，严重影响渔民收益。

目前，外购仍是解决湖北省特色产业苗种的主要途径。2011～2016年，湖北省用于外购河蟹、黄鳝、泥鳅、鳜等4个特色品种苗种的资金总额累计高达252.4亿元，年均50亿多元，并呈增长态势。外购苗种不仅使有限的生产资金大量外流，更为重要的是苗种质量无法保障。外地蟹农普遍将质量上好的头道苗或规格整齐苗自留，导致湖北省所购蟹苗规格参差不齐、质量低下。同时，经过长途运输的蟹苗存活率不到50%，购回的蟹苗在本地养殖还需要长达半个月的适应期才能开始正常生长。

3. 水产苗种质量参差不齐

目前，部分水产苗种生产企业环境条件差、技术工艺落后、生产设施陈旧，苗种质量参差不齐；苗种生产企业重繁轻育现象比较突出，对引进亲本质量把关不严，亲本更新和培育工作急需加强；较多企业仍停留在生产和销售水产品种孵化出来不久的"水花"苗种，较大规格的苗种供应严重不足，苗种存活率不高。因此，必须大力做好繁育设施改造、水产亲本培育、苗种生产监管等工作。

4. 特色淡水鱼产业体系建设有待进一步加强

目前，全省现有水产苗种生产企业384家。全省规模以上水产品加工企业135家，其中国家级龙头企业10家，省级70家，出口注册企业24家。水产品加工能力达到174万t，中国淡水产品交易中心落户荆州，建成各类水产品批发市场318个，年交易能力超过810万t，基本形成"买全国、卖全国"的流通网络。水产品电子商务年交易额超过13.4亿元。已创建全国休闲渔业示范基地29家，休闲渔业总产值90.5亿元，年接待休闲人数2271万人次，安排就业10万余人。品牌建设成效显著，成功打造"潜江龙虾"、"楚江红"小龙虾、"梁子"牌梁子湖大河蟹、"洪湖渔家"生态鱼、"武昌鱼"和"荆江黄鳝"等品牌，全省现有中国驰名商标10个，中国名牌农产品4个，湖北著名商标39个，湖北名牌产品25个。截至2016年，累计创建部级水产健康养殖示范场516家，省级512家，创建洪湖、蕲春、公安、京山4个农业部渔业健康养殖示范县；完成无公害水产品产地认定736家，产品认证1582个，认定认证总数处于全省农业和全国内陆省份前列。虽然湖北省已经拥有了一批国家级和省级水产原（良）种场、遗传育种中心、水产种质资源保护区及渔业种业示范场，特色淡水鱼产业体系也已初具规模，但从数量、技术水平、生产能力等方面，与建设现代水产种业的要求，还有一定的距离。

5. 水产育种研发与生产结合薄弱

目前，水产育种科研中对主要养殖生物种群遗传结构与变异、特异性遗传标记等方面的研究尚有欠缺。一些主要养殖种类的遗传背景不清楚，缺乏核心养殖种类的原产地、原始种群、种群分化和现有基因库的统计数据。水产育种材料的收集、研究和整理、筛选等缺乏系统性、长期性、科学性和实效性。现有水产遗传育种科研与生产结合不够紧密，水产种业科研机制尚未建立，种业企业还没有成为品种创新的主体。

18.2 产业发展趋势

湖北要更好更快地发展现代渔业，必须把渔业质效提升作为当前和今后的主攻方向，而渔业提质增效的重中之重在于发展特色品种产业，发展特色产业的当务之急在于培优做强湖北特色水产种业。

湖北省渔业种业将以满足全省现代渔业发展需求为目标，以体制改革和机制创新为动力，加强政策扶持，加大种业投入，强化基础性研发，推进"育繁推一体化"发展，做强常规主导种业，做大特色种业，做好保护种业，兼顾其他种业，加快提升湖北省渔业种业综合实力，努力构建与淡水渔业大省相适应、具有国内领先水平的现代渔业种业体系，全面提升湖北省现代渔业种业发展水平。

到 2018 年，水产苗种总产量达到 1200 亿尾，主导特色品种苗种本土化供给率超过 25%，主要养殖品种良种覆盖率达到 80% 以上；开发、引入 2 个以上新品种；培育一批"育繁推一体化"种业企业，前 10 强企业产品的国内市场占有率达到 5% 以上。到 2020 年，水产苗种总产量达到 1500 亿尾，主导特色品种苗种本土化供给率超过 50%，主要养殖品种良种覆盖率达到 90% 以上；开发、引入 3 个以上新品种；培育一批"育繁推一体化"现代渔业种业企业，前 10 强企业产品的国内市场占有率达到 10% 以上。

1. 特色淡水鱼产业发展思路

集中优势资源，重点打造主导特色产业，大力推进斑点叉尾鮰、鳜、黄鳝、黄颡鱼、泥鳅、鲟、鳢、鲈的生产规模化、经营产业化、产品品牌化、质量标准化、结构多元化和资源生态化进程，不断提高全省水产业的综合实力和竞争力。

重点扶持荆州市的洪湖市、监利县，仙桃市，黄冈市区及所属蕲春县等地的特色淡水鱼新型养殖模式。同时在苗种开发上再加力度，形成批量供应，突破瓶颈制约。同时做大做强黄鳝、泥鳅等知名品牌，促进特色淡水鱼产业升级。

2. 特色淡水鱼产业发展目标

未来特色淡水鱼产业发展目标是：建设生态健康养殖基地，实行规模化生产、标准化经营；创建规模化良种培育基地，缓解养殖的优质种苗需求；建立健全水生动物防疫检疫、水产品质量安全体系；建设好水产品市场体系，拓展销售通道；加强科技示范体系建设，提高农民科学养殖水平；抓好品牌建设，发挥每种特色淡水鱼 1 或 2 个公用品牌的影响力和辐射带动力。

从苗种抓起，打好产业发展的基础，构建特色淡水鱼科研、良种生产、饲料开发、商品鱼养殖、防疫及质量检测、加工、品牌营销的产业链，有效提高生产能力，形成稳定、高效的"产加销"一体化格局，实现全产业链的可持续发展。

18.3 产业发展建议

1. 优化水产品种结构

目前，湖北省的水产特色品种所占养殖比例仍然很低，这导致湖北省渔业的质效一直不高。从湖北省实际出发，着眼快发展，建议设立现代渔业特色种业发展专项资金。前几年，省政府每年拿出 6000 万元专项资金支持小龙虾产业的发展，起到了"四两拨千斤"的作用，实现了湖北省单一品种首个百亿元产业，形成了从养殖到餐饮再到加工出口的全产业链条，带动了一批农民发家致富。建议省政府比照支持小龙虾的做法，设立不少于 6000 万元的专项资金，按照 1∶1 的比例由企业配套资金，重点支持蟹、鳅、鳝、鳜4个特色产业的种业基础建设。力争经过三五年努力，基本实现全省蟹、鳅、鳝、鳜4个特色品种苗种自给，促进这4个特色产业先行崛起，并培育一批水产特色品种的养殖大户、水产强社、龙头企业和精品名牌，拉动加工、流通、餐饮、旅游、休闲等综合产值超过1000亿元，带动湖北省其他的特色水产养殖业，最终大幅度提升湖北省渔业质效。

2. 提升特色优质苗种自给能力

着力强主体，切实支持水产特色种业龙头企业发展壮大，为提高特色苗种自给能力创造条件。2013年，湖北省人民政府出台了《湖北省人民政府关于进一步支持农业产业化龙头企业快速发展的意见》（鄂政发［2013］8号），支持水产特色种业龙头企业发展壮大，是贯彻落实该文件精神的具体体现。水产特色种业在加快发展现代渔业中具有特殊地位，应予以重点扶持。一是适当降低特色种业龙头企业扶持门槛。全省从事特色水产苗种生产的龙头企业规模都不大，按照现行的标准，这些企业大多难以入围省里的扶持范围。建议对全省特色种业龙头企业适当放宽条件，纳入政策支持范围。二是积极争取并完善配套政策。重点争取把特色水产苗种纳入国家对农业良种的政策性补贴范围，比照种植业和畜牧业将繁育保险纳入政策性保险范围的做法，将水产养殖繁育也纳入政策性保险范围；在新苗种初试成功3年内，减免"育繁推一体化"的龙头特色种业企业的生产经营所得税；协调电力部门在用电上比照民用电收取企业电费、金融部门创新方式给予企业信贷支持，并把特色水产品养殖贷款资金纳入农业财政贴息项目予以支持。对需要专项经营原料的龙头企业，省级水产部门应帮助做好协调专营管理部门工作，为企业生产运输提供便利。三是建立健全多元化的投入机制。充分发挥政府专项资金的引导和带动作用，采取"以奖代补"等多种方式，支持特色种业龙头企业加强基础设施建设、增加研发投入，带动金融资本、社会资本进入特色水产种业领域，培育商业化的育种主体。

强力抓推广，加大科技攻关力度，不断扩大特色品种养殖的覆盖面。一是加强特色品种的研发。水产部门应认真贯彻落实湖北省人民政府发布的《省人民政府关于加快现代渔业发展的意见》和《湖北省水产苗种管理办法》，组织科研单位开展河蟹、黄鳝、泥鳅、鳜等特色品种的本土化关键技术和共性技术的开发与应用。二是大力开展特色品种养殖技术培训。依托全省水产技术推广体系，在全省开展特色品种养殖技术的推广和培训，培养一批推广骨干和示范能手。三是创建特色品种"育繁推一体化"示范基地。支持有实力的水产科研机构与优势企业组建水产特色种业研发平台、结成产业联盟，形成上下游相衔接的特色水产种业发展链条，上游重点开展种质创新和品种繁育，下游进行苗种生产、销售和售后服务，打造几家"育繁推一体化"的特色水产种业集团。

3. 强化特色水产良种场体系建设

以"继续创建全国现代种业示范场，发挥湖北省现有全国现代渔业种业示范场的作用"为导向，大力创建国家级和省级水产原良种场，优先发展生产规模大、市场竞争力强的省级原良种场；新建 19 家国家级水产原良种场；以养殖急需的水产特色品种、国家审定的水产新品种、土著品种为主，新建 46 家省级水产原良种场。在湖北省现有的苗种生产企业中，选择基础设施较好、技术研发能力较强、生产经营状况良好、产品市场竞争力较强的种业企业，新建 31 家全国现代渔业种业示范场；在河蟹、黄鳝、泥鳅、鳜等特色种业发展有基础、有潜力的地市，应用集成河蟹本土化繁育、黄鳝仿生态人工繁育等新技术，创建 83 家渔业特色品种规模化繁育示范基地，基本实现河蟹、黄鳝、泥鳅、鳜等特色苗种自给自足。在湖北省渔业主产区中，选择基础设施较好、生产水平高的四大家鱼及鲫、鳊鲂繁育基地，改扩建 100 家水产大宗品种繁育示范基地。依托湖北省的科研院所，鼓励企业开展水产品种原良种的保存、新品种选育工作，鼓励企业升级成为国家级遗传育种中心。不断提高渔业种业的基础设施、繁育生产和科技研发水平。

4. 强化水产种质资源保护

摸清主要渔业资源现状，按照布局合理、类型齐全、层次清晰、重点突出、面积适宜的原则，逐步将重要水域建设成为各种类型的水生生物保护区。重点加强对白鱀豚、中华鲟、江豚、大鲵、胭脂鱼等国家重点保护珍稀濒危水生野生动物和长吻鮠、白甲鱼、东方中华裂腹鱼等地方重点保护水生野生动物物种及其栖息地生态环境的保护。加强水产种质资源保护区的基础设施建设，进一步开展生态修复、濒危物种救护与放生、资源调查，以及相关保护设施的维修改造工作。到 2020 年，全省将建设有国家级水产种质资源保护区 72 个，保护区面积达 46.85 万 hm^2，占应保护水面的 35%。

第19章 2018年湖南特色淡水鱼产业发展现状及趋势分析

19.1 产业发展现状

湖南省特色淡水鱼养殖以乌鳢、鲴、黄鳝、黄颡鱼、鳜、泥鳅为主，还少量养殖鲟、鲈、鳟和鳗，这十种特色淡水鱼的产量占养殖水产品总产量的8%左右。全年产量：乌鳢42 874t，鲴40 992t，黄鳝31 652t，黄颡鱼27 304t，鳜20 660t，泥鳅16 546t，鲟6813t，鲈2845t，鳟553t，鳗160t。

湖南省水产养殖以洞庭湖区周边的岳阳、常德、益阳和水系发达的衡阳、永州为主产区。湖南省2017年特色淡水鱼养殖面积为844 420亩，占湖南省水产养殖面积的为10.6%。

19.2 产业特点

湖南省特色淡水鱼呈现区域均衡发展的趋势，各地根据市场、技术、水域条件、生态环境打造特色水产品。

乌鳢的主产区在岳阳市、益阳市，两个产区的总产量能达到3.5万t以上；斑点叉尾鲴以怀化市、永州市、益阳市、湘西土家族苗族自治州为主产区，产量均在5000t以上，怀化市为斑点叉尾鲴产量最高的区域，以网箱养殖为主；黄鳝的主产区为岳阳市、常德市，其中两地总产量能达到2.5万t以上；黄颡鱼的主产区为岳阳市、常德市、益阳市、永州市，其中岳阳市产量达1.2万t以上，岳阳市华容地区能供应12亿以上的黄颡鱼苗种，全雄、杂交黄颡鱼苗均能生产；鳜在长沙市、衡阳市、岳阳市、常德市、益阳市、永州市的产量均在1000t以上，以套养为主；鲈的主产区为岳阳市，产量在1500t左右，其苗种都从广州引进；泥鳅在衡阳市、邵阳市、岳阳市、常德市、益阳市、郴州市、永州市、怀化市都有养殖，产量均在1000t以上；鳗只在益阳市有少量养殖，产量在160t左右。鲟和鳟养殖以郴州市的工厂化养殖为主，郴州市年产鲟近6000t，年产鳟近500t，该地区的消费能力和技术水平带动了名贵鱼的养殖。

长沙综合试验站　王金龙

19.3 产业发展趋势

2017 年乌鳢、斑点叉尾鮰、黄颡鱼、黄鳝、鳜、泥鳅、鲈等的价格变动情况如下：黄颡鱼市场价格一直比较稳定，全年保持在 23～26 元/kg，相对 2016 年上涨 6%左右；鲈价格同比上涨 18%，为 20～40 元/kg，价格波动大主要与夏季气温高、运输成本高有关；黄鳝的市场价格相对 2016 年稍有下跌，但是全年价格较为稳定，规格 100～200g/尾的黄鳝全年价格在 64～70 元/kg；斑点叉尾鮰的价格为 13～18 元/kg，价格较去年有回落，可能与其存塘较多、市场流通不畅有关；而乌鳢、鳜的价格也出现不同程度的下跌，分别下跌 12.52%、13.4%。

近年来，湖南省坚持以市场需求为导向，稳步推进水产品供给侧改革，增加优质高端安全水产品生产，调减结构性过剩的水产品种，转产或兼养特色淡水鱼。据统计，2017 年一季度湖南省养殖水面同比增长 2.84%，总产量增长 6.43%。同时，名优水产养殖增幅较大，名特优水产养殖面积同比增长 10.28%。养殖业结构调整还改善了大宗淡水鱼的供需面，推动了大宗淡水鱼价格上涨。湖南省特色淡水鱼养殖面积、产量都有增长，价格稍有回落，养殖效益稳步增长。

第20章 2018年广东特色淡水鱼产业发展现状及趋势分析

20.1 广州特色淡水鱼产业发展现状分析

20.1.1 产业发展现状

2018年广州综合试验站共开展6个特色淡水鱼产业绿色养殖模式研究,分别在广州市番禺区示范和推广"大规格叉尾鮰网箱养殖模式";在广州市花都区示范和推广"特色淡水鱼(乌鳢)生态养殖模式";在广州市金湾区示范和推广"宝石鲈与南美白对虾混养模式";在肇庆市高要区示范和推广"罗非鱼与叉尾鮰混养模式";在广州市南沙区示范和推广"罗非鱼与草鱼混养模式",在广州综合试验站示范和推广"特色淡水鱼(罗非鱼、鳜、乌鳢)集装箱循环水养殖模式"。

特色淡水鱼集装箱循环水养殖模式具有养殖集约化程度高、饲料利用率高、建设周期短、移动性强、污染少、能耗低、捕获简单、抵御自然能力强、产品安全可控等特点,适合大范围推广,是较好的一种绿色发展养殖模式。该养殖模式根据鱼类生长特性和养殖需求,采用定制的20ft①标准集装箱为养殖载体(单箱容纳25m³水体),将养殖对象集中在箱内进行全封闭集约化养殖,联合其他结构功能件(如臭氧发生器、旋流分离器、液位控制管等)形成一套行之有效的陆基推水养殖系统。按1亩池塘配2个箱子的比例,在岸边摆放集装箱,箱体与池塘形成一体化的循环系统(循环量可根据生产需要进行调整),从池塘抽水,经臭氧杀菌后在集装箱内进行流水养鱼,养殖尾水经过固液分离(收集率70%以上)再返回池塘净化,不再向池塘投放饲料、渔药,池塘主要功能变为湿地生态池。该模式在本质上是对现阶段池塘养殖方式的创新,它集新型池塘循环水养殖技术、生物净水技术和鱼类疾病防治技术于一体,利用水产养殖物联网智能管理设备,进行饲料的自动化投喂,对溶解氧、pH、氨氮、亚硝酸盐等参数智能化监测,能全面、有效地精准控制养殖环境和养殖过程。

2018年广州综合试验站进行生鱼、草鱼、巴沙鱼、宝石鲈、罗非鱼、淡水鲈等特色淡水鱼品种陆基箱式推水生态养殖模式试验。在整个养殖周期中,池塘的水质基本保护稳定,水色良好,水生植物发挥了很好的作用。后期池塘里的水葫

广州综合试验站 刘付永忠
① 1ft=3.048×10⁻¹m

芦繁殖较快，采取了清除措施，减少了部分水葫芦。从各个品种的养殖周期的水质监测数据看到，养殖箱内养殖水体各项指标良好，符合渔业水质的要求，溶解氧为 4.6～7.8mg/L，pH 为 7.0～8.6，氨氮值<0.02mg/L，亚硝酸盐<0.02mg/L。具体养殖试验情况见表 20.1～表 20.6，陆基箱式推水养殖效益分析见表 20.7。

表 20.1 罗非鱼陆基箱式推水生态养殖试验

	A1 箱	A2 箱
投苗时间	2018 年 4 月 3 日	
投苗规格（cm）	11（0.6 元/尾）	
投苗数量（尾）	2000	2500
投料种类	罗非鱼配合饲料（5040 元/t）	
养殖时间	2018 年 4 月 3 日至 7 月 22 日	
达到规格（g）	532～636	521～613
平均规格（g）	563	552
成活率（%）	91	86
总产量（kg）	1026	1187
饲料系数	1.2	1.3

表 20.2 巴沙鱼陆基箱式推水生态养殖试验

	A3 箱	A4 箱
投苗时间	2018 年 4 月 12 日	
投苗规格（g）	156（2 元/尾）	
投苗数量（尾）	2000	2500
投料种类	巴沙鱼配合饲料（4400 元/t）	
养殖时间	2018 年 4 月 12 日至 7 月 18 日	
达到规格（g）	753～1105	737～1086
平均规格（g）	873	845
成活率（%）	98	96
总产量（kg）	1711	2028
饲料系数	1.2	1.2

表 20.3 宝石鲈陆基箱式推水生态养殖试验

	A5 箱	A6 箱
投苗时间	2018 年 3 月 29 日	
投苗规格（g）	83（3 元/尾）	
投苗数量（尾）	2000	2500
投料种类	海水鱼料（7280 元/t）	
养殖时间	2018 年 3 月 29 日至 7 月 26 日	
达到规格（g）	528～698	503～675
平均规格（g）	625	563
成活率（%）	95	91
总产量（kg）	1188	1281
饲料系数	1.1	1.2

表 20.4　生鱼陆基箱式推水生态养殖试验

	A7 箱	A8 箱	池塘（3 亩，对照组）
投苗时间		2017 年 9 月 16 日	
投苗规格（g）		16（1.5 元/尾）	
投苗数量（尾）	2000	2500	6000
投料种类		生鱼料（6300 元/t）	
养殖时间		2017 年 9 月 16 日至 2018 年 6 月 19 日	
达到规格（g）	763～1236	784～1209	583～802
平均规格（g）	865	835	689
成活率（%）	95	89	82
总产量（kg）	1645	1858	3389
饲料系数	1.1	1.1	1.2

表 20.5　草鱼陆基箱式推水生态养殖试验

品种、内容	草鱼（A9 箱）
投苗时间	2017 年 10 月 16 日
投苗规格（g）	103（2.5 元/尾）
投苗数量（尾）	1000
投料种类	草鱼料（4500 元/t）
养殖时间	2017 年 10 月 16 日至 2018 年 6 月 22 日
达到规格（kg）	1.4～1.8
平均规格（kg）	1.6
成活率（%）	96
总产量（kg）	1536
饲料系数	1.5

表 20.6　淡水鲈陆基箱式推水生态养殖试验

品种、内容	淡水鲈（A10 箱）
投苗时间	2017 年 9 月 21 日
投苗规格（g）	152（5 元/尾）
投苗数量（尾）	1500
投料种类	淡水鲈鱼料（5200 元/t）
养殖时间	2017 年 9 月 21 日至 2018 年 7 月 5 日
达到规格（kg）	0.65～0.78
平均规格（kg）	0.72
成活率（%）	93
总产量（kg）	1006
饲料系数	1.1

表 20.7 陆基箱式推水养殖效益分析

箱号	A1	A2	A3	A4	A5	A6	A7	A8	A9	A10
养殖品种	罗非鱼	罗非鱼	巴沙鱼	巴沙鱼	宝石鲈	宝石鲈	乌鳢	乌鳢	草鱼	淡水鲈
投苗数量（尾）	2 000	2 500	2 000	2 500	2 000	2 500	2 000	2 500	1 000	1 500
养殖时间（d）	110	110	97	97	119	119	278	278	251	289
成活率（%）	91	86	98	96	95	91	95	89	96	93
总产量（kg）	1 026	1 187	1 711	2 028	1 188	1 281	1 645	1 858	1 536	1 006
单位水体产量（kg/m^3）	41.0	47.5	68.4	81.1	47.5	51.2	65.8	74.3	61.4	40.2
单价（元/kg）	11	11	10	10	32	32	30	30	15	36
总产值（元）	11 286	13 057	17 110	20 280	38 016	40 992	49 350	55 740	23 040	36 216
单位水体产值（元/m^3）	451.4	522.3	684.4	811.2	1 520.6	1 639.7	1 974.0	2 229.6	921.6	1 448.6
养殖总成本（元）	9 731	11 603	15 140	17 814	18 077	20 888	20 345	22 571	18 231	19 436
利润（元）	1 555	1 454	1 970	2 466	19 939	20 104	29 005	33 169	4 809	16 780
单位水体利润（元/m^3）	62.2	58.2	78.8	98.6	797.6	804.2	1 160.2	1 326.8	192.4	671.2
单箱年化利润（元/年·箱）	5 255	4 914	7 413	9 279	61 157	61 664	38 358	43 865	7 049	21 340

20.1.2 产业发展建议

建议国家扶持绿色产业发展，加大绿色产品、绿色养殖模式等的宣传与推广力度，从苗种生产、成鱼养殖、饲料生产、渔药生产、加工流通和市场销售等各个产业链环节开通便捷通道，重视绿色产业发展。

20.2 惠州特色淡水鱼产业发展现状分析

20.2.1 产业发展现状与存在问题

20.2.1.1 产业发展现状

2018 年惠州市淡水养殖面积约 37 万亩，主要养殖品种以罗非鱼、草鱼搭配四大家鱼进行混养，约占总养殖水面 80%以上，其他特色淡水品种有桂花鱼、叉尾鮰、鳗、黄颡鱼。罗非鱼受病害、价格及养殖环境改变的影响，养殖面积及产量正逐年下降，惠州罗非鱼养殖区域主要集中在能够自然越冬的博罗、惠东、仲恺及龙门等地。近年来惠州红罗非鱼的养殖面积逐年增加，价格也从 2017 年 11 元/kg 的塘口价上升到 2018 年的 13 元/kg，市场需求量比较大，商品主要销往广州、深圳、河源等地。根据初步调查，2018 年惠州罗非鱼的产量约 4 万 t，价格基本稳定在 10～11 元/kg（出塘价），产品主要销往本地及周边城市。惠州桂花鱼养殖主要集中在博罗（博西片）、惠城区、潼湖片区，养殖面积 6000～8000 亩，以养殖早苗年底前出塘的模式为主，养殖全程投喂活饵，目前惠州周边有 3 万～4 万亩主养、混养各种饵料鱼，基本能够提供足够的饵料。惠州叉尾鮰的养殖面积不大，以分散混养为主，由于受养殖规模及其他配套（如种苗、饲料、流通）的影响，成鱼的流通主要依靠本地及周边城市，价格普遍偏低，养殖户对该品种的接受程度不高。鳗全市养殖面积约 5000 亩产，产量约 2000t，今年由于鳗苗的捕捞量减少、价格上升，投苗量也相对减少。

20.2.1.2 养殖模式

近年来，由于养殖环境的转变（传统鱼-鸭、鱼-猪立体养殖模式基本被禁止），惠州淡水养殖模式也发生了变化。

1. 传统立体养殖转变为全程投料多品种混养

惠州地区传统养殖罗非鱼基本以鱼-鸭、鱼-猪立体养殖模式为主，前期基本不投喂饲料，养殖成本较低。近年来，传统养殖模式基本被禁止，在没有足够饵料的情况下养殖户只能调整养殖品种和养殖结构，进行多品种混养，全程投喂配合饲料，以提高养殖产量的方法来保障养殖效益。

2. 工厂化、池塘循环水养殖逐步发展

由于惠州工厂化、池塘循环水养殖模式起步较晚，开展该模式养殖需投入的资金量比较大，目前有几家比较有实力的养殖企业开始尝试，主要养殖有鲈、桂花鱼、罗非鱼等品种。

3. 逐步推进高品质水产品的产量

该模式主要是通过对达到上市规格的商品鱼进行暂养瘦身，改变从养殖鱼塘直接进入市场、餐桌的传统习惯，目的主要通过清水暂养瘦身、流水刺激排除体内杂质、去除腥味来提高品质。目前惠州有多家大型养殖企业与养殖户签订回收协议，回收前进行药残抽检，合格的商品鱼运回基地进行 25～30d 的暂养瘦身，整个过程减少体重的 25%左右，瘦身后的商品鱼主要销往本地及周边城市，市场经常供不应求，需求量非常大。

20.2.1.3 产业存在问题

1. 种苗质量参差不齐、良种覆盖率低

惠州地区供应种苗企业以小型养殖场、传统家庭作坊为主，种苗企业都是根据市场的需求引进水花进行标粗出售,种苗的质量无法掌握,引进的种苗质量参差不齐,优质种苗良种覆盖率偏低。

2. 特色养殖品种配套不齐全、养殖效益偏低

由于惠州地区受传统养殖模式影响,养殖户对养殖品种的选择还是比较保守,主要还是停留在传统的罗非鱼、四大家鱼等,其他特色品种主要是进行混养,养殖成本较高、产量无法集中,价格也比其他主养区域低。惠州特色淡水养殖品种的种苗、饲料主要依靠外地采购,养殖成本比主养区域增加不少;由于成鱼养殖规模分散,日上市的产量无法保障本地市场需求,本地销售商为了保障日常市场供应,只能从外地采购,本地成鱼则只能依靠外地的收购商压价收购。养殖成本增加、成鱼销售价格偏低应该是导致近几年养殖规模变化不大的主要因素。

20.2.2 产业发展趋势

20.2.2.1 市场需求与养殖变化

因环保要求,惠州市人民政府进一步加大对"鱼-猪""鱼-鸭"等养殖模式的整改调控力度,养殖户不得不选择混养或精养模式。养殖模式的改变,增加了养殖成本的投入,同时加大了养殖的风险。罗非鱼养殖经过几年来的调整,特别是2018年罗非鱼价格逐步回升,增加了红罗非鱼养殖品种,今后几年惠州罗非鱼养殖面积、产量会逐步稳定上升,养殖主要集中在能够自然越冬的几个区域,基本采取下半年投苗、自然越冬、上半年出鱼、避开高温发病一年一造的养殖模式。

桂花鱼养殖由于受饲料鱼的制约,2019年的养殖规模变化不大,预计产量会比2018年略有下降。由于立体养殖模式改变,养殖饲料鱼的成本逐年增加,养殖面积逐年减少。特别是2018年下半年,饲料鱼的价格比往年同期上升20%左右,供应量也相对比较紧张,导致部分桂花鱼养殖户因为购买不到饲料鱼只能销售小规格桂花鱼,减少存塘,降低养殖。

随着生活水平的提高,人民群众对水产品的品质要求也越来越高,中高档特色淡水鱼越来越受市场和消费者的欢迎,目前市场对特色淡水鱼如鳜、黄颡鱼、斑点叉尾鮰等的需求量上升,其养殖量明显呈上升趋势。

20.2.2.2 优质苗种供不应求

惠州地区省级苗种场较少,苗种主要从广东省内的广州市、佛山市、中山市等地购进,广东省外主要是海南省、福建省等地,长途运输会降低苗种成活率,增加养殖户苗种成本,优质苗种供不应求的现象更加明显。从长远来看,发展本地苗种市场极有必要。

20.2.2.3 健康养殖模式的发展

惠州养殖户普遍意识到生态健康养殖的重要性，通过惠州综合试验站近几年的努力，"鱼-微-植"复合生态体系技术研究和推广初见成效。复合生态体系既净化水体节省成本，又可收获无污染的鱼菜绿色食品，兼具一定的防病作用，经济效益较高，其养殖规模正在不断扩大。惠州市海洋与渔业局2017年12月18日印发了《惠州市海洋与渔业局推进水产生态健康养殖工作方案》，在主管部门的大力支持下，水产生态健康养殖发展前景较好。

20.2.2.4 政策扶持

惠州地区存在养殖池塘水面分散、设施陈旧、粗放经营等问题；水产品生产地区集中，养殖品种单一集中，导致市场竞争激烈、供需失衡。市政府和渔业主管部门出台政策，惠州部分县（区）已开始实施水产养殖品种的"一区一品"计划，谋求差异化发展，以期能够降低养殖风险；利用油补资金，开展新型渔业设施示范、水产良种推进、标准健康养殖基地建设、现代渔业示范园区建设等现代渔业转型升级工程项目，大力扶持水产企业做大做强，要求按标准化建立现代渔业示范基地，扶持100家家庭渔场。由于申请扶持的准入有门槛要求，对养殖规模也有一定的要求，部分养殖户能够受惠，要想达到良好的效果，市政府的政策扶持未来仍需继续。

20.2.3 产业发展建议

20.2.3.1 加大优质苗种的供应

惠州特色淡水鱼养殖的苗种主要依靠外界供给，本地生产的优质苗种很少，该短板在很大程度上阻碍了惠州水产养殖业的健康发展。今后可从资金及技术上对部分苗种企业进行扶持，鼓励苗种场加大特色淡水鱼亲本引进力度及选育强度，为养殖户提供优质苗种。加大对良种场的投入，促进良种场优良品种更新改进，扩大良种工程示范推广的影响力，进而提高良种的覆盖率。

20.2.3.2 加强对病害的监测防治

病害问题是影响特色淡水鱼产业发展的重要因素之一。随着各特色淡水鱼养殖产量的不断增加，预计病害也会逐渐增多。因此，要加强对各病害的监测力度，开发出快速鉴定病害的方法，引导养殖户对症下药，不滥用药，将"防重于治"的观念灌输到养殖户的日常养殖工作中。

20.2.3.3 开展水产品可追溯建设，强化行业管理标准化

加强水产品安全可追溯体系建设，将溯源技术应用于"从生产到餐桌"的全过程中，为生产者、检验者、监督者和消费者提供信息交互平台，并以电话、网络、短信的形式向公众提供追溯查询服务、认证监管服务和防伪服务，做到整个养殖过程可查，加强市场准入监管，真正从源头控制水产品品质。

20.2.3.4 提高水产品质量，打造品牌

质量是品牌的核心和生命，通过提高水产品的质量，建立高水平的产品检测标准，树立形象、创立品牌，以品牌优势取代产量优势，才能牢固掌握市场主动权，因此应有意识地引导养殖户打造自主品牌，重视各特色淡水鱼品牌作用，帮助养殖户组建专业合作社，以解决养殖分散、专业水平低、消息闭塞的问题，提高产品质量，增加养殖效益，增强养殖户的养殖积极性。以此为突破，走生态健康养殖路线，养殖高品质产品，最终占有市场的一席之地。

20.2.3.5 发展生态健康养殖

池塘精养过程带来了池塘养殖面源污染、水产品质量安全和病害等问题，要解决这些问题，发展生态健康养殖是必然，诸如稻渔综合种养模式、鱼菜共生模式、轮捕轮放技术、生态湿地系统、生物絮团技术及复合养殖系统等。发展生态养殖，一方面有赖于政府的支持，例如，对新技术的开发和研究给予资金支持，对采用生态健康养殖的养殖户给予政策倾斜，鼓励使用生态健康养殖技术。另一方面不断开展生态健康养殖的宣传和培训，使养殖户及时了解和掌握最新的生态养殖方式，转变观念，改变落后的生产模式。

第 21 章 2018 年广西特色淡水鱼产业发展现状及趋势分析

21.1 广西特色淡水鱼产业发展现状分析

21.1.1 产业发展现状及特点

广西由于气候温和、养殖水面大，且有较好的区位优势，成为罗非鱼养殖的优势区域。罗非鱼养殖已经成为广西水产养殖的支柱产业，受到自治区政府的高度重视。目前，广西罗非鱼加工出口已经形成了标准化、规模化和工厂化的产业链。加工厂分布相对集中，主要分布于沿海的北海市。目前，全自治区有水产行业级以上重点龙头企业 44 家，其中农业产业化国家级重点龙头企业 1 家（百洋产业投资集团股份有限公司），自治区级龙头企业 10 家，行业级龙头企业 33 家；全自治区已经注册登记的水产类合作社（家庭农场）2035 家，实有成员超过 6 万户。与全国大多数省区相比，广西水产业产业化经营在发展数量、规模、结构和质量上还处于较低的水平。随着近年来罗非鱼市场的波动，广西罗非鱼产业也根据供求关系不断调整。

近年来，环保要求严格，水产养殖尾水排放问题也持续受到关注，广西本地也开始出现陆基推水式集装箱养殖模式、跑道养殖模式和其他工程化养殖模式，但是均还不成熟，很多问题有待进一步研究。

总体来说，罗非鱼产业有较好的发展前景，在广西水产养殖中占有重要地位，随着养殖、加工企业增多，已经形成了完备的产业链。但只有加强质量监控、建立生产加工标准、打造健康养殖品牌、研究市场需求与产业健康发展才能正确引导罗非鱼产业健康发展。

21.1.1.1 苗种

受环保压力、网箱拆除影响，广西特色淡水鱼苗种生产及销售相当低迷；预计 2018 年广西罗非鱼苗种产量减少 30%；黄颡鱼受成鱼价格下跌影响，养殖户投苗消极；鳜与 2017 年相比稳中有升，以杂交鳜为主。叉尾鮰影响最大，市场极其低

南宁综合试验站　郭忠宝
北海综合试验站　高开进

迷,出现大部分苗种滞销的现象。淡水鲈养殖情况整体很强势,全年苗种供不应求。

21.1.1.2 养殖

广西特色淡水鱼养殖中除罗非鱼位居全国前列外,其他养殖品种规模较小或养殖正在兴起,未形成产业规模。特色淡水鱼养殖模式主要为池塘养殖,淡水鲈、黄颡鱼和叉尾鮰部分为网箱养殖。养殖方式大多为投料精养,部分为混养,部分养殖新模式已开始试验。广西地域优势明显,水文条件适宜特色淡水鱼养殖,发展前景广阔。

21.1.1.3 病害

链球菌病是制约广西罗非鱼产业发展的最大瓶颈,2017 年池塘养殖罗非鱼链球菌病发病率达 40%～60%;淡水鲈苗种期间的"熟身病"和烂身病、诺卡氏菌病是淡水鲈最严重的病害;细菌病和肠炎制约黄颡鱼产业的发展;鳜的病毒病(虹彩病毒)、叉尾鮰的细菌病也暴发严重。

21.1.1.4 饲料与加工出口

由于受罗非鱼养殖不景气影响,众多养殖户不敢足量投料饲养,饲料生产厂家也不敢赊账,导致饲料价格波动较大,以蛋白含量 30%的浮性饲料为例,价格为 4500～5000 元/t;淡水鲈行情火爆,养殖户选择全程投喂饲料,饲料价格在 13 000 元/t 左右;黄颡鱼饲料价格平稳,为 8000 元/t。

在加工出口方面,受中美贸易战影响,罗非鱼和叉尾鮰加工企业收购成鱼的积极性一直比较低,全年处于低迷状态,预计出口量和出口额与去年相比会减少 40%左右。

21.1.2 产业存在问题

21.1.2.1 苗种方面

(1)苗种良种化程度低,受地缘条件影响,罗非鱼、黄颡鱼、淡水鲈和鳜苗种主要依靠引进广东苗种。叉尾鮰主要来源于湖北。苗种繁育水平参差不齐,苗种良种推广力度不够。

(2)设备设施配套不够:繁育及标粗设备设施配套不足,同时配套反季节养殖的设施落后,苗种不能供应本地需要。

21.1.2.2 养殖方面

(1)养殖理念固化:广西大部分养殖户还遵循以前的养殖传统,没有合理的养殖规划理念，养殖品种单一且管理不到位。

（2）养殖技术落后：养殖方式单一，以网箱和山塘养殖为主。环保理念弱化，养殖过程中病害防控意识薄弱。

21.1.3 产业发展趋势及建议

21.1.3.1 苗种生产

（1）积极建设"育繁推一体化"的现代水产种业龙头企业或示范场。

（2）建议广西苗种生产企业根据市场需求量和成鱼价格开展苗种生产预警，指导预警现状合理安排生产，以避免盲目生产所导致的不必要损失。

（3）加强越冬基础设施建设。建设越冬大棚和采用相关的辅助加热升温等措施，通过分批放养大规格鱼种、分批上市等方法，规避病害引发的风险，避免年底集中上市，以提高养殖效益。

21.1.3.2 成鱼养殖

（1）依据广西地域特点，因地制宜。主要以良种选择、养殖管理和设施设备投入为基础，注重生态、健康的养殖模式，依靠现有养殖面积，提高广西特色淡水鱼养殖水平，生产出更多产品，提高养殖经济效益。

（2）坚持突出"低碳循环、生态环保"的理念和特色，发展生态化渔业、设施化渔业（池塘内循环养殖模式、稻田综合种养、鱼菜共生养殖模式等）。

（3）重视养殖过程中的病害问题，一方面要继续加大综合防控技术的研究，大力推广防控大于治疗的理念，在养殖过程中坚持应用防控技术；另一方面要加大普及水产用药的规范和标准，提高养殖户对水产品质量安全问题的重视程度，加大组织培训宣传力度。

21.2 钦州、北海、防城港特色淡水鱼产业发展现状分析

广西近年淡水养殖总面积为 2 111 015hm^2，其中，钦州、北海、防城港（以下简称钦北防）地区总面积 12 445hm^2（钦州市 2829hm^2，北海市 3127hm^2，防城港市 6489hm^2），主要养殖模式为池塘精养和稻田养殖。淡水养殖总产量为 166.3 万 t，其中，罗非鱼总产量为 25.3 万 t，黄颡鱼总产量为 5400t。钦州市、北海市、防城港市 3 个地区淡水养殖总产量 29.8 万 t，在广西淡水养殖总产量中占比约为 18%。钦州市罗非鱼总产量 17 410t，黄颡鱼 58t；北海市罗非鱼总产量 48 606t，黄颡鱼 56t；防城港市罗非鱼总产量 21 024t，黄颡鱼 152t。3 个地区的罗非鱼和黄

颡鱼的总产量在广西占比分别约为 34%、5%。

北海市大力发展罗非鱼、黄颡鱼、斑点叉尾鲖等一批优势品种的规模化养殖，经济效益日益凸显，进一步促进了特色渔牧业的发展。大力推行特色淡水鱼从养殖、饲料生产、产品生产加工、产品研发到国际贸易产业化，以降低企业的运营成本，提高企业自身的竞争力。同时，鼓励企业跳出传统生产加工和贸易模式，组织人力研制、开发水产精深产品，增加产品的附加值，实行名牌产品战略，以名优产品占领国际市场。

21.2.1 罗非鱼产业发展现状

本地自繁苗种较少，北海市（除了合浦县）及钦州市 40%以上的苗种来源于本地自繁或标粗外来苗种，其他 60%的苗种与北海市的合浦县、防城港市的防城区及上思县的苗种主要来源于南宁市及广东省（茂名市、湛江市）、海南省等地，主要品牌为海南 1 号、吉富、宝路等。

北海地区淡水养殖品种偏少，罗非鱼、黄颡鱼、斑点叉尾鲖等优势品种为主要品种，并成为北海水产养殖和水产品加工出口的主导品种。罗非鱼养殖模式主要为以下几种。

（1）混养淡水鱼：鲢鳙、草鱼、鲤等，混养比例高低不一，高的达到与罗非鱼同等（石康镇的伍康原混养鲤占近 50%，防城港市的严老板混养草鱼占 40%等）。

（2）混养海水鱼：各种鱼没有固定的比例，但总密度可达 3500 尾/以上，罗非鱼比例为 35%~40%，全用高档蛋白饲料，海水鱼一般轮捕轮放，非大规模上市。

（3）鱼虾混养：以鱼为主或鱼虾并重等模式，虾投放 2 万~4 万/亩居多，罗非鱼为 500~2000 尾/亩，鱼虾混养后虾发病减少。

罗非鱼池塘养殖，北海市（除了合浦县）多为精养殖，平均亩产 1000kg 以上，而合浦县多为混养殖，800~900kg/亩；钦州市的钦南区咸淡水混养殖有一定的面积，平均亩产 600kg 左右；防城港市的防城区多为山塘，养殖条件一般，多为轮捕轮放养殖方式，平均亩产 700kg，上思县多为水库，半精养，500kg/亩。水库精养殖方面，北海市较少，其中合浦县平均亩产 530kg，钦州市及防城港市的防城区、上思县平均亩产 280kg。

钦州市、北海市、防城港市地区罗非鱼养殖过程中，常见的疾病包括链球菌病、肠炎病、烂鳃病、赤皮病、肝胆综合征、烂身病等，死亡率为 5%~20%；其中，链球菌病为主要危害疾病，今年链球菌病大面积暴发，发病率达 70%，采用磺胺类药及时控制，停药后出现反复。

加工出口方面，2017 年，受"中国贸易行为"审查的影响，我国罗非鱼主产区罗非鱼产品出口总量较 2016 年略有回降，罗非鱼加工出口压力仍然较大，加工企业为求生存被迫调整或改变销售模式，罗非鱼加工企业总量缩减。2018年上半年与去年同期基本持平。

21.2.2 黄颡鱼产业发展现状

《钦州市养殖水域滩涂规划（2019～2030）》、《北海市养殖水域滩涂规划（2015～2020）》，增加划定了禁止养殖区、限制养殖区，罗非鱼、黄颡鱼等养殖空间缩小，尤其是水库及网箱养殖。黄颡鱼养殖在钦州市、北海市、防城港市地区多为网箱养殖，但由于苗种、销路问题，一直未形成较大的养殖规模，估计几年内还是保证小规模发展态势。黄颡鱼池塘养殖最高塘口价在1～4月，最低塘口价在11月，全年塘口平均价格23元/kg，亩利润为4500～5500元。

钦州市、北海市、防城港市地区黄颡鱼养殖户获得效益较为可观。然而黄颡鱼对水质要求高，病害较多，限制了其大规模的养殖。此外，黄颡鱼鱼体较小，鱼肉较少，工业化加工产品较少，也限制了其发展。

21.2.3 产业存在问题

（1）黄颡鱼对水质要求高，鱼病不断，养殖成活率低，一般成活率都在5成左右，有风险，很多养殖户不敢养。

（2）今年上半年黄颡鱼价格较好，养殖量增多，但在养殖过程中还有40%的小规格鱼，影响销售价格。

（3）养殖过程中，容易出现蓝藻。

（4）市场对体色要求较高，根据市场需求，客户比较喜欢对黄颡鱼体色有所加深的饲料，导致饲料厂只能适应生产。

（5）黄颡鱼养殖成活率低，更好的苗种可能是黄颡鱼养殖最迫切的需求。

21.3 玉林特色淡水鱼产业发展现状分析

2018年上半年，玉林综合试验站在各级党委、政府领导下，在国家特色淡水鱼产业技术体系、广西壮族自治区水产技术推广总站、示范基地所在市（县）农业局、水产畜牧兽医局等有关部门大力支持和指导下，全站20名团队队员，积极开展了稻渔综合种养工作，取得了非常不错的成绩，现将有关工作的情况总结如下。

21.3.1 产业发展现状

玉林综合试验站在柳州市三江县利用当地稻田养鱼的传统，开展"稻渔综合种养关键技术和模式的集成与创新"，集成适应当地生态条件的典型模式，推进稻渔综合种养模式的创新升级、推广与示范，目前共建立稻田综合种养示范基地 3 个 200 亩，以及稻田工程改造面积 1000 亩。例如，三江县稻田养殖泥鳅示范基地采用"再生稻+台湾泥鳅+田螺"综合种养模式，经测产，亩产台湾泥鳅（两季）600kg、田螺 35kg，泥鳅、田螺年亩产值 12 210 元，双季稻平均亩产值 2630 元，稻和鱼年亩产收入 14 840 元。稻渔综合种养模式，既解决鱼粮争地的矛盾，又拓展水产养殖发展空间，收到"一水两用、一田两收"的效果，对推进养殖产业转型升级、促进渔业增效和农民增收有十分重要的现实意义。

21.3.2 养殖模式情况

21.3.2.1 养殖模式基本情况

（1）在 2017 年收完再生稻后，把牛粪、沼气水放到水田中浸泡过冬，增加水田有机质等养分。每亩投放牛粪 500kg。

（2）每天早晚各投喂饵料一次，以米糠、剩菜剩饭为主。

（3）泥鳅、罗非鱼刚投放时适当投喂饵料一个月。

（4）为了解决牛粪等农家肥原材料不足，同时提高农家肥利用效益，广西壮族自治区水产技术推广总站、珠江水产研究所与基地合作，从 7 月开始利用杂草、稻草、牛粪等通过微生物发酵制成生物饵料，稻田养殖走上生态化道路。

（5）在生产管理方面，每个生产模式有两个合作社负责管理，主要负责记录试验过程，同时帮助农户解决生产中遇到的困难。

21.3.2.2 养殖模式经验

（1）发展稻渔综合种养首先要保障农民的"米袋子"减量，必须确保水稻不减产，同时还要提高农民积极性和农民的收入；要始终坚持"稳粮增收"这一根本前提，坚持不与人争粮、不与粮争地；要坚持生态安全和质量安全，充分利用稻渔综合种养生态安全的功能优势，减少农药和化肥的使用量，减少污染，改善生态环境，生产出更多质量安全的水稻和水产品。

（2）应该尽可能地就地取材，如利用当地养殖业的牛粪、杂草、稻草等。

（3）要勤于记录生产过程，完整保存过程的记录以防查阅。

21.3.2.3 前期准备与养殖周期

在三江县和里盘龙种稻养鱼农民专业合作社建立的 300 亩稻渔综合种养示范基地，开展 6 种稻渔综合种养生产模式科学对比试验；在三江县福泰养殖专业合作社建立的 30 亩稻渔生态综合种养示范基地，进行"稻+泥鳅+田螺"模式试验示范。三江县示范基地按"广西三江模式"生产,即在 0.3 亩以上田块开挖鱼坑,鱼坑面积 10~20cm^2,鱼坑深 0.8m;鱼沟宽 0.5m,深 0.3m。今年水稻种植以野香优系列 688、703 两个品种为主,3 月 25 日播种,4 月 25 日插秧,分片区规划 6 种稻渔综合种养生产模式,总面积 300 亩,具体如下。

(1)优质稻+再生稻+三江鲤鱼:①面积,50 亩;②数量,每亩投放鱼苗 300 尾;③规格,12 朝;④时间,5 月 16 日投放。

(2)优质稻+再生稻+三江鲤鱼+罗非鱼:①面积,50 亩;②数量,每亩投放三江鲤鱼 200 尾、罗非鱼 100 尾;③规格,均为 12 朝;④时间,鲤鱼 5 月 16 日投放,罗非鱼 6 月 7 日投放。

(3)优质稻+再生稻+三江鲤鱼+泥鳅:①面积,50 亩;②数量,每亩投放三江鲤鱼 200 尾、泥鳅 2000 条;③规格,三江鲤鱼为 12 朝,泥鳅长 5~6cm;④时间,鲤鱼 5 月 16 日投放,泥鳅 2 月 15 日投放。

(4)优质稻+再生稻+泥鳅:①面积,50 亩;②数量,每亩投放 5000 条泥鳅;③规格,长 5~6cm;④时间,2 月放苗,6 月开始出售。日前经测产,该模式的效益非常可观,平均规格 40 尾/kg,亩产 285kg 泥鳅,平均单价 30 元/kg,总经济收入 8550 元/亩,养殖成本 4720 元/亩,单季每亩田养殖泥鳅纯利润 3830 元。

(5)优质稻+再生稻+罗非鱼:①面积,50 亩;②数量,每亩 300 尾;③规格,12 朝;④时间,罗非鱼 6 月 7 日投放。

(6)优质稻+再生稻+螺蛳:①面积,50 亩;②数量,每亩投放 50kg;③规格,60~100 粒/斤;④时间,3 月 20 日投放。

在东兴市东缉荷塘农业开发有限公司养殖基地开展塘底种藕、塘中养鱼、塘上采莲的藕塘与乌鳢的生态种养模式试验。上半年种养面积 230 亩,初步测算,藕塘与乌鳢养殖亩产值达 1.95 万元。

21.3.2.4 养殖经济效益

(1)通过测试比较,以三江县和里盘龙种稻养鱼农民专业合作社为例,头季稻+鱼与水稻单作相比单位面积产量增加了 175.05kg 的水稻,单位面积产值增加了 892.82 元;收获完头季稻后就是再生稻+鱼,与水稻单作相比,单位面积产量增加了 120.9kg 的水稻和 48.3kg 的鱼。综合计算,单位面积产值增加了 13 284.04 元。可见稻渔综合种养在保证粮食产量的同时极大地增加了农民的收入。

(2)混养的好处是充分利用水体空间,健全生物链,改善环境条件,达到增产量、提品质的目的。另外,稻渔综合种养通过一水两用可以起到除虫、除草、保肥、增肥、松土作用,可以提高稻米、鱼产品质量,除虫可以减少农药使用量、减少农药对环境的污染,减少 3 或 4 个劳工,降低种植成本。

21.3.2.5　下一步养殖措施

（1）加强田间管理，勤于观察和记录生产过程，有问题及时向主管部门汇报。
（2）10～12月，三江示范基地继续开挖鱼坑，增加基地面积。
（3）开展利用杂草、稻草、牛粪等通过微生物发酵制成生物饵料的研发试验。
（4）制定罗非鱼、泥鳅稻田综合种养技术操作规程各1套。
（5）组织示范县和示范基地技术骨干相互走访交流活动。
（6）召开技术研讨培训会1次。

第22章 2018年贵州特色淡水鱼产业发展现状及趋势分析

22.1 产业发展现状

2017年,贵州省水产品总产量25.48万t。其中,鲤、草鱼、鲢、鳙、鲫等大宗淡水水产品产量为19.32万t;特色淡水鱼中涉及贵阳综合试验站的5个种类中,鮰产量10 911t、鲈产量5694t、泥鳅产量2278t、黄鳝312t、鲑鳟产量857t(鲑65t)、鲟产量7857t。2018年,全省网箱于5月中旬全部取缔,网箱取缔面积共33 752亩,预计产量减少到21.36万t,较上年减少4.12万t。由于鲈、鮰以网箱养殖为主,因此2018年贵州省鲈和鮰产量将会明显下降,而利用山区流水方式养殖的鲟、鲑鳟等冷水鱼的产量将稳步提升。随着稻田综合种养面积的扩大和技术的提升,黄鳝、泥鳅等的产量也将稳步提升。

在供求状况方面,2017年全省淡水水产品销量30.48万t,从省外调进淡水鱼5万t左右,2018年网箱拆除后,预计将调进淡水鱼7万t左右。此外,由于全国其他省份也在陆续拆除网箱,鱼价估计会有所上扬,也必将影响贵州省的水产品供给。

22.2 产业特点及存在问题

总体而言,贵州省特色淡水鱼呈现以下几个特点。

(1)冷水鱼,尤其是鲟养殖规模及产量增加较快。贵州省丰富优质的冷水资源为鲟养殖提供了得天独厚的自然条件,另外贵州省人民政府办公厅于2017年将冷水鱼产业作为发展"一县一业"助推脱贫攻坚三年行动方案重点发展产业之一,在全省近18个县市布局了冷水鱼产业发展,同时贵州省农业委员会印发的《关于加快培育新动能建设新业态实现渔业绿色发展的意见》中也将冷水鱼作为重点发展方向之一,这为贵州省冷水鱼产业发展提供了必要的政策支持。

(2)网箱拆除导致特色淡水鱼品种及养殖方式面临结构调整。2017年,中央环保督察组在对贵州的反馈中将无序网箱养殖导致的库区污染作为重点整治对象，随后各地均进行了大规模网箱拆除。由于网箱养殖产量占全省水产品总产量的近一半，网箱拆除对于贵州特色淡水鱼尤其是鲴、鲈等的影响较大，急需转变生产方式和进行结构调整。

（3）规范化稻渔综合种养初步取得成效。目前，贵州省已经在开展稻渔综合种养示范区建设，正逐步将传统、单一的稻田养鱼转向规范化、综合效益高的种养模式，取得较好效果，这对于贵州调整渔业产业结构及助推脱贫攻坚具有良好的示范带动作用。

（4）部分养殖品种病害频发影响养殖积极性。贵州省的鲴养殖中，病害尤其是套肠病发病率、死亡率高，在一定程度上影响了养殖积极性和产量。

贵州省特色淡水鱼产业发展存在的几个问题。一是渔业科技投入与产业发展之间的矛盾。贵州省渔业科技投入少，导致基础研究滞后、技术储备不足，渔业发展后劲不足。二是产业链条短，水产品加工滞后，产业化水平不高，产业化形式单一，水产品附加值低。三是从业人员技术和科学管理水平低，渔业生产力水平还较粗放，导致养殖效率不高。四是品牌创建意识不强。

22.3　产业发展趋势

2018 年，贵州省将进一步优化水产品养殖结构，江河湖库生态渔业，鲟、鲑鳟、大鲵等冷水鱼稻田综合种养，以池塘低碳高效循环水生态养殖为特色养殖方式的特色渔业得到快速发展。2018 年，池塘低碳高效循环水生态养殖将在全省 5 个县（市、区）以上推广，产量可达 1 万 t 以上，预计可创建农业部水产健康养殖示范场 5 家以上。此外，在苗种基地建设、养殖装备能力提升等方面也得到进一步加强。

22.4　产业发展建议

（1）大力发展江河湖库及山塘水库生态渔业。在科学评估的基础上，在大中型水库放养以鲢、鳙为主的滤食性鱼类，发展天然生态放牧式养殖；利用全省灌溉型山塘和小型水库发展生态渔业。

（2）探索发展池塘低碳高效循环水生态养殖。在池塘、山塘实施标准化改造，提升养殖装配设施，主推池塘低碳高效循环水生态养殖技术。

（3）大力发展稻渔综合种养。构建"稻+N"模式，实施稻+鱼、稻+蟹、稻+虾、稻+鳅、稻+鳖等养殖，加快打造城郊旅游区高标准稻渔综合种养示范区。

（4）加快推进冷水鱼产业化发展。科学、合理、有序、高效利用全省丰富的冷水资源，主推冷水鱼健康养殖技术。依托优良的生态环境，把贵州冷水鱼人工繁殖、苗种培育、商品鱼生产、精深加工、冷链物流、产品销售及休闲娱乐等产业发展链条有效衔接起来，实现融合发展，建成全国知名品牌，做到好山好水出好鱼。强化品牌建设，培植市场发展新动能。培育壮大一批引领行业发展的新型经营主体，提高渔业发展组织化程度、产业化发展水平和市场认知度。特别是培育壮大一批冷水鱼龙头企业，扶持冷水鱼龙头企业培育自主品牌，开拓国内国际市场。

（5）加强水产品质量安全。加强水产疫病防控工作，强化渔业生产投入品的监管，坚持产管结合，强化产地监管职责，落实生产者质量安全主体责任。加大水产品质量安全监督抽查和风险隐患排查力度，扩大监测覆盖面。加快推进水产品质量安全可追溯体系试点建设，逐步构建全省水产品质量安全可追溯体系。

（6）加强水产苗种繁育体系建设。加强水产原良种场建设力度，提高水产苗种自给率；加强对优良品种的提纯复壮，保证苗种品质。

（7）加强渔业基础设施设备、渔业信息化建设力度。加强养殖场、水生动物防疫站基础设施设备建设；加快推进渔业养殖生产、市场销售、水产养殖病害防治、养殖水域环境等生产行为、生产管理、资源保护与大数据、物联网、云计算及移动互联网平台的融合，实现渔业数据共享。

（8）加强水产品精深加工及农旅一体化发展。在省会及渔业大县建设水产品精深加工及冷链物流产业，结合乡村振兴，大力发展以休闲渔业为主的农旅一体化三产融合模式。

第23章 2018年云南冷水鱼产业发展现状及趋势分析

近年来，云南省企业和养殖户利用高山冷流水、地下冷泉水、水库底层水开展冷水性鱼类（鲑鳟）、亚冷水性鱼类（鲟）养殖。除了少部分大型专业公司，一个养殖场通常既养殖鲑鳟，也养殖鲟，以获取综合经营效益。因此，我们把鲑鳟和鲟列为一类，就云南省内冷水鱼产业发展情况做如下简要汇报。

23.1 产业发展概况

2016年云南省鲟产量为14 625t，2017年达15 880t，约增长8.58%。2016年鲑鳟产量为6806t，2017年达到7509t，约增长10.33%。

省内肉用鲟养殖品种有史氏鲟、俄罗斯鲟、杂交鲟，目前以杂交鲟居多；养殖鳇的多为以生产鲟子酱为主的企业。虹鳟养殖以全雌三倍体为主，少量养殖金鳟。

行业普遍养殖方式为以山泉水、地下冷泉水及水库底层水为水源，修建水泥流水槽养殖，省内已基本取缔了库区网箱的养殖方式。通常1年半上市，商品鱼规格为1.5kg/尾以上，鲟为2kg/尾以上。目前塘口价虹鳟为33~35元/kg，鲟为24~28元/kg。

23.2 产业发展特点

（1）养殖场通常规模不大，单个养殖场有的仅年产3--5t，规模大的可以达到300~500t。
（2）养殖场较为分散，集中连片程度低。
（3）消费方式以专门加工的餐馆和农家乐方式为主。
（4）虹鳟以切片生食为主，因此养殖对象主要是全雌三倍体。
（5）产品深加工程度较低。

23.3 产业影响因素

（1）省内及相邻区域市场对高品质食用鱼的需求增加。

(2) 普通养殖品种利润空间较小。
(3) 云南气候适宜,有大量冷泉及水库。
(4) 国际及国内鱼子酱需求逐年增加。
(5) 省委省政府从政策上支持高原特色淡水鱼产业的发展。

23.4 产业政策

2012年,云南省委、云南省人民政府发布的《关于加快高原特色农业发展的决定》中指出,要充分发挥云南高原六大水系、九大湖泊和电站库区众多的水资源优势,积极发展以罗非鱼、鳟、鲟为重点的常规淡水鱼类、特色冷水性鱼类和优质土著鱼类养殖,将云南打造成为中国西南重要的淡水渔业养殖和出口基地。

23.5 产业存在问题

(1) 病害发生日益频繁和严重,尤其是虹鳟,从鱼苗到成鱼成活率较低。
(2) 养殖技术水平较低,养殖管理精细化程度不高,导致养殖成本偏高。
(3) 各品牌饲料差异较大,急需建立饲料国标或企业标准。
(4) 苗种市场较为混乱,良种体系有待尽快建立。
(5) 成鱼销售渠道单一。
(6) 水产品质量安全管理需加强。
(7) 大部分养殖用水为山泉水或地下水,溶解氧不足。

23.6 产业发展建议

(1) 加强培训,提高养殖技术水平。
(2) 加强良种体系建立,为生产企业提供优良品种。
(3) 增加销售渠道,引进加工企业。
(4) 加强品牌培育力度,打造优质品牌。
(5) 建立市场准入制度,加强苗种、饲料、产品质量安全监管。

第24章　2018年海南特色淡水鱼产业发展现状及趋势分析

24.1　产业发展现状

2017年，海南淡水养殖面积6.25万hm^2，其中池塘养殖面积2.20万hm^2，水库1.37万hm^2，网箱养殖2.68万m^2；海南养殖总产量75.13万t，其中淡水养殖产量42.98万t。罗非鱼养殖产量37.68万t，鳗养殖产量0.14万t。2017年海南淡水渔业产值59.02亿元，其中淡水捕捞产值2.56亿元，淡水养殖产值56.46亿元，2017年海南淡水出口14.6万t，其中罗非鱼出口11.6万t；淡水出口产值4.78亿美元，其中罗非鱼出口产值2.9亿美元。

海南养殖方式以池塘精养为主，混养白鲢、鳙及草鱼，目前养殖方式有大规格罗非鱼养殖、鱼菜种养、鱼虾混养、鱼虾隔网养殖、鱼蟹混养、大型水库深水网箱养殖及水库散养等。

全省饲料业连续多年两位数增长。目前海南省有饲料企业45家，其中年产量在10t以上的大型饲料企业8家，包括海南澄迈新希望农牧有限公司、海南正大畜牧有限公司、通威股份有限公司海南分公司、海南省大海水产饲料有限公司、海南国联饲料有限公司、海南红星饲料有限公司、海南恒兴饲料实业有限公司、海口双胞胎饲料有限公司等。

24.2　产　业　特　点

1. 养殖品种单一

受地理环境及市场制约，海南特色淡水鱼养殖品种单一，规模化养殖品种除了罗非鱼和花鳗，几乎没有其他精养品种，结构单一。

2. 鱼价低迷，成本上涨

罗非鱼和花鳗市场价格持续低迷，导致各生产地区塘口价在生产成本附近徘徊，在某些时间段甚至低于养殖成本，绝大部分花鳗养殖户采取控料方式控制成本,等待鱼价回升。在价格持续走低的同时,各种养殖成本(包括饲料、地租、人工等)却持续上涨。

3. 生态混养优势凸显

受环保压力催化,生态混养优势逐渐凸显。一方面,罗非鱼与混养品种病害得到了有效控制;另一方面,混养品种的经济效益高,弥补了罗非鱼持续低价造成的损失,对稳固海南省罗非鱼产业平稳发展起到积极作用。

4. 产业发展持续平稳

近几年,海南省淡水产业发展平稳。养殖面积、产量、出口量、出口额及罗非鱼苗种生产量基本保持一致,趋于平稳。

24.3 产业存在问题

1. 花鳗苗种受限

由于海南本地无法提供花鳗人工苗种,目前海南养殖的花鳗为菲律宾野生捕捞品种,苗种受国际市场限制。

2. 养殖群体老龄化,文化偏低

目前海南淡水养殖户约30%以上为50～60岁的中年人,初中及以下学历的养殖户占到80%,一半以上没有雇佣工人,大多为家庭经营的小规模养殖场。和其他省份类似,海南淡水养殖行业非常缺乏年轻化、受教育程度高的新生代力量。

3. 内销市场尚未打开,过分依赖出口

海南省罗非鱼内销市场仍处于空白状态,过分依赖出口直接导致2016年罗非鱼市场有鱼无价的情况出现,加之前两年磺胺类药物残留事件的后续影响,海南省罗非鱼产业发展受阻。

4. 罗非鱼加工产品单一,创新能力不足

近几年罗非鱼加工产品仍以冰冻原条鱼、鱼片为主,不能创新开发出多样化的产品,间接影响罗非鱼国内市场的开发。

24.4 产业发展趋势

1. 持续发展多元化养殖模式

持续发展海南省罗非鱼多元化养殖模式,特别是生态混养模式,有效利用养

殖空间，注重提高养殖经济效益的同时兼顾发展养殖生态效益，促进海南省罗非鱼产业可持续发展。

2. 苗种良种化、生产规范化

研发罗非鱼新品种，选育优良"吉富"品系罗非鱼，确保种质质量，生产抗逆性强的良种，同时规范苗种生产，使苗种产业逐步迈向良种化、规范化。

3. 推广科学病害防控方法

推广示范《罗非鱼链球菌病防控方法》，同时研究防控内在机制，优化防控方法，杜绝抗生素类药物的使用。确保罗非鱼产品质量安全。

4. 加大海南罗非鱼加工厂认证力度

目前，海南罗非鱼产品主要用于出口，因此海南加工厂应采取国际通用标准来组织生产和开展国际贸易，掌握所有出口目标国的进口要求和标准评定，做好水产品质量认证工作，建立罗非鱼加工质量控制体系，同时制定和实施企业内部质量控制措施。

5. 持续规划罗非鱼内销市场

近两年罗非鱼国际市场风云变幻，内销市场是罗非鱼产业未来发展的首选，在发展罗非鱼鲜活鱼市场的同时，加工厂应加大研发力度，开发符合我国大众口味的加工产品，全面打开罗非鱼内销市场。

6. 加快海南罗非鱼地区品牌的创建步伐

海南罗非鱼产业应实施区域化管理，合理监督和规划行业发展，从而降低环境污染和食品安全风险，改善国内外采购商与零售商对海南罗非鱼产业的认识，树立其负责任、可持续发展的产业形象，最终实现打造"海南罗非鱼"区域品牌的目标，使得整个产业链由此走上良性循环的发展轨道。

7. 研发活鱼运输方法、促进市场内销

为避免国际市场对海南省乃至我国的影响，未来必将通过两种方式帮助罗非鱼产业走出这一困境。一是加大研发罗非鱼活鱼运输方法，我国居民好吃鲜活鱼，解决活鱼运输问题，必将带动罗非鱼内销市场的发展；二是加工企业加大产品研发力度，继续开发适合中国百姓口味的新产品及深加工产品，提升罗非鱼的附加值。

24.5 产业发展建议

1. 减量提质,优化发展

海南罗非鱼年产量约 37 万 t,基本以出口国际市场为主,受国际贸易影响极大,目前市场供大于求,应减量提质,优化发展,充分体现海南得天独厚的地理优势,走高端品牌路线,提升世界知名度。

2. 推广生态健康养殖,促进罗非鱼产业可持续发展

加大推广"鱼虾混养""鱼蟹混养"和"鱼菜共生"等生态健康养殖模式,从养殖生产的标准化、科学化、规模化入手,合理布局,科学防病,规避风险,有效提高产品质量和品质,促进罗非鱼产业可持续发展。

3. 规范良种生产、加快省级良种场建设

目前,海南省省级良种场仅有 6 家,建议加快罗非鱼省级良种场的建设,逐步淘汰不合格的苗种场,规范苗种生产,维护苗种市场秩序。

4. 全面普及罗非鱼科学生产、防病方法

围绕罗非鱼高效健康养殖模式、科学的疾病防控方法等主要技术在全省举办科技培训,示范推广,促进罗非鱼产业健康可持续发展。

5. 加大科技投入,开发内销市场及罗非鱼产品深加工

内销市场开拓不仅是罗非鱼加工厂的责任,建议由政府牵头,组织高校、科研院所等有关专家,与加工龙头企业技术人员紧密合作,共同开发活鱼运输方法和深加工产品,减少对外依赖度,加快罗非鱼产业新一轮的发展进程。

6. 加强产品质量安全检测,提高海南省罗非鱼产品优势

随着越南、菲律宾、非洲等国家开始养殖罗非鱼,为提高海南省罗非鱼产品竞争力,保证罗非鱼产品质量安全至关重要,建议尽快建立完善的质量安全可追溯体系,杜绝磺胺类药物事件再次出现,促进海南省罗非鱼产品的品牌建立。

7. 加大投入养殖保险,推动产业和谐发展

大力发展水产保险,遵循"政府引导、渔民互助、财政补助、协会运作"原则,保护生产,抵御养殖风险,增加养殖户养殖积极性,促进罗非鱼产业稳定快速发展。

8. 完善市场体制，促进信息透明化

近几年，海南省罗非鱼养殖户和加工企业购销矛盾不断激化，政府有必要加大市场调控力度，完善市场体制建设，促使罗非鱼市场更加透明化、价格更加明朗化，从根源解决矛盾，避免购销矛盾进一步激化。

24.6 典型模式经济效益

1. 养殖收入

罗非鱼亩产量 1507kg，南美白对虾亩产量 248kg，塘口价分别 8 元/kg 和 30 元/kg，共收入 19 496 元。

2. 养殖投入与效益

本次养殖主要生产投入有土地租赁费 800 元、苗种费 1200 元、饲料费 8724 元、渔药费 1048 元、人工费 825 元、电费 630 元、其他费用 600 元，本次养殖生产成本共计 13 827 元。养殖利润 4669 元，成本利润率约为 34%。

第25章 2018年四川叉尾鮰产业发展现状及趋势分析

25.1 产区布局

2017年我国斑点叉尾鮰养殖产量为227 454t,其中四川省产量67 698t,占29.76%,位居全国第一,除湖南省、湖北省、广东省等外,其他省份养殖规模较小,不能形成规模性产量。2017年没有达到商品规格的商品鱼为1.8万~2万t,这些商品鱼在2018年将达6万~6.5万t,2018年需要上市的商品鱼约25万t,其中,鱼片加工量约占50%。四川省斑点叉尾鮰养殖产区主要分布在眉山市、南充市、成都市、乐山市等地,养殖方式主要为池塘养殖,池塘养殖主要分为3种模式,即斑点叉尾鮰鱼苗种养殖模式、商品鮰养殖模式及小草鱼套养模式。

25.2 产业发展现状

25.2.1 苗种生产

四川省斑点叉尾鮰国家级良种场有1家,有70%左右的斑点叉尾鮰苗种产自眉山市和乐山市,2017年开始从江苏省淡水水产研究所引进斑点叉尾鮰杂交良种"江丰1号"。四川地区总体孵化率70%~85%,造成低的原因是繁殖户都是散户,各自为战,生产技术差距较大。据不完全统计,2018年四川省生产苗种4.5亿尾,销售苗种3.8亿尾,库存0.5亿尾以培育大规格鱼种。今年初,斑点叉尾鮰商品鱼市场低迷且病害频发,国内养殖户的养殖积极性受到严重打击,部分养殖户开始缩减苗种生产量和商品鱼养殖规模。

25.2.2 养殖环节

目前,四川省斑点叉尾鮰的养殖方式主要为池塘养殖。部分养殖场的苗种来源于养殖场自繁,大部分养殖场的苗种采购自全国各地的苗种场。

25.2.3 加工环节

目前,国内商品鱼市场的产品销售依然以鲜活鱼为主,符合国人消费习惯的鱼肉加工品较少。斑点叉尾鮰鱼片加工后以出口到欧美市场为主，加工厂都非常重视产品的药残检测，加工鱼类均来源于我国官方监控的出口备案养殖场，从源头上保证了原料鱼的质量安全。2016 年，四川斑点叉尾鮰加工企业加工量 294t。

25.3　产业存在问题

斑点叉尾鮰引入我国已有 30 余年的历史，养殖技术也较为成熟。为保证商品鱼的安全生产，政府出台了一系列的技术规范。但是，由于各地养殖环境条件和管理水平差异较大，产业发展过程中不可以避免地存在一些问题。

25.3.1　种质种苗

四川省斑点叉尾鮰种质退化严重（生长速度慢、抗逆性差、发病率高、规格小），加上引种限制，繁育的后代苗种的质量较差。

四川省眉山市是我国斑点叉尾鮰的主要繁殖基地，除少数繁殖场或公司统一管理选育外，其他约占市场份额 60% 的繁殖散户基本没有对亲鱼进行选择，时常出现苗种繁殖过多的问题。繁育出的多余苗种难以出售，价格和销量持续走低。

25.3.2　病害防控

四川省斑点叉尾鮰主产区养殖规模、养殖密度的不断加大与养殖环境恶化等因素，导致养殖病害频发，常见的有细菌病（套肠病、肠道性败血病）、病毒病（出血病）和寄生虫病（小瓜虫病、锚头鱼蚤病、车轮虫病和指环虫病）。

此外，春季时水霉病、寄生虫病也经常暴发，斑点叉尾鮰苗种死亡率显著增加。斑点叉尾鮰病害暴发时，养殖户往往病急乱投医，滥用抗生素药物，下重药、使用违禁药等现象时有发生。

25.3.3　销售市场

对斑点叉尾鮰国内消费市场进行调研发现，四川省活鲜商品鱼销售量大的市场并不是养殖产量高的省份，省内活鲜市场容量为 2 万~3 万 t。

四川地区鮰市场价格低迷，生产成本上涨，尤其是劳务费、塘租费、电费等涨幅较大，使得养殖户一直处于微盈利或者亏损状态，部分养殖户逐渐放弃了鮰养殖，繁殖苗种量及养殖面积也减少，对产业的影响比较大。

25.3.4 养殖环境

受生态保护、环境污染和工业征地等影响,四川省水产养殖面积逐年减少。加上塘租费、饲料费、水电费等成本逐年上涨,养殖利润空间所剩无几。生产过程中,四川地区养殖过程中大部分排放水质达不到环保要求。网箱拆除后,没有合适的替代水面用于养殖,产能过剩现象严重。

25.4 产业发展建议

25.4.1 打造苗种龙头企业,保障苗种供给

苗种是水产健康养殖的物质基础,苗种质量的好坏直接关系水产养殖生产的成败。要想大力发展斑点叉尾鮰养殖业,提供质量好、数量足的苗种是前提。2018年,四川斑点叉尾鮰的苗种投放量约为4.5亿尾,随着斑点叉尾鮰产业化开发逐步壮大,预计需求量将会逐年上升。目前,四川省斑点叉尾鮰国家级良种场仅有1家,从事苗种繁殖的基本都是散户,技术参差不齐,苗种的质量难以控制,苗种供应得不到保障,严重制约四川斑点叉尾鮰产业化进程。因此,建立优良苗种龙头企业是确保斑点叉尾鮰产业化发展的重要基础。

25.4.2 实施规模化养殖和产业化经营

规模化养殖是形成斑点叉尾鮰养殖、服务、加工、出口产业链的基础,只有达到一定规模,才能获得较高的市场效益,才能创建一个具有一定知名度的水产品牌。要扶持、培育一批上规模的养殖企业、大户,探索斑点叉尾鮰的工厂化养殖技术,积极开发适合四川省的养殖技术和模式。以"龙头企业+水产专家+基地+农户+标准化"的运作模式,通过"订单农业"方式,对基地实施"五统一"。加快发展养殖规模,按标准化要求规范基地生产和加工操作,实现养殖、加工效益最大化。

第26章 2018年西藏亚东鲑产业发展现状及趋势分析

西藏自治区位于我国西南边陲，有为数众多的内外流水体，水系格局极为复杂，平均海拔都在4000m以上，具有丰富的冷水资源，有"亚洲水塔"之誉。民主改革后，西藏经济发展迅速，群众的生活水平也在不断提高，对水产品的需求随之增加。而西藏水产产业的发展基本处于空白，表现在人均水产品消费量与全国相比还有相当大的差距，未充分利用本地区丰富的冷水资源。

亚东鲑（Salmo trutta fario）又称为褐鳟，青藏高原地区在历史上并没有土著鲑科鱼类分布，英帝国主义殖民者在南亚及我国西藏地区扩张活动中，将褐鳟于19世纪后期引入我国西藏亚东地区，至今已近150年。该鱼在亚东县上亚东乡和下亚东乡之间的亚东河中定居下来，经过长期适应，已经能够在自然环境中繁殖生长并维持稳定种群数量。亲缘关系分析表明，日本品系褐鳟、亚东鲑与大西洋居群褐鳟亲缘关系最近。亚东鲑是西藏自治区二级保护动物。性成熟年龄为3龄，成熟个体重0.25~0.4kg，最大个体达0.75kg。近年，由于过度捕捞和产卵场破坏等，野生亚东鲑的资源量锐减。20世纪90年代，西藏自治区农牧厅开始了亚东鲑的人工驯养、繁育及增殖放流保护工作，至今亚东鲑的全人工繁殖技术已被攻克并获得成功。亚东鲑生长的水温范围为3~26℃，最适宜的生长水温为13~18℃，与虹鳟（最适宜生长水温为16~18℃）相比，其适宜温度更广泛，是一种易于养殖及推广的优质品种，深受当地群众的青睐，已被西藏自治区列为受保护、重要发展的鱼类之一。

26.1 产业发展现状

1996年，亚东县在中国科学院水产养殖研究所专家的指导下，开始了亚东鲑人工养殖的研究。

1998年，自治区农牧厅投资78.8万元建立了亚东鲑人工培育、繁殖基地。

2003年，农业综合开发办公室扶贫投资100万元扩建亚东鲑人工养殖基地，在三面林山环绕的坝子上新建流水养鱼池16个，并与亚东鲑养殖技术员林绍楠签定了发展亚东鲑人工养殖业的合同。

2011年，亚东县与上海海洋大学合作成立了西藏首个产学研基地——亚东鲑产学研基地，对促进亚东县亚东鲑养殖业又好又快发展起重要作用。

2012年在水利部门的大力支持下，在亚东鲑养殖场上游修筑防洪堤坝，有效地改善了抵御自然灾害的能力。

2012年，国家投资25万元，企业自筹15万元，共40万元，在亚东上海休闲渔庄上游处安装了3km的引水管道。

2012年年底，经过简单修葺，被2009年"5·26"洪灾损毁的亚东鲑渔场与亚东鲑人工养殖农牧民专业合作社恢复合作。

2015年投入1099.12万元继续完善亚东鲑基础设施建设。

2016年投入资金6755.63万元，打造以春丕亚东鲑繁育基地为中心，辐射带动林下三乡镇建设亚东鲑养殖基地，发展亚东鲑繁育—养殖—加工—冷链储运—线上、线下销售的完整产业链条。

截至目前，已投入4342.31万元新建春丕繁育基地1座和朗玛布、唐嘎布、林玛塘养殖基地3座，包括45个成鱼养殖池，总面积6750m^2，18个育苗池，总面积1190m^2。目前，春丕亚东鲑繁育基地拥有野生亲鱼2800尾，人工亲鱼11500余尾，2016年繁育鱼苗12.6余万尾，2017年鱼苗229.4余万尾，2018年鱼苗500余万尾。

26.2 产业发展的重要性

西藏作为我国重要的生态安全屏障，其生态旅游吸引了国内外的众多游客。2012年西藏累积接待游客达1058.4万人次，实现旅游总收入126.47亿元，旅游人员突破千万大关。2013年西藏坚持全年接待国内外游客1260万人次以上，近几年不断推出冬游西藏免门票等措施，2018年西藏接待游客总数达3368万人次，近5年来旅游累计收入超过1300亿元，旅游人数呈递增的趋势。西藏自治区民主改革后，经济发展迅速，群众的生活水平也在不断提高，加之旅游人数的激增及游客对高原绿色生态水产品的好奇心，增加了对西藏水域野生鱼类的滥捕滥捞，近几年的渔业资源调查显示，野生鱼类的数量和规格呈明显下降趋势。自张春霖和王文滨在1962年报道了亚东鲑在亚东河的分布以后，武云飞等（1999）进一步对其形态学特征进行了研究，近年来，亚东河的亚东鲑种群数量已经明显减少。

为了满足西藏旅游人口和当地百姓对水产品的消费需求，保护和恢复西藏野生鱼类的种群数量，唯有大力发展西藏淡水鱼养殖业，提高亚东鲑产业发展水平，才能有助于调整农业生产结构、发挥资源比较优势、提升农业效益水平。

26.3 产业发展特点

目前，亚东县立足亚东资源优势，按照"优势资源、优势产业、优先发展"

的原则，坚持"建立基地、培植龙头、壮大规模、带动农户"的产业发展思路，实施"基地+企业（公司、协会）+合作社（分社）+农户"的经营模式，形成突出一个特色、打造一个基地、壮大一个龙头、带动一片发展、富裕一方群众的产业发展格局，确定了亚东鲑扶贫产业基地。在该模式下，鱼苗、饲料、药品、技术全部由公司承担，合作社农户只负责养殖，成鱼由公司按照协议价格统一收购，公司承担了全部风险，使参与养殖的农户放心养殖，安全致富。

2013 年获得国家农业部申报农产品地理标志产品登记，成功申报国家级水产种质资源保护区，2014 年获得国家工商总局农产品地理标志证明商标公告，目前正在积极申报亚东鲑有机认证和生态原产地保护产品工作，为亚东鲑保护及开发利用开辟了一条新途径。

26.4　产业存在问题

尽管如此，亚东鲑养殖主产区多处于边远和经济欠发达地区，长期科技投入不足、健康养殖意识淡薄、生产技术粗放、作坊式经营、投入品缺乏规范等问题，导致种质退化、病害频发、产品品质低等问题不断凸显，增加了生产和环境风险，制约了亚东鲑产业的进一步发展。

目前，在西藏日喀则市的亚东县已经建成亚东鲑的人工养殖基地，但由于养殖技术缺乏、养殖水平低下、基础性研究不足等，不能实现亚东鲑的规模化人工养殖。同时，西藏地区亚东鲑的生态健康养殖方面还存在基础研究薄弱、养殖过程不规范等严重问题，同样限制了当地亚东鲑养殖产业化的发展。

养殖规模小，标准化程度低，科研投入力度不足，亚东鲑没有得到有效的开发利用，产业链条严重匮乏。养殖户组织程度低，养殖专业合作组织发展滞后，渔业科技服务发展缓慢，而本地尚不具有规模化的水产养殖企业，推广示范工作进程缓慢，健康养殖技术方面的工作开展晚，健康、高产水产养殖模式没得到充分发挥，亚东鲑的产业化发展起步晚，创新性养殖技术缺乏。

26.5　产业发展前景

该地区可实现亚东鲑的生态、高效的产业化养殖，不仅可以减轻对亚东鲑野生群体的采捕压力，科学合理地开发利用土著珍稀经济鱼类，还可以带动藏区牧民转行就业，促进农业增效、增收。在提升西藏地区的渔业科技水平，促进西藏地区渔业经济持续、快速、健康发展，保护社会稳定等方面具有积极的意义，经济效益、社会效益和生态效益可观。

根据亚东县农牧局提供的数据，亚东鲑产业直接受益养殖户达 408 户，其中贫困户 119 户，全年就业 29 人，每人每年劳务收入 3.6 万元。切玛亚东鲑繁育合作社 2017 年销售鱼苗 19.6 万尾，收入 98 万元，分配 45%，120 户获得，户均 3500 元。2018 年已销售 2 龄商品鱼 18 000 余尾，目前从高峰公司拿到 10 万元。亚东鲑作为亚东县特色产业，带动大批农牧民增收致富。

26.6　产业发展趋势及建议

随着西部大开发战略的推进，国家对西藏的支持力度进一步加大，自治区进入了改革发展稳定的最好时期。西藏亚东鲑产业应抓住机遇，加快渔业现代化发展步伐，以发展名优特新为战略重点，促进西藏渔业跨越式大发展。

依据现阶段我国急需开展生态健康水产养殖所面临的急迫问题，以及西藏地区水产养殖发展起步晚、养殖技术水平低下等问题，开展西藏地区亚东鲑规模化苗种繁育技术构建、创新生态化亲鱼培育技术、集成西藏地区亚东鲑的生态健康养殖技术体系，大幅提高西藏地区水产养殖技术水平，建立安全、优质、高效、节耗、环境友好型水产养殖技术体系平台；通过对新型规模化亚东鲑生态健康养殖模式研究与产业化示范，减少水产养殖业生产环境公害，建立水产养殖业新型产业化发展模式，生产优质的亚东鲑鲜活产品，提高西藏亚东鲑的生产水平和资源利用效率，促进西藏渔业经济的发展，从而大幅度提高我国水产养殖业的国际竞争力和可持续发展能力。

大力发展西藏地区亚东鲑的生态健康养殖技术，可极大地降低西藏地区水环境的压力，促进西藏亚东鲑产业的生态良性循环，实现资源的充分利用，从而达到资源保护、合理利用资源的良性发展态势，以及维护西藏水资源生态平衡的目的。通过提升亚东鲑产业技术水平，改变冷凉水经济鱼类养殖现状，是推动产业可持续发展，以及促进亚东鲑养殖结构调整和农牧业经济发展的迫切需要，也是山区和牧区人民的热切愿望。

亚东鲑产业将继续加大基地的投资和建设力度，增加产品附加值。在亚东县农牧局的主导下，将亚东鲑产业作为亚东县扶贫产业，由政府主导，个体企业和农牧民参与的"政府+企业+农户"的经营方式将为当地经济发展添砖加瓦。从产业发展的角度，近几年大力提升品牌宣传，将产业标签化，以高原生态产业的品牌走出西藏。

一是不断完善亚东鲑养殖基础设施。逐步扩大范围，吸收更多的农户参与亚东鲑养殖，不断扩大养殖规模，提高上市产品产量，开拓市场，提高市场份额；二是培育规模化养殖、渔业养殖龙头企业和农民养殖专业生产合作社，提高亚东鲑产量，扩大养殖规模；三是充分发挥亚东鲑的市场稀缺性、原产地唯一性、保健价值高效性，进一步延伸亚东鲑产业链，积极发展渔用配合饲料加工，并在加强产品加工和活鱼配送、运输、冷链储运销售网络的基础上,针对亚东鲑初加工产生的鱼鳞、鱼头等各种废弃物进行精深加工,实现资源综合利用,为国内外高端鱼食品市场生产、供给优质鱼食品及渔用绿色生产资料,推动和促进全县水产业的持续、快速、健康发展,带动全县经济稳定发展,使农民增收、安居乐业。

第三篇
特色淡水鱼主要养殖模式经济效益分析

第27章 罗 非 鱼

27.1 扬中池塘工程化循环水养殖罗非鱼生产经济效益分析

吉富罗非鱼"中威1号"（品种登记号：GS-01-003-2014）具有生长速度快、出肉率高、病害少、易驯化、起捕率高等优点，在广东、广西、云南等地区已大规模人工养殖，同时也是我国出口创汇的重要水产养殖品种之一，具有很高的经济价值。本节主要对池塘工程化循环水养殖吉富罗非鱼模式的经济效益进行分析。

27.1.1 生产实体简介

养殖生产在中国水产科学研究院淡水渔业研究中心扬中基地进行。在62.5亩池塘环沟内建造联排不锈钢框架结构流水槽6条和改性PVC钢架流水槽6条，2组流水槽呈对角线排列，形成对角循环对流、能耗最低的循环流水设计模式；每组水槽配套1个约1亩的污水沉淀池，用于种植鱼腥草、薄荷和虎杖等中草药。流水槽分为养殖区和净水区：在流水槽的前端安装气提式推水增氧装置（切割式曝气盘）；水槽养殖区规格为22m×5m×2m，养殖区底部安装增氧设施；集污区长3m，设有轨道式吸污装置。养殖区面积合计1320m^2，占池塘总面积的3.19%，剩余的池塘区域为净化区，对养殖尾水进行净化处理，主要采用水下放养花白鲢、鳜，水上种植水葫芦及吊养珍珠蚌的方式进行水质净化利用。系统配备3台功率分别为2.2kW、4.0kW和5.5kW的罗茨鼓风机，为底部增氧、气提式推水及增氧设备集中供气，并可任意切换。集污区采用3m的单轨道集污方式，配备1.5kW排污泵1台。配备自启式应急发电装备，系统运行中一旦发生停电情况，可及时自动切换应急发电设备。养殖水源为长江水，水质清新、无污染，符合渔业水质标准。整个池塘工程化循环水养殖系统运行示意图见图27.1。

27.1.2 主要养殖生产技术与方法

鱼苗放养。首先将自然繁育的吉富罗非鱼苗种暂养于土池中。2017年6月11日拉网、打样，将苗种按照不同密度分别放养于10$^\#$、11$^\#$和12$^\#$流水槽。净化区套养白鲢、花鲢、鳜，吊养珍珠蚌。具体放养情况见表27.1。

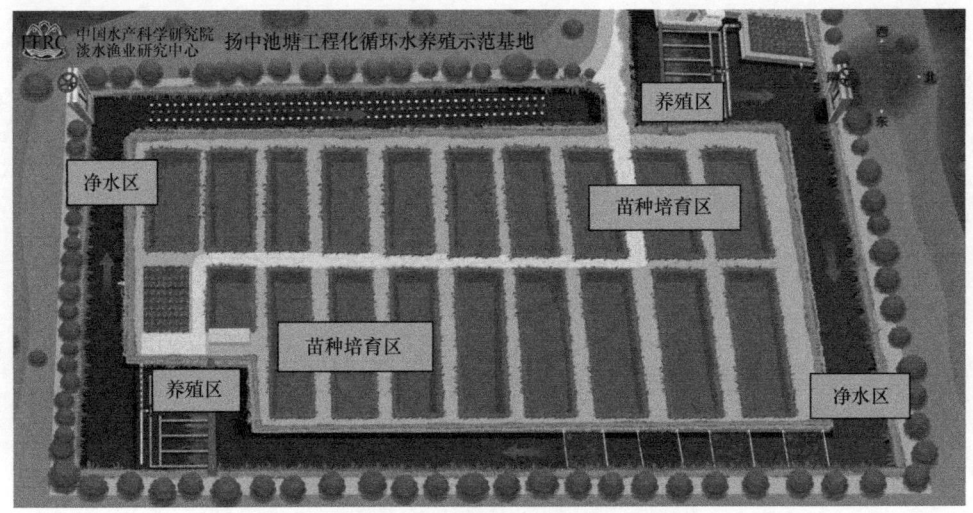

图 27.1　池塘工程化循环水养殖系统运行示意图

表 27.1　水槽及净化区放养情况

	放养平均规格（g/尾）	放养数量（尾）	放养总重量（kg）	养殖密度（尾/m³）
10#	6.25	30 000	187.5	136
11#	6.25	10 000	62.5	45
12#	6.25	20 000	125	90
净化区		白鲢 3 000 尾、花鲢 1 000 尾、鳜 1 500 尾、珍珠蚌 25 000 个		

饲料投喂。养殖全程投喂罗非鱼浮性膨化饲料（粗蛋白质 28%），饲料粒径随鱼体生长适时调整。采用人工投喂方式，每天投喂 3 次，为 6:00、11:00 和 17:00，按照体重的 2%～5% 进行投喂，投饲时饲料不能漂出水槽，每次投饲时长约为 30min，具体可观察上浮抢食鱼数量明显减少时即可停止投喂，并根据摄食情况与水温、天气变化及时调整投喂量。养殖全程净化区不投饲。

日常管理。养殖期间，水槽水位保持 2m 左右，透明度 30cm 左右，水槽末端平均水流速度控制在 2～3cm/s。气提式推水增氧设备 24h 开启，天气不好水体溶氧量较低时，开启底部增氧。每次投喂饲料后 2h 内开启吸排污泵，每次吸排污的时长根据污水的程度而定，并清洗拉网粪便。每天坚持巡塘，注意观察和记录水质及鱼的生长、摄食、活动等情况，发现问题及时处理。经常检查防逃和防鸟设施，做好日常管理的养殖记录。

病害防治。苗种在放养进入水槽前，用浓度 1% 的盐水消毒 10min 左右。在 5 个月的养殖过程中，吉富罗非鱼未发生疾病和明显死亡，养殖过程中需要做好病害预防工作，如适量投喂、适时添加乳酸菌、芽孢杆菌等微生态制剂。

27.1.3 经济效益分析

1. 养殖效果

2017年11月3日,对10#、11#、12#水槽的吉富罗非鱼进行随机抽样测定,3个水槽养殖的吉富罗非鱼平均体重为405.4g/尾、500.5g/尾、452.1g/尾;成活率分别为90.60%、95.93%、93.57%;养殖产量分别为11 018.7kg、4801.29kg、8460.6kg,平均产量分别为50.08kg/m^3、21.82kg/m^3、38.45kg/m^3(表27.2)。饲料系数分别为1.53、1.47、1.49。

表27.2 吉富罗非鱼养殖收获情况

流水槽	10#	11#	12#	总计
收获规格(g/尾)	405.4	500.5	452.1	
收获数量(尾)	27 180	9 593	18 714	55 487
收获重量(kg)	11 018.77	4 801.30	8 460.6	24 280.67
饲料系数	1.53	1.47	1.49	
成活率(%)	90.6	95.93	93.57	
平均产量(kg/m^3)	50.09	21.82	38.46	
单槽效益(元)	49 700	14 870	35 600	

2. 效益测算

成本核算:饲料单价4.3元/kg、苗种费用4元/kg;月均人工工资3000元/槽、燃料动力费1500元/槽、药品费200元/槽、单条水槽折旧费5000元/年,3条水槽总成本18.87万元。

效益测算:江苏烤鱼专用吉富罗非鱼塘口价11~12元/kg,3条水槽总产值为28.89万元,单槽最高效益4.97万元。

经过5个月的精心投喂与科学管理,养殖罗非鱼规格在350~520g/尾,是较好的烤罗非鱼的食源,且该系统养殖的罗非鱼无泥腥味,受消费者青睐。不同密度间规格差异不甚明显,表明该系统适宜罗非鱼的高密度养殖。3条水槽共收获商品鱼24 280.59kg,总产值28.89万元,除去成本18.87万元,净利润10.02万元;单槽最高效益4.97万元,利润451.82元/m^2,取得了较好的养殖效益。

27.2 惠州彩虹鲷养殖经济效益分析

惠州市淡水养殖面积约39万亩,以池塘、小型山塘为主。罗非鱼、草鱼为本

惠州综合试验站　朱德兴

地区淡水鱼的主要养殖品种，其养殖模式以单养、混养搭配部分四大家鱼为主。近年来，由于受养殖病害、种质退化、养殖经济效益下降等因素的影响，罗非鱼的养殖面积及产量逐年减少。为降低养殖风险，部分养殖户已转向养殖病害少、养殖效益比较高的其他品种，如彩虹鲷。彩虹鲷具有抗病力强、耐低温、广盐性、产量高、易养殖等优点。近年来，彩虹鲷成鱼价格也逐步上涨，从2015年的10元/kg上涨到2018年的13～14元/kg。从目前的养殖情况看，彩虹鲷在惠州地区的养殖经济效益较为可观。以惠州地区比较有代表性的彩虹鲷混养模式为例，分析彩虹鲷混养模式的生产成本及经济效益。

27.2.1 生产实体简介

（1）养殖池塘条件：养殖池塘位于惠州市博罗县石坝镇，该地区彩虹鲷可以自然越冬。养殖池塘面积10亩左右，水深2.5～3m，塘底淤泥30～50cm，水源充足。

（2）养殖模式：采用彩虹鲷和草鱼搭配部分四大家鱼及鲮鱼的混养模式（苗种的投放数量及规格见表27.3）；全程投喂配合颗粒饲料。

（3）养殖周期：2017年6月投放新苗，2018年5月清塘收获，养殖周期1年。

表27.3 惠州彩虹鲷养殖苗种放养情况

品种	投放时间	规格（cm/尾）	数量（尾）	密度（尾/亩）	价格（元/尾）	金额（元）
彩虹鲷	2017.6	5～7	15 000	1 500	0.12	1 800
草鱼	2017.6	15	5 000	500	1	5 000
鳙	2017.6	25	500	50	2	1 000
鳙	2017.11	25	500	50	2	1 000
鲢	2017.6	8	1 000	100	0.15	150
鲮	2017.6	5	30 000	3 000	0.08	2 400
合计		—	52 000	5 200	—	11 350

27.2.2 主要养殖生产技术与方法

采用彩虹鲷与草鱼混养的模式，主要养殖品种苗种一次性放足，在越冬前（11月底）出塘部分达上市规格的草鱼及鳙，同时补放部分鳙苗种，减少越冬的存塘量。次年3月底将达规格的商品鱼分批出塘，5月进行清塘。主要养殖品种彩虹鲷的成活率约80%，草鱼的成活率约95%，彩虹鲷出塘规格650g以上，草鱼1000g以上。

养殖期间全程投喂颗粒配合饲料，苗种期间按照主要养殖品种重量4%～5%分两次进行投喂，前3个月饲料的蛋白含量为30%～32%；3个月后按照体重2%～3%进行投喂，选用蛋白含量为28%的配合饲料。越冬期间（12月至次年1月）

水温低于15℃时停止投料，并做好防寒防病等措施。

养殖期间鱼病以预防为主，定期进行改底，利用微生物制剂调节水质。

27.2.3 经济效益分析

（1）该养殖模式养殖周期12个月，养殖总产量约21 095kg，平均亩产量约2 109.5kg；其中主要养殖品种彩虹鲷总产量约8 450kg，平均亩产量约845kg（具体见表27.4）。

表27.4 惠州彩虹鲷养殖成鱼收获情况

品种	收获时间	规格（g/尾）	总产量（kg）	亩产量（kg/亩）	价格（元/kg）	金额（元）
彩虹鲷	2018.5	650	8 450	845	13	109 850
草鱼	2018.5	1 500	7 520	752	11	82 720
鳙	2018.5	1 500	1 425	142.5	10	14 250
鲢	2018.5	1 500	1 400	140	5	7 000
鲮	2018.5	100	2 300	230	11	25 300
合计		—	21 095	2 109.5	—	239 120

（2）养殖周期内共投入配合颗粒饲料约30t，饲料均价4050元/t，饲料成本121 500元；按总产量计算饵料系数为1.42，按主要养殖品种（彩虹鲷、草鱼）计算饵料系数为1.87。

（3）经计算，该养殖模式生产总成本183 850元，其中饲料开支121 500元，占总成本的66.1%；其次是塘租及人工支出，分别占总成本的8.2%和8.2%；水电费及苗种费分别占总成本的6.5%和6.2%（表27.5）。因此，提高饲料利用率可能是降低生产成本的一个主要方向。

表27.5 惠州彩虹鲷养殖生产成本

项目	金额（元）	支出占比（%）
苗种费	11 350	6.2
饲料费	121 500	66.1
水电费	12 000	6.5
渔药费	2 000	1.1
人工费	15 000	8.2
捕捞费	5 000	2.7
塘租费	15 000	8.2
折旧费	1 000	0.5
其他费用	1 000	0.5
总计	183 850	

（4）该养殖模式总收入为 239 120 元，生产总成本 183 850 元，单位面积产值为 23 912 元/亩，单位面积成本为 18 385 元/亩，单位面积净利润为 5 527 元/亩，成本利润率为 30%（表 27.6）。

表 27.6　惠州彩虹鲷养殖效益分析

指标	指标值
总收入（元）	239 120
总成本（元）	183 850
单位面积产值（元/亩）	23 912
单位面积成本（元/亩）	18 385
单位面积净利润（元/亩）	5 527
成本利润率（%）	30

27.3　南宁罗非鱼池塘内循环流水养殖模式经济效益分析

本试验利用池塘内循环流水养殖模式进行罗非鱼一年两造养殖，通过投放大规格鱼种来缩减每造的养殖周期，避开 8 月、9 月疾病高发期，提高池塘的使用率，分析评价养殖过程中池塘水质的变化情况、养殖效果和养殖效益，为罗非鱼池塘内循环流水养殖模式推广提供新思路。

27.3.1　生产设施简介

本试验流水槽建于 1 口面积为 1.28hm^2 的池塘内，主体采用混凝土结构，规格为 25.0m×15.8m×2.0m，由 3 条独立水槽组成，每条水槽的规格为 22.0m×5.0m×2.0m。集污槽在流水槽后部，规格为 15.0m×3.0m×2.0m。池塘靠近水槽的一侧建有 1 个沉淀池，规格 4.0m×2.0m×1.5m，连接 1 条 100m 长的过滤水渠，过滤水渠中铺设麦饭石、海粗沙和活性炭。在流水槽前侧设置水生植物净化区，规格为 50.0m×20.0m，水生植物为水葫芦。在流水槽后侧设置水生植物吸收转化区，面积为 240m^2，由 30 个生物浮床组成，每个浮床的规格为 4.0m×2.0m，种植空心菜。池塘工程化循环水养殖系统（IPRS）配套设备主要包括：3 套气提式推水增氧系统，1 套底层增氧系统，1 套吸污系统，4 台叶轮式增氧机、1 台涌浪式增氧机和备用发电机。

27.3.2　主要养殖生产技术与方法

主要采用罗非鱼一年两造池塘内循环流水养殖模式进行试验，于 2018 年 4 月

池塘生态化养殖岗位　罗永巨
南宁综合试验站　郭忠宝

17日放养第一造罗非鱼鱼种，5月中上旬在外池塘放养鲢、鳙和罗氏沼虾，同年8月23日放养第二造罗非鱼鱼种。详细放养情况如表27.7所示。

表27.7 南宁罗非鱼池塘内循环流水养殖苗种放养情况

项目	面积（m²）	种类	规格（g）	时间	密度（尾/m²）	数量（尾）
1#水槽	110	罗非鱼	36.6±2.8	2018.04.17	184	20 220
2#水槽	110	罗非鱼	36.6±2.8	2018.04.17	274	30 090
外池塘	12 460	鲢	758.0±85.2	2018.05.10	0.078	1 000
外池塘	12 460	鳙	500.0±36.7	2018.05.10	0.031	400
外池塘	12 460	罗氏沼虾	1.00±0.09	2018.05.06	24.08	300 000
1#水槽	110	罗非鱼	185.2±15.8	2018.08.23	154	16 890
2#水槽	110	罗非鱼	185.2±15.8	2018.08.23	215	23 660

试验采用饲料的粗蛋白含量31%，粗脂肪含量6%。每天投喂两次，上午投喂40%，下午投喂60%。适当控制投饵速度，保证饲料不漂出流水槽，具体情况根据天气、水温和鱼类活动情况等及时调整。外池塘罗氏沼虾和鲢、鳙在养殖期间不投饵。试验期间不换水，定期添补因蒸发、渗漏损失的水。投喂饲料3h后开启吸污装置，吸污持续时间15~20min，抽提出的尾水排放到池塘边的沉淀池，再经过过滤水渠过滤后流回池塘，沉淀物用作农作物肥料。根据天气和水体溶解氧情况，适时开启外池塘涌浪机，促进外池塘上下层水体交换。每天定时巡塘，观察鱼类的活动，检查设备是否正常运行。根据流水槽内鱼的规格及载鱼量等情况，适时调整气提式推水增氧机阀门，控制流水槽内水流速度；根据溶解氧情况，适时开启底部辅助增氧。定期清理水生植物净化区内的水葫芦，在6~10月空心菜生长旺季，每15~20d收割一次。

27.3.3 经济效益分析

1. 养殖结果

第一造养殖122天，2018年8月17日起捕上市，第二造养殖99d，2018年11月30日起捕上市，养殖结果如表27.8所示。

表27.8 南宁罗非鱼池塘内循环流水养殖结果

项目	流水槽编号	起捕均重（g）	成活率（%）	绝对生长率（g/d）	饲料转化率（%）	收获总量（kg）	单位产量（kg/m²）
第一造	1#	635.7±86.602	87.98	4.992	1.17	11 296	102.69
	2#	529.9±70.632	80.35	4.110	1.09	12 811	116.46
	总计	574.73	83.38	4.484	1.12	24 107	109.58
第二造	1#	695.3±94.422	94.25	5.101	1.19	11 065	100.59
	2#	670.2±91.875	92.71	4.850	1.16	14 665	133.32
	总计	680.69	93.35	4.955	1.17	25 730	116.95

试验结果显示，整个养殖周期内无疾病暴发，第一造罗非鱼产量为 24 107kg，第二造罗非鱼产量为 25 730kg；外池塘罗氏沼虾平均规格为（25±6.85）g，存活率为 26.8%，产量为 2 012kg；鲢平均规格为（1 812.5±268.12）g，存活率为 98.7%，产量为 1 789kg；鳙平均规格为（2 058.5±328.57）g，存活率为 97.4%，产量为 801kg。

2. 生产成本

本试验生产成本主要包括苗种费、塘租费、饲料费、电费、渔药费、人工费和其他（捕捞、调水等）。如表 27.9 所示，第一造生产成本为 182 564 元，其中饲料成本（66.03%）占比最高，其次为苗种成本（9.97%）。第二造生产成本为 195 492 元，饲料成本（52.48%）占比最高，其次为苗种（27.73%）成本，由于第二造养殖采用大规格鱼种，因此苗种投入明显高于第一造。外池塘套养品种不投喂饲料，生产成本仅为苗种成本。

表 27.9 南宁罗非鱼池塘内循环流水养殖生产成本

	第一造		第二造		外池塘	
	成本（元）	成本占比（%）	成本（元）	成本占比（%）	成本（元）	成本占比（%）
苗种费	18 196	9.97	54 215	27.73	11 200	91.80
塘租费	7 600	4.16	7 600	3.89	—	—
饲料费	120 546	66.03	102 589	52.47	—	—
电费	12 722	6.97	9 088	4.65	—	—
渔药费	7 500	4.11	6 000	3.07	—	—
人工费	12 000	6.57	12 000	6.14	—	—
其他	4 000	2.19	4 000	2.05	1 000	8.20
总计	182 564	100.00	195 492	100.00	12 200	100

3. 养殖效益

养殖效益如表 27.10 所示，第一造罗非鱼产量为 24 107kg，起捕时售价为 9.6 元/kg，共收入 231 428 元，利润为 48 864 元，投资回报率为 26.77%。第二造罗非鱼产量为 25 730kg，起捕时售价为 9.0 元/kg，共收入 231 570 元，利润为 36 078 元，投资回报率为 18.45%。外池塘套养品种中，鲢产出 16 101 元，鳙产出 7 209 元，罗氏沼虾产出 120 720 元，由于外池塘投入较低，3 个套养品种均有较高的投资回报率。结果表明，罗非鱼一年两造 IPRS 养殖，外池塘套养鲢、鳙和罗氏沼虾，总投入 390 255 元，总产出 607 028 元，利润为 216 773 元，投资回报率 55.55%。

表 27.10　南宁罗非鱼池塘内循环流水养殖效益分析

项目	品种	产量（kg）	价格（元/kg）	投入（元）	产出（元）	利润（元）	回报率（%）
第一造	罗非鱼	24 107	9.6	182 564	231 428	48 864	26.77
第二造	罗非鱼	25 730	9.0	195 492	231 570	36 078	18.45
外池塘	鲢	1 789	9.0	1 533	16 101	14 568	950.29
外池塘	鳙	801	9.0	1 333	7 209	5 876	440.81
外池塘	罗氏沼虾	2 012	60.0	9 333	120 720	111 387	1 193.47

27.4　北海罗非鱼典型养殖模式经济效益分析

罗非鱼产业是广西壮族自治区渔业的重要产业，2017 年全自治区罗非鱼产量为 25.31 万 t，北海地区罗非鱼养殖产量占比 20%，居全自治区前列。北海市罗非鱼养殖生产以池塘为主，主要采用单养和混养的生产模式，混养包括混养淡水鱼、混养海水鱼、混养鱼虾 3 种形式，本节主要分析罗非鱼南美白对虾混养生产模式。

27.4.1　生产实体简介

庞全水产养殖场，位于广西壮族自治区北海市铁山港区兴港镇，主要经营池塘养殖草鱼、罗非鱼、黄颡鱼、南美白对虾等品种，养殖面积为 750 亩，罗非鱼养殖受市场行情影响，养殖水面不多，罗非鱼南美白对虾混养面积 75 亩，负责水产养殖的工人有 2 人。

27.4.2　主要养殖生产技术与方法

混养池塘投放虾苗 10 000 尾/亩，日投喂量为虾苗体重的 10%，每日分早晚两次投喂专门罗非鱼与南美白对虾混养饲料；20 天后池塘注水达 100cm 深，然后放养罗非鱼鱼苗，投放密度 2 000 尾/亩，日投喂量为鱼、虾苗体重的 3%～7%，每日分早晚两次投喂上述混养饲料；20 天后池塘注水至水深 200cm，达到池塘正常水量，根据池塘水体溶氧量及鱼、虾摄食情况每天用增氧机增氧 4～6h，保持溶氧量在 5mg/L 以上；每月每亩池塘用 30kg 生石灰兑水对全池泼洒消毒 1 次，再配合使用改底等微生物制剂改善水质；养殖 140 天后，先在水面捕捞大部分罗非鱼，然后排干水捕捞其余的罗非鱼与南美白对虾（表 27.11）。

北海综合试验站　高开进

表 27.11　北海罗非鱼养殖苗种放养情况

品种	放养时间	规格	数量（尾）	密度（尾/亩）	价格（元/尾）	支出（元）
罗非鱼	2018.5.1	50～80g	150 000	2 000	0.18	27 000
南美白对虾	2018.4.10	0.8～0.9cm	750 000	10 000	0.02	15 000

27.4.3　经济效益分析

2018 年实际投入养殖生产面积 75 亩，饲料用量 135t，产量情况见表 27.12。

表 27.12　北海罗非鱼养殖成鱼收获情况

	收获时间	规格（g/尾）	产量（kg）	价格（元/kg）	收入（元）	总收入（元）
罗非鱼	2018.8.29	750	96 525	9.2	888 030	1 490 280
南美白对虾	2018.8.29	23.8	10 950	55	602 250	

全年总生产成本为 979 665 元，其中饲料费 731 525 元，苗种费 42 000 元，见表 27.13。

表 27.13　北海罗非鱼养殖生产成本　　（单位：元）

项目	金额
苗种费	42 000
饲料费	731 525
水电费	16 121
渔药费	32 049
人工费	84 000
捕捞费	13 970
塘租费	60 000
总计	979 665

该养殖模式中罗非鱼产量可达到 1 287kg/亩，平均售价约为 9.2 元/kg，单位面积产值为 11 840 元；南美白对虾产量可达到 146kg/亩，平均售价约为 55 元/kg，单位面积产值为 8 030 元/亩，总产值利润率为 52.12%（表 27.14）。饲料费、塘租费、人工费和苗种费是生产成本的重要组成部分，分别占 74.67%、6.12%、8.57% 和 4.28%，饲料费占生产成本的比例最大。水电费、渔药费、捕捞费占总成本的比例分别为 1.64%、3.27% 和 1.43%。

表 27.14 北海罗非鱼养殖经济效益分析

指标	指标值
总收入（元）	1 490 280
总成本（元）	979 665
饲料系数（FCR）	1.26
罗非鱼单位面积产值（元/亩）	11 840
南美白对虾单位面积产值（元/亩）	8 030
单位面积净利润（元/亩）	6 808
产值利润率（%）	52.12

27.5 昆明罗非鱼养殖生产经济效益分析

罗非鱼是云南省主要淡水养殖品种之一，省内罗非鱼养殖生产以池塘、水库、山塘为主，主要采用单养、混养和综合经营 3 种生产模式。本节以池塘为实例对罗非鱼混养生产模式进行生产经济效益分析。

27.5.1 生产实体简介

景洪顺源渔业发展有限公司，位于云南省西双版纳傣族自治州景洪市普文镇城子村。养殖公司为个人独资企业，租赁土地，自行开发建设鱼塘，总占地面积 20hm^2，主要经营业务为水产养殖与销售，年产值 50 万左右。其中，罗非鱼养殖面积 270 亩，固定工 5 人，临时工 15 人。

27.5.2 主要养殖生产技术与方法

主要采用罗非鱼单养模式，当年 3 月、4 月投放鱼苗（8 朝），当年 7 月、9 月、10 月捕捞出售。经过 6 个月左右养殖，罗非鱼成鱼成活率为 85% 左右。①养殖条件：罗非鱼属于热带广盐性鱼类，可在盐度 0～30‰ 的水域中生活，耐低氧，适宜温度范围 15～32℃，对水质的适应能力强，整个罗非鱼养殖期内使用 3kW 叶轮式增氧机 5 台。②苗种放养：主放养鱼种为新吉富罗非鱼，来源于海南新吉富罗非鱼良种场，鱼种放养前用 0.3%～0.5% 的食盐水浸洗 30min 后下塘。2018 年苗种放养时间、规格和数量见表 27.15。③投饲管理：饲料使用膨化颗粒饲料，第一个月投喂粗蛋白含量 30%、粒径 1.5mm 的饲料，一个月后改用粗蛋白含量 25%、粒径 2.5mm 的饲料。投喂时间一般在上午 9:00～10:00，下午 3:00～4:00。日投喂

昆明综合试验站　缪祥军

量早期按罗非鱼总重量的3%~5%，当罗非鱼体重达到200g/尾时，酌情减少，可调整在1%~2%。

表27.15 昆明罗非鱼养殖苗种放养情况

品种	放养时间	规格（cm/尾）	数量（尾）	密度（尾/亩）	价格（元/尾）	支出（元）
罗非鱼	2018.03	5	300 000	3 000	0.1	30 000
罗非鱼	2018.04	5	600 000	3 000	0.1	60 000

27.5.3 经济效益分析

2018年实际投入养殖生产面积300亩，饲料用量570t，产量情况见表27.16。

表27.16 昆明罗非鱼养殖成鱼收获情况

	收获时间	规格（g/尾）	产量（kg）	价格（元/kg）	收入（元）
罗非鱼	2018.07.15	>500	150 000	11.00	1 650 000
罗非鱼	2018.09.30	>500	225 000	11.00	2 475 000
罗非鱼	2018.10.28	>500	240 000	11.00	2 640 000

全年总生产成本为6 190 000元，其中饲料费4 000 000元，苗种费90 000元，见表27.17。

表27.17 昆明罗非鱼养殖生产成本　　　　　　　　　　（单位：元）

项目	金额
苗种费	90 000
饲料费	4 000 000
水电费	150 000
渔药费	150 000
人工费	600 000
塘租费	600 000
运输费	600 000
其他	0.00
合计	6 190 000

该养殖模式中罗非鱼产量可达到2000kg/亩，平均售价约为11.00元/kg，单位面积产值为25 055.56元/亩，单位面积成本约为22 925.93元，利润约为2 129.63元/亩，成本利润率为9.29%（表27.18）。饲料费、塘租费、人工费、运输费和苗种费是生产成本的重要组成部分，分别占64.62%、9.69%、9.69%、9.69%和1.45%，饲料费占生产成本的比例最大。水电费、渔药费占总成本的比例均为2.42%。

表 27.18　昆明罗非鱼养殖经济效益分析

指标	指标值
总收入（元）	6 765 000
总成本（元）	6 190 000
饲料系数（FCR）	0.93
单位面积产值（元/亩）	25 055.56
单位面积成本（元/亩）	22 925.93
单位面积净利润（元/亩）	2 129.63
成本利润率（%）	9.29

第 28 章 鮰

28.1 南通斑点叉尾鮰池塘养殖模式经济效益分析

江苏省鮰主养区为盐城、连云港、南通等沿海地区，养殖方式主要为沿海滩涂大水面养殖，主养鮰，套养少量鲢、鳙、鲫等，鱼塘规模在几十亩到几百亩不等，亩产 1000kg 左右。全省养殖面积近 10 万亩，盐城地区鮰养殖面积 5 万~6 万亩，南通、连云港地区养殖面积近 1 万亩。目前，鮰产业也逐渐从依赖加工出口转向国内市场。

28.1.1 生产实体简介

南通华鎏水产有限公司地处里下河水乡的海安县墩头镇仇湖村。公司实业总资产约 8 000 万元。自 2011 年开始，专业从事斑点叉尾鮰养殖和苗种繁育，经过几年的发展，产业规模逐渐扩大，从最初的 800 亩发展到 3600 多亩。

28.1.2 主要养殖生产技术与方法

开展了斑点叉尾鮰主、混养 4 种不同模式的养殖效果评估，试验面积约 100 亩。本试验根据斑点叉尾鮰的生物学特性，按照池塘生态位原理，合理搭配放养品种与密度，充分利用养殖水体，提高综合生产能力。力求通过本次试验筛选优化养殖模式，达到优质、高效目标。试验分两个模式进行。

主养模式一：放养规格 30 尾/kg 的斑点叉尾鮰苗种（1200 尾/亩），搭配规格 4 尾/kg 的花鲢（38 尾/亩）、3~5cm 的白鲢夏花（247 尾/亩）、3~5cm 的花鲢夏花（370 尾/亩）。

主养模式二：放养规格 30 尾/kg 的斑点叉尾鮰苗种（1600 尾/亩），搭配规格 4 尾/kg 的花鲢（38 尾/亩）、3~5cm 的白鲢夏花（247 尾/亩）、3~5cm 的花鲢夏花（370 尾/亩）。

养殖期间，每天投饲 2 次，上、下午各 1 次，并根据天气情况和养殖动物的摄食、生长情况进行调整。在斑点叉尾鮰不同生长阶段选用粒径大小与之相适应的饲料进行投喂。养殖期间，对氨氮、亚硝酸盐、磷酸盐、酸碱度等水质指标用水质分析仪进行定期监测,并于 7 月、9 月测量了各塘口模式试验鱼的体长、体重等指标。

28.1.3 经济效益分析

养殖 1 年后捕捞,按当时市场价 16 元/kg 出售,模式一平均亩产量 864kg,销售额 69.12 万元,实现利润约 22.4 万元;模式二平均亩产量 1 025kg,销售额 82 万元,实现利润约 28.4 万元(表 28.1)。

表 28.1 斑点叉尾鮰养殖成本与效益分析

	模式一	模式二
饲料(元/亩)	3 537.6	3 902.8
苗种(元/亩)	3 000	4 000
塘租(元/亩)	1 200	1 200
渔药、调水等(元/亩)	600	600
捕捞(元/亩)	340	340
水电(元/亩)	170	170
人工成本(元/亩)	500	500
总成本(元/亩)	9 347.6	10 712.8
利润(元/亩)	4 476.4	5 687.2
效益(元/kg)	5.18	5.55

28.2 广州番禺大规格叉尾鮰网箱养殖经济效益分析

叉尾鮰是广东省主要淡水养殖品种之一,2016 年产量为 2.01 万 t,占广东省淡水养殖总产量的 0.57%,省内叉尾鮰养殖生产以池塘、网箱、山塘为主,主要采用单养、混养和综合经营 3 种生产模式。本节以网箱为实例对罗非鱼混养生产模式进行生产经济效益分析。

28.2.1 生产实体简介

万利水产养殖场,位于东涌镇长莫村骝岗涌边的原采石场鱼塘,面积 120 亩,水深近 100m。

28.2.2 主要养殖生产技术与方法

养殖条件:设置 116 个网箱,规格以 5m×6m 为主,少量 4m×6m,箱体深度为 3m。利用 5 个 5m×6m 的网箱养殖叉尾鮰。溶氧量保持 5mg/L 以上，pH 为 6.5～8，温度 26～28℃，养殖周期 10 个月。

苗种放养：每年 6～8 月开始，选择晴天，放养无病无伤、体格健壮的叉尾鮰，规格 500～750g，放养密度 450kg/箱。

投饲管理：投喂"通威"叉尾鮰料，养殖期间饲料使用量 11 250kg，费用 56 250 元。

28.2.3 经济效益分析

如表 28.2 所示，该模式的经济效益分析如下。

表 28.2　叉尾鮰网箱养殖经济效益分析

项目	参数	项目	参数
示范面积	5 个网箱（5m×6m，箱体深度为 3m）	放苗时间	2017 年 8 月 22 日
放养规格（g/尾）	500～750	放养量（kg）	2 250
饲料品种	"通威"叉尾鮰料		[750 尾（450kg）/箱]
收获（出塘）时间	2018 年 7 月 5 日至 9 月 18 日	投喂量（kg）	11 250（450 包浮料）
总产量（kg）	6 375	平均产量（kg/箱）	1 275
总收入（元）	105 825	平均收入（元/箱）	21 165
苗种成本（元）	24 300	饲料成本（元）	56 250
	（4 860 元/箱）		（11 250 元/箱）
水电费（元）	600	渔药费等（元）	1 200
	（120 元/箱）		（240 元/箱）
人工成本（元）	2 000	租金（元）	500
	（400 元/箱）		（100 元/箱）
净利润（元）	20 975	平均亩利润（元/箱）	4 195

（1）成鱼收获：总产量 6 375kg，总产值 105 825 元。

（2）生产成本：支出总计 84 850 元，其中，苗种费 24 300 元，饲料费 56 250 元，水电费 600 元，渔药费等 1 200 元，人工成本 2 000 元，租金 500 元。

（3）净利润：20 975 元，平均每箱利润 4 195 元。

28.3　眉山斑点叉尾鮰池塘养殖模式

28.3.1　主要养殖生产技术与方法

如表 28.3 所示，该模式养殖情况如下。

表 28.3　眉山斑点叉尾鮰苗种放养情况

放养品种	放养时间	放养规格（g/尾）	放养数量（尾/亩）
斑点叉尾鮰	3月6日	30～50	750
鲢	3月30日	20	500
鳙	3月30日	20	150

(1) 养殖面积：5 336m^2（8亩）。

(2) 放养准备：2月底抽干池水，每亩用125～150kg生石灰彻底消毒，10天后注新水，每亩水面用125kg发酵的有机粪肥肥塘，2天后全池泼洒豆浆（2.5kg黄豆）。

(3) 放养情况：苗种放养前用3%～5%的食盐溶液浸泡3～5min，放养。

(4) 投饲情况：3～4月用颗粒饲料296.5kg，5月用648.5kg，6月用1 640kg，7月用1 910kg，8月用2 170kg，9月用1 800kg，10月用450kg。

28.3.2　经济效益分析

(1) 投入（按每亩水面计算）：苗种投入计1 300元，其中，斑点叉尾鮰1 000元，常规苗种300元（包括白鲢、花鲢等）；颗粒饲料计2 750元（1.11t×2 200元/t=2 750元）；渔药投入20元；设备共2 200元，包括增氧机1 300元、投饵机800元及其他如网等工具100元，折算成每亩水面为275元（2 200元÷8亩=275元/亩）。

(2) 收益（按每亩水面计算）：斑点叉尾鮰产值5 100元=500kg×10.2元/kg；混养鱼产值900元。

每亩水面收益为6 000元（5 100元+900元=6 000元），每亩水面支出为4 345元（1 300元+2 750元+20元+275元=4 345元），每亩水面效益1 655元左右。

第 29 章 黄 颡 鱼

29.1 芜湖池塘内循环流水杂交黄颡鱼养殖经济效益分析

黄颡鱼是安徽省主要养殖品种之一，2018 年养殖面积约为 21.5 万亩，总产量预计为 2.87 万 t，约居全国第四位，总产值约 8.02 亿元。安徽黄颡鱼养殖主要集中在安庆、淮南、六安、池州和合肥，养殖模式以池塘主养、池塘套养和循环流水养殖 3 种养殖模式为主。本节以池塘内循环流水养殖为例，对黄颡鱼养殖模式进行经济效益分析。

29.1.1 生产实体简介

芜湖天成生态渔业有限责任公司位于繁昌县平铺镇。2011 年经营者整体承包繁昌县良种场，建设水产名特优高产、高效示范养殖基地，现有职工 26 人，其中水产工程师 2 人，中级技工 6 人，聘请正高级工程师 1 人、高级工程师 2 人作为技术顾问，先后被认定为农业部水产健康养殖示范场、无公害水产品养殖基地、芜湖市农业产业化龙头企业。该公司是全省推广池塘内循环流水（IPA）养殖杂交黄颡鱼试验示范点，两口实验池塘面积总共 2.31hm^2，养殖的黄颡鱼品种为"全雄 1 号"。

29.1.2 主要养殖生产技术与方法

1. 养殖条件

按照 IPA 要求，经过生态改造后池深 2.6m，注水最大水深可达 2.2m，中间塘埂改造成挡水坝。在坝的一侧建设 4 条规格为 22m×5m×2.4m 的养殖槽，一端留有长 25m 的开口。每个养殖槽配备 1 台 3.0kW 的气提式推水增氧设备，养殖槽尾段建设一条宽 4m×5m×4m 的沉淀池，安装全套废弃物收集装置。

2. 放养前准备

2016 年 5 月 6 日干塘，池留水深 5～10cm，每 0.07hm^2 使用有效氯含量 28%的漂白粉 10kg 全池（包括养殖槽）泼洒消毒，7d 后注水至 1.5m。在外塘浅水区或岸边移植茭白和马来眼子菜。水面上设置 10%的生态浮床，种植蕹菜。每 0.07hm² 放养规格 120～300g/尾的鳙 150 尾、规格 500～750g/尾的鲢 70 尾，投放螺蛳 500kg。

3. 鱼种放养

近年养殖和消费黄颡鱼的热度堪比克氏原螯虾，由于雄雌性黄颡鱼生长速度差异大，在相同养殖技术与环境条件下，同胞 2 龄雄鱼体重是 2 龄雌鱼的 300%。因此，分别通过性别控制育种、黄颡鱼和江黄颡鱼杂交实现性腺发育退化的不同技术路线，异曲同工解决性别导致生长速度差异的问题。在生产中，杂交黄颡鱼因表现出免疫球蛋白含量高、耐运输、耐暂养、耐低氧等抗（耐）性强和生长快、外形好、适合高密度养殖等养殖性好的特点。本试验于 2016 年 5 月 29 日从浙江省湖州市菱湖镇购买平均规格 13.98g/尾的杂交黄颡鱼鱼种 7.5 万尾，放养于 1 号养殖槽，平均放养量 341 尾/m³。2016 年 7 月 4 日从同一家鱼种场购买平均规格 2.5g/尾的杂交黄颡鱼鱼种 10 万尾，放养于 2 号养殖槽，平均放养量 455 尾/m³。5 月 29 日购买的鱼种，运到目的地使用 0.3mg/L 浓度的聚维酮碘消毒 3min 下塘，7 月 4 日购买的鱼种直接下塘。

4. 饲料与投喂

养殖前期投喂蛋白含量 43%、脂肪含量 8%的黄颡鱼专用膨化饲料，日投喂量为体重的 4%～8%，每天投喂 4 次，即 09:00 投喂 15%、12:00 投喂 20%、15:00 投喂 25%、19:00 投喂 40%。1 号养殖槽 40d 后改用含蛋白含量 41%、脂肪含量 6%的膨化饲料，2 号塘 55d 后改用含蛋白含量 41%、脂肪含量 6%的膨化饲料，每天投喂 3 次，即 09:00 投喂 25%、13:00 投喂 25%、19:00 投喂 50%。

5. 水质管理

自 6 月中旬起，每天的 13:00～15:00 外塘开启叶轮式增氧机增氧 2h，20:00 至次日 07:00 开启配置于外塘的气提式推水增氧设施，促进外塘水体整体循环并增氧。7 月初池塘内出现部分蓝藻，分别于 7 月 13 日、8 月 17 日使用光合细菌全池泼洒，每 0.07hm² 用量 2kg。9 月 1 日使用芽孢杆菌全池泼洒，每 0.07hm² 用量 2kg，9 月 28 日使用 EM 菌全池泼洒，每 0.07hm² 用量 2kg，7 月、8 月、9 月分别加水 1 次，每次 20～30cm。池水一直保持透明度 35cm 左右，水色较好。

6. 废弃物收集

在初夏时日杂交黄颡鱼摄食 1.5h 后，盛夏和初秋时日摄食 0.4～1.0h 后，晚秋摄食 1.0～1.5h 后，启用废弃物收集装置 20～30min，沿废弃物沉淀区来回吸收沉淀于池底的鱼类排泄物及残饵等废弃物,每天投喂几次则吸污几次。

7. 疾病预防

分别于 7 月 27 日和 8 月 23 日每 0.07hm^2 使用聚维酮碘 750g 全池泼洒消毒,9 月 1 日使用一次兽用葡萄糖粉全池泼洒,全塘使用 25kg。每隔 20d,在 50kg 饲料中添加 VC 300g、添加三黄粉 250g,连续投喂 3d。

29.1.3　经济效益分析

1 号养殖槽于 2017 年 7 月 2 日捕捞销售完毕,养殖周期为 13 个月 10 天,收获杂交黄颡鱼商品鱼 8 906.3kg。2 号池塘 2017 年 7 月 19 日捕捞销售完毕,养殖周期为 12 个月 20 天,收获商品鱼 9 048kg(表 29.1)。由于 2 条养殖槽放养的密度和规格不同,商品黄颡鱼的产量分别为 8 906.3kg、9 048kg,商品鱼平均规格分别为 173.3g/尾和 128.8g/尾;单位体积净增重分别为 35.7kg/m^3、40.0kg/m^3,净增重量倍数分别为 7.49 和 35.19 倍,1 号和 2 号养殖槽黄颡鱼日增长率分为 0.53%、0.94%。

表 29.1　"全雄 1 号"黄颡鱼养殖密度与生长速度分析

	项目	1 号养殖槽	2 号养殖槽
放养情况	规格(g/尾)	13.98	2.5
	总重量(kg)/数量(万尾)	1 048.5 /7.5	250.0 /10
	密度(尾/m^3)	341	455
收获情况	规格(g/尾)	173.3	128.8
	总产量(kg)	8 906.3	9 048
	密度(kg/m^3)	40.5	41.1
生长情况	成活率(%)	86.5	83.2
	每条养殖槽净增重(kg)	7 857.8	8 798.0
	单位体积净增重(kg/m^3)	35.7	40.0
	净增重倍数	7.49	35.19
	日增长率(%)	2.4	10.88

1. 投入和产出分析

杂交黄颡鱼上市规格与价格存在差异,1 号养殖槽商品鱼规格大,平均批发价格 23.6 元/kg,2 号养殖槽商品鱼规格小,平均批发价格 20.2 元/kg,2 条养殖槽产值分别为 21.02 万元、18.28 万元,相差 2.74 万元(表 29.2)。然而净增产值分别为 18.54 万元、17.77 万元,仅相差 0.77 万元。

表 29.2 "全雄 1 号"黄颡鱼养殖的投入与产出分析

	项目	1 号养殖槽	2 号养殖槽
投入	放养总重量（kg）/数量（万尾）	1 048.5/7.5	250.0/10.0
	苗种价格（元/kg）	45.00	40.00
	苗种投入（万元）	4.72	1.0
	投喂饲料量（t）	14.3	14.4
	饲料价格（元/kg）	7.8	7.8
	饲料系数（FCR）	1.82	1.64
	饲料投入（万元）	11.15	11.23
产出	销售价格（元/kg）	23.6	20.2
	总产值（万元）	21.02	18.28

2. 饲料效率分析

使用相同的配合饲料并经过养殖周期相差 53d 的养殖，投喂的配合饲料成本分别为 11.15 万元、11.23 万元。1 号和 2 号养殖槽的饲料系数分别为 1.82、1.64，养殖商品鱼的饲料成本分别为 12.52 元/kg、12.41 元/kg（表 29.2）。放养小规格鱼种的饲料效率高于养殖大规格鱼种，商品鱼饲料成本低 1.41 元/kg。

3. 利润分析

2 条养殖槽的养殖净利润分别是 3.79 万元、4.69 万元，经济效益显著。1 号养殖槽放养大规格苗种，密度相对较低，养成商品鱼规格大、价格高，但增重倍数低，饲料系数高，经济效益低于 2 号养殖槽（表 29.3）。两口养殖槽的成本（费用）投入资金分别为 17.23 万元、13.59 万元，相差 3.64 万元，收益率却为 22.9% 和 34.51%，表明放养大规格鱼种投入成本（费用）较多，而收益相对较低，利润较少。

表 29.3 "全雄 1 号"黄颡鱼养殖利润分析

项目	1 号养殖槽	2 号养殖槽
总产值（万元）	21.02	18.28
苗种费（万元）	4.72	1.00
饲料费用（万元）	11.15	11.23
塘租、人工、水电费（万元）	1.36	1.36
净利润（万元）	3.79	4.69
产出投入比	1.22	1.35
收益率（%）	21.99	34.51

29.2 湘阴黄颡鱼主要养殖模式经济效益分析

黄颡鱼养殖是湘阴县传统优势产业，有得天独厚的资源优势和自然优势。2017 年全县养殖规模达到 28 500 亩，主要采取池塘单养、80∶20 养殖、鱼鳖混养、阶梯式养殖等 4 种模式，以下对全雄黄颡鱼与鲢鳙套养中华鳖模式做生产经济效益分析。

29.2.1 生产实体简介

湘阴湾河李公湖特种水产养殖专业合作社位于湘阴县静河乡义和渔场，拥有池塘精养面积 1 210 亩，年产商品鱼 1 500t，产值 1 600 万元，其中黄颡鱼与鳖混养养殖户 6 户，养殖面积 108 亩。

29.2.2 主要养殖生产技术与方法

主要采取全雄黄颡鱼与鲢鳙套养中华鳖混养模式，上年 11 月或当年 4 月上旬投放苗种，经过 5~7 个月的饲养可上市销售，养殖成活率 70%以上。该产品具有生产速度快、规格齐整、病害少、用药少或不用药、污染轻、劳动量小和渔民易接受等特点。

（1）养殖条件：面积 10~20 亩为宜，东西向，长方形，长宽比（2~3）∶1。池底平坦且有一定坡度，一般为 1%，淤泥厚度小于 30cm。水、电、路畅通，进排水方便，可保水深 2.0~3.0m。5~8 亩配备 1 台 3kW 的增氧机，5 亩配备 1 台投饵机。采取黄颡鱼与中华鳖混养模式的池塘，必须护好坡和建设防逃设施。

（2）苗种放养：全雄黄颡鱼苗种主要来源于湖北、广东等具有生产资质的苗种繁育场，养殖池塘经严格消毒 7~10d 后投放苗种，2017 年苗种放养时间规格和数量见表 29.4，套养的鳙、鲢及中华鳖苗种来源于自繁自育。

表 29.4 湘阴黄颡鱼养殖苗种放养情况

品种	放养时间	规格	数量（尾）	密度（尾/亩）	价格（元/尾）	支出（元）
全雄黄颡鱼	2017.04	3~5cm/尾	1 350 000	12 500	0.15	202 500
中华鳖	2017.04	150g/只	10 800	100	16	172 800
鳙	2017.05	100g/尾	5 400	50	0.8	4 320
鲢	2017.05	150g/尾	10 800	100	0.6	6 480
合计						386 100

长沙综合试验站　王金龙

(3) 饲养管理：全雄黄颡鱼使用的饲料主要是黄颡鱼专用膨化饲料。一是微光驯食，因全雄黄颡鱼具有夜间觅食的习性，在苗种生长期内，采取微光引诱驯食，逐步变为趋光进食。二是微纳米管曝气增氧，黄颡鱼属于底层鱼类，高密度养殖生产过程中需氧量远高于其他常规鱼，利用微纳米管离池底 15cm 处进行曝气式增氧，可增加及中和水中溶氧量，可通过曝气增氧使底层有毒物质随气泡挥发或分解。三是合理投喂，投饵机距池边 2～3m 摆放并多点设置，确保全雄黄颡鱼均匀摄食，投喂时间定为早晨、傍晚。四是加注新水，在成鱼生产旺季，除利用生石灰或微生物制剂调节水质外，可每天加注新水换水 5～10cm。五是净池捕捞，净池捕捞除可采取诱捕网箱捕捞外，还可根据黄颡鱼冬季穴居习性，在池塘低洼处人工筑巢，引诱黄颡鱼集中捕捞。六是带水操作，由于黄颡鱼应急反应强烈，无论是苗种放养、商品鱼捕捞还是销售必须带水操作，以免造成鱼体损伤或死亡。七是要加强病害防治。

29.2.3　经济效益分析

2017 年实际投入养殖生产面积 108 亩，套养的鳙、鲢主要是调节水质，中华鳖主要摄食主养鱼饲料残饵及病死鱼类，全年累计饲料使用量为 200t，产量情况见表 29.5。

表 29.5　湘阴黄颡鱼养殖成鱼收获情况

品种	收获时间	规格	产量（kg）	价格（元/kg）	收入（元）
全雄黄颡鱼	2017.10	150g/尾	124 200	22	2 732 400
中华鳖	2017.10	600g/只	4 860	100	486 000
鳙	2017.10	1200g/尾	5 400	10	54 000
鲢	2017.10	850g/尾	7 560	5	37 800
合计					3 310 200

全年总生产成本为 2 141 300 元，其中饲料费 1 500 000 元，苗种费 386 100 元，成本明细见表 29.6。

表 29.6　湘阴黄颡鱼养殖生产成本　　　　（单位：元）

项目	金额
苗种费	386 100
饲料费	1 500 000
水电费	62 000
渔药费	31 500
人工费	41 000
捕捞费	34 500

续表

项目	金额
燃料费	8 000
池塘租金（承包费）	43 200
折旧费	15 000
其他费用	20 000
总计	2 141 300

该养殖模式中，全雄黄颡鱼产量可达到 1 150kg/亩，平均售价约为 22 元/kg，单位面积产值为 25 300 元/亩；中华鳖产量可达到 45kg/亩，平均售价约为 100 元/kg，单位面积产值为 4 500 元/亩；鳙产量可达到 50kg/亩，平均售价约为 10 元/kg，单位面积产值为 500 元/亩；鲢产量可达到 70kg/亩，平均售价约为 5 元/kg，单位面积产值为 350 元/亩。总收入为 3 310 200 元，利润约为 10 823 元/亩，成本利润率为 54.59%（表 29.7）。饲料费、苗种费、水电费、人工费、捕捞费和池塘租金是生产成本的重要组成部分，分别占 70.1%、18.0%、3.5%、2.0%、2.9%，饲料费占生产成本的比例最大。水电费、渔药费、燃料费、其他费用和折旧费占总成本的比例分别为 2.9%、1.5%、0.4%、0.9% 和 0.7%。

表 29.7　湘阴黄颡鱼养殖经济效益分析

指标	指标值
总收入（元）	3 310 200
总成本（元）	2 141 300
饲料系数（FCR）	1.40
单位面积产值（元/亩）	30 650
单位面积成本（元/亩）	19 827
单位面积净利润（元/亩）	10 823
成本利润率（%）	54.59

第 30 章 鳢

30.1 德清乌鳢养殖配合饲料应用技术

乌鳢是浙江省主要淡水养殖品种之一，2018 年全省乌鳢养殖面积 0.24 万亩，以本地品种为主，国家水产新品种"杭鳢 1 号"主要在杭州本地养殖。本节以德清县示范点为实例对乌鳢配合饲料应用技术模式做生产效益分析。

30.1.1 生产实体简介

德清县是国家特色淡水鱼产业技术体系杭州综合试验站 5 个示范县之一。在德清县水产技术推广站指导下，将德清县禹越镇百亩漾生态休闲农庄作为乌鳢生态健康养殖的示范点之一。

该示范点位于德清县禹越镇木桥头村，系省级乌鳢养殖精品园，试验示范基础条件良好。全场养殖池塘面积 325 亩，乌鳢专养总面积 200 亩，包括乌鳢苗种 90 亩，成鱼 110 亩；乌鳢苗种养殖为单养模式，以投喂配合饲料为主。乌鳢成鱼养殖为混养模式，主要搭配品种为鲢、鳙和鳖，以鲜饲料搭配配合饲料的方式投喂；除此以外，该示范点尚有中华鳖 80 亩，鲫、鲢、鳙苗种和养成池 45 亩。

示范点年生产乌鳢约 250t，产值 450 万元；利润约 50 万元。近年来，利用省精品园的有利条件，在省、县、镇技术推广人员的指导下，带头示范应用配合饲料替代鲜饲料，并已连续 2 年在禹越镇辐射推广配合饲料 1 000t 以上。

30.1.2 主要养殖生产技术与方法

1. 利用配合饲料分级培育当年乌鳢苗种示范

7 月 21 日利用 2 亩放养片子苗种 581.5kg，共 67 454 尾；8 月 26 日规格达到 34 尾/kg，分养至两口池塘（2 亩和 3 亩）；10 月 5 日全部转移到一口 5 亩的池塘。养殖模式为单养，7～10 月全部使用配合饲料，10 月后少量搭配禽肝。配合饲料供应商为浙江省德清县鸿利饲料有限公司，使用 1～5 号料。饲料投喂量：前期3%～5%，8～10月2%～3%，11月0.5%～1%。12月1日干塘验收，收获苗种6 760kg，平均亩产为1 352kg。按乌鳢苗种价19元/kg计，产值为128 440元，亩产值25 688元。抽样平均规格150.2g/尾，出池乌鳢苗种数量为45 006尾，成活率为66.7%。

全程用去配合饲料5 036kg、禽肝1 700kg。以禽肝饲料系数为4计算，则配合饲料的饲料系数为0.87。总成本为100 761元，其中，总饲料成本为57 776元，占总成本的57.3%，其他成本为8 597元。亩利润5 535.8元/亩。

2. 应用配合饲料养殖乌鳢成鱼示范

示范池塘两口，每口15亩，每口池放乌鳢苗种2.5万尾（125g/尾），鲫5 000尾（40尾/kg），鲢、鳙1 200尾（6尾/kg）。2015年9月11日开始放养，2016年5月以前投喂配合饲料，6月以后上午投喂禽肝（投喂率约5%），傍晚投喂配合饲料（投喂率约1%）。所用配合饲料均为浙江省德清县鸿利饲料有限公司生产的产品，禽肝为山东新希望六和股份有限公司嘉祥分公司产品。12月1日根据养殖日志进行试验验收。

共收获商品规格乌鳢59 370kg，平均亩产量1 979kg，亩产值32 060元；其余搭养鱼6 300kg，平均亩产量210kg，亩产值2 100元；全程投喂配合饲料24t，禽肝167.61t。总饲料成本565 680元，占总养殖成本的71.7%。全部养殖产值为102.48万元，总成本为78.918万元，盈利23.562万元，亩利润为7 854元。按池塘实际占用率1.5年计算，年亩利润为5 236元。

3. 小结

本试验中乌鳢商品鱼养殖阶段商品鱼的生产成本为13.29元/kg，饲料成本占总成本的71.7%。当前乌鳢养成阶段普遍使用禽肝喂养，主要是由于禽肝喂养比冰鲜鱼和配合饲料成本低。一般乌鳢养成阶段禽肝的饲料转化率约为4.7，商品鱼的饲料成本为8.64元/kg。可见对生产者来说，倾向于选择禽肝喂养，但会给配合饲料推广应用带来困难。同时，用禽肝喂养仍有一定的风险，据对禹越镇的调查，因今年气候反常，上半年乌鳢发病率在50%以上，损失也较为惨重。同时，鸭肝养殖乌鳢需频繁换水，给养殖生态环境造成较大压力，而且养成的商品鱼脂肪积累较多，腹部膨大。本示范试验中搭配使用部分配合饲料，养殖中不用换水，商品鱼的体形也较为正常。

辐射带动效果：通过配合饲料全程应用培育当年苗种和禽肝搭配配合饲料养殖成鱼示范，禹越镇全年使用配合饲料在1000t以上，推广应用（包括搭配应用）面积在2000亩以上。

30.2 广州花都乌鳢生态养殖实例经济效益分析

乌鳢是广东省主要淡水养殖品种之一，2016 年产量为 11.12 万 t，占广东省鱼类养殖总产量 3.18%，省内乌鳢养殖生产以池塘、水库、山塘为主，主要采用单养、混养和综合经营 3 种生产模式。本节以池塘为实例对乌鳢生态养殖生产模式做生产经济效益分析。

30.2.1 生产实体简介

广州市伟德农业有限公司位于花都区炭步镇骆村，拥有池塘养殖面积 400 亩，获得省级无公害基地认定，获得农业农村部健康示范场认证，2017~2018 年养殖生鱼 104 亩。

30.2.2 主要养殖生产技术与方法

养殖条件：采用生态搭冬棚养殖模式，主要使用微生物生态基调节水质，10 月底搭冬棚过冬，到次年的 4 月；使用微生物生态基调节水质，水质清爽，病害较少；搭冬棚过冬，可以在过冬期间促进生鱼生长 3~5 两[①]，且完成养殖水处理系统建设，溶氧量保持 5mg/L 以上，pH 为 6.5~8，温度 16~30℃，养殖周期 13 个月，养殖面积 10 亩。

苗种放养：每年 6 月开始，选择晴天，放养无病无伤、体格健壮的乌鳢，规格 30 尾/kg，亩放苗 8 000 尾，共放苗 8 万尾。

投饲管理：投放丰华牌饲料 5 400 包，共计 216t。

30.2.3 经济效益分析

如表 30.1 所示，该模式经济效益分析如下。

表 30.1 广州花都乌鳢养殖经济效益分析

项目	参数	项目	参数
示范面积（亩）	10	放苗时间	2017 年 6 月 12 日
放养规格（尾/kg）	30	放养量（尾）	80 000
饲料品种	丰华牌生鱼料	投喂量（包）	5 400
收获（出塘）时间	2018 年 7 月 20 日	平均亩产量（kg）	7 164.3

广州综合试验站　刘付永忠
① 1 两=0.05kg

续表

项目	参数	项目	参数
总产量（kg）	71 643	平均亩收入（元）	146 152
总收入（元）	1 461 520	饲料成本（元）	820 800
苗种成本（元）	120 000	药品费等（元）	13 000
水电费（元）	15 000	……	
人工成本（元）	70 000	平均亩利润（元）	42 272
净利润（元）	422 720		

成鱼收获：10亩总产量71 643kg，亩产7 164.3kg，总产值1 461 520元，平均亩产值146 152元。净利润422 720元，平均亩产值42 272元。

生产成本：苗种成本120 000元，饲料成本820 800元，水电费15 000元，人工成本70 000元，药品、调水剂等成本13 000元。

净利润：422 720元，平均亩利润42 272元。

第 31 章　鳗

31.1　三明鳗养殖生产经济效益分析

鳗是福建省主要淡水养殖品种之一，2017 年产量为 9 万 t，为全国鳗总产量第一位，约占 45%。福建省内鳗养殖方式以水泥池为主，兼有池塘养殖方式，全以单养生产模式。本节以水泥池养殖方式为实例对鳗养殖生产做生产经济效益分析。

31.1.1　生产实体简介

福建省三明宏源养殖有限公司，位于福建省三明市清流县灵地镇姚坊村鲜水塘。养殖场总占地面积约 2hm^2，共有 250~400m^2 水泥池 36 口，抽取地下水为水源。年产鳗 150t 左右。该养殖场聘用养殖技术员 1 人，水产养殖工人 8 人，后勤人员 3 人。

31.1.2　主要养殖生产技术与方法

主要采用水泥池精养模式，2017 年 1 月投放南部美洲鳗苗 40 多万尾，规格为 7 800 尾/kg。养殖至当年底，鳗总重量达 50 多 t，平均规格达 7.9 尾/kg，成活率达 98.6%。养殖至次年 10 月，鳗总重量达 270t 以上，平均规格达 1.5 尾/kg。10 月出售规格 1.0~1.4 尾/kg 的鳗 170.3t，存塘鳗量 100t 以上。该养鳗场具备以下特点。

1. 养殖池

养殖水泥池为第一年的新池，每池面积为 250~400m^2。

2. 水源

具有丰富的地下水源。地下水水温常年为 22℃，使鳗池内水温保持在 17~28℃，是鳗较适宜的温度范围；水源呈弱碱性，pH 为 7.8，病虫害少。

3. 苗种放养

放养南部美洲鳗苗，苗种价格较便宜，且投放时间在每年 11 月至次年 3 月，利于白仔鳗培育后黑仔鳗及幼鳗的养殖；其后期即规格达 5 尾/kg 后养殖生长快，饲料效率高。2017 年苗种放养时间、规格和数量见表 31.1。

表 31.1　三明鳗养殖苗种放养情况

品种	放养时间	规格（尾/kg）	数量（万尾）	密度（kg/m^2）	价格（元/尾）	支出（万元）
鳗	2017.01	7800	40	0.13~0.21	3.2	128

4. 养殖管理

（1）投饲管理：使用品牌鳗饲料，饲料配方科学，黏弹性好；饲料中常年添加油脂，并根据不同季节添加复合维生素、维生素 C、维生素 E 和保肝利胆素。每天 6:00 和 18:00 投喂，投喂量掌握在黑仔 3%~4%、幼鳗 2%~2.5%、成鳗 0.5%~1.5%，根据鳗活动及水温酌情增减；每一周停食 1 次，让鳗消化道进行休整。

（2）水质管理：每天投喂 2 次，相应地排污换水 2 次，换水量为 70%~100%，需在饲料投喂 2~3h 后进行排污，每天至少全池刷洗 1 次，同时每 2h 需拔臭 1 次。

（3）病虫害防治：利用刺激性较小的药物，每 15~30d 定期消毒、杀虫 1 次。

31.1.3　经济效益分析

2017 年 1 月实际投入养殖生产，至 2018 年 10 月饲料总用量 405.45t，产量情况见表 31.2。

表 31.2　三明鳗养殖成鱼收获情况

	收获时间	规格（尾/kg）	产量（t）	价格（万元/t）	收入（万元）
出售鳗	2018.10	1.26	170.3	6.9	1 175
存塘鳗	2018.10	2.1	100	7.0	700

同时，全场存塘鳗 100t 以上，按 7 万元/t 估算，还可收入 700 多万元。养殖 22 个月总产值约 1 875.1 万元，总生产成本为 1 065.1 万元，其中，饲料费 547.4 万元，苗种费 128.0 万元，人工费 118.8 万元，水电费 82.5 万元，见表 31.3。

表 31.3　三明鳗养殖生产成本　　　　　　　　　　（单位：万元）

项目	金额
苗种费	128.0
饲料费	547.4
购买红虫费	28.2

续表

项目	金额
水电费	82.5
渔药费	23.6
人工费	118.8
燃料费	12.0
田租费	8.6
利息（按年10%）	60.0
折旧费（按年10%）	56.0
其他费用	0.0
总计	1 065.1

该养殖模式中鳗产量可达30～35kg/m^2，平均售价约为69元/kg，养殖成本约为39.4元/kg。单位面积产值为150.4万元/亩，单位面积成本约为85.4万元/亩，利润约为64.1万元/亩，成本利润率为75.06%（表31.4）。饲料费、苗种费、人工费和水电费是生产成本的重要组成部分，分别占51.39%、12.02%、11.15%和7.75%，饲料费占生产成本的比例最大。但由于鳗养殖投资大，利息和折旧费占总成本比例也不小，分别为5.63%和5.26%；而田租费、渔药费、捕捞费和燃料费占的比例比较小，为1%～2%。

表31.4 三明鳗养殖经济效益分析

指标	指标值
总收入（万元）	1 875.1
总成本（万元）	1 065.1
饲料系数（FCR）	1.50
单位面积产值（万元/亩）	150.4
单位面积成本（万元/亩）	85.4
单位面积净利润（万元/亩）	64.1
成本利润率（%）	75.06

31.1.4 养殖效果分析

（1）养殖池为第一年使用的新池，鳗养殖全过程均未发生较严重的病虫害。

（2）养殖用水源为地下水，常年水温为22℃，呈弱碱性，pH为7.8，保持鳗池内水温在17～28℃，是鳗较适宜的温度范围，鳗病虫害少。

（3）投放南部美洲鳗苗，苗种价格较便宜，且全部养成规格1.26～2.1尾/kg的菜鳗出售。南部美洲鳗大规格鳗生长快、饲料效率高、养殖产量高、成本相对较低。

（4）公司养鳗技术员也兼为股东，养殖管理规范、到位，严格要求养鳗工人。不会进行过饱喂食，注重鳗的营养补充和季节性病虫害预防；不会经常性地大量使用刺激性的药物。

31.2 漳州鳗养殖生产经济效益分析

鳗为暖水性鱼类，味道鲜美，营养丰富，有滋补强身的功效，被誉为"水中人参"，是我国养殖规模较大、效益较好的中高档淡水养殖品种之一。我国养鳗业起步于20世纪70年代，经过30年的养殖历程，已形成了集养殖、加工、销售为一体，年产值达百亿元的大产业，鳗养殖总量占全世界的2/3，其中烤鳗和活鳗出口已成为我国水产品出口的主力军，年创汇7亿～8亿美元，为我国的水产养殖行业发展做出了巨大的贡献。本节以循环水养殖模式为实例对鳗生产模式做生产经济效益分析。

31.2.1 生产实体简介

福建锦江之曼水产科技有限公司，位于著名的"鱼米花果之乡"，即素有"海滨邹鲁"美誉的漳州，地址为福建省漳州市诏安县金星乡湖内村亚湖青年农场。总占地面积 $10hm^2$，公司主要经营水产养殖技术研发及推广、水产品的养殖及销售，年产值1000万左右。其中，鳗养殖面积50亩，负责水产养殖工人13人。

31.2.2 主要养殖生产技术与方法

主要采用循环水养殖模式，当年1月投放鱼苗8000P（P，鳗行业专用术语，即每kg鳗尾数），次年12月捕捞。经过24个月左右的养殖，鳗成活率为85%左右。①养殖条件：鳗是一种降河洄游产卵鱼类，原产于海中，溯河到淡水内长大，适温范围24～28℃，整个养殖期内使用液氧机增氧。②苗种放养：主放养苗种为欧洲鳗，来源于欧洲。2017年苗种放养时间、规格和数量见表31.5。③投饲管理：使用粉状饲料，投喂前先将饲料称重，饲料与水的比例为1∶1.15，使用搅拌机搅拌成面团状，再用刀将其切成小块饲喂，投喂时间一般在上午5:00～6:00、下午5:30～6:30。投喂量根据鳗生长状况、健康状况、水质情况、食欲及天气变化情况酌情增减。养殖所用精养池均配备循环水设施，试验期间水质情况为：水温26～30℃，pH为5.0～6.5，氨氮0.3～0.8mg/L，亚硝酸0.004～0.01mg/L，溶解氧为10～15mg/L（液氧充气）。

表 31.5　漳州鳗养殖苗种放养情况

品种	放养时间	规格（P）	数量（万尾）	价格（元/尾）	支出（万元）
欧洲鳗	2017 年	3 500	100	2.8	280

31.2.3　经济效益分析

2018 年实际投入养殖生产面积 30 亩，饲料用量 400t，产量情况见表 31.6。

表 31.6　漳州鳗养殖成鱼收获情况

品种	收获时间（年份）	规格（P）	产量（t）	价格（万元/t）	收入（万元）
欧洲鳗	2018	3	200	9	1 800

全年总生产成本为 1560 万元，其中饲料费 520 万元，苗种费 280 万元，见表 31.7。

表 31.7　漳州鳗养殖生产成本　（单位：万元）

项目	金额
苗种费	280
饲料费	520
水电费	200
渔药费	10
人工费	200
捕捞费	20
维修费	30
折旧费	200
其他费用	100
总计	1 560

该养殖模式中鳗产量可达到 6 667kg/亩，平均售价约为 90 元/kg，单位面积产值为 60 万元/亩，单位面积成本约为 52 万元/亩，利润约为 8 万元/亩，成本利润率约为 15%（表 31.8）。饲料费、水电费、人工费和苗种费是生产成本的重要组成部分，分别占 33.33%、12.82%、12.82% 和 17.95%，饲料费占生产成本的比例最大。渔药费、捕捞费、维修费、折旧费及其他费用占总成本的比例分别为 0.64%、1.28%、1.92%、12.82% 和 6.41%。

表 31.8　漳州鳗养殖经济效益分析

指标	指标值
总收入（万元）	1 800
总成本（万元）	1 560
饲料系数（FCR）	0.5

续表

指标	指标值
单位面积产值（万元/亩）	60
单位面积成本（万元/亩）	52
单位面积净利润（万元/亩）	8
成本利润率（%）	15

31.2.4 养殖效果分析

（1）养殖用水源为地下水，采用循环水养殖模式，目前尚不十分成熟，水质控制不太好，导致鳗生长速度慢、饲料效率低，但是病虫害少。

（2）投放欧洲鳗的苗种价格较便宜，成本相对较低；由于采用循环水养殖，能耗大，加上充液氧，因此成本偏高。

（3）公司养鳗技术员管理规范、到位，严格要求养鳗工人，注重鳗的营养补充和病虫害预防；无经常性地大量使用刺激性药物。

31.3　闽西鳗养殖模式与经济效益分析

目前，福建鳗养殖模式以水泥池精养、水泥池与土池相结合为主，还有一些工厂化养殖模式。养殖品种主要为欧洲鳗和美洲鳗。通过近年来的实地调查研究，在初步积累了一些养殖经验的基础上，现对福建内陆山区一种水泥池和土池相结合的鳗养殖模式与效益做初步分析总结。

31.3.1　生产实体简介

该鳗养殖场位于闽西内陆山区，占地120亩，其中一级蓄水沉淀池（土池）25亩，放养少量滤食性鱼类；二级蓄水沉淀池（水泥池）50亩，搭盖有保温棚；鳗养殖池20亩；尾水处理池（土池）23亩。养殖用水源为山泉水。

鳗养殖池均为水泥池，钢筋框架保温设施，池顶覆盖黑色和白色塑料薄膜，每口池配备2台0.75kW的水车式增氧机。配备有进排水和收放鳗口，设计有专门的鳗挑选池。

31.3.2　主要养殖生产技术与方法

1. 苗种投放

2018年3月共计投放美洲鳗苗90万尾，每尾6.5元，至2018年10月，该批鳗苗成活率在97%左右,规格在42P左右。但去年由于病害等,鳗苗成活率在60%左右,综合计算该场鳗苗养殖成活率在75%左右。

2. 成鱼销售

2017年该场养殖鳗约260t,其中销售商品鳗约150t,主要销售规格为2~3P,其中,3P市场价格约为11万元/t,2.5P市场价格约为9.5万元/t,2P市场价格约为8.0万元/t。综合概算平均市场销售价格约为9.5万元/t,推算该场去年销售额约:150t×9.5万元/t=1425万元。

31.3.3 经济效益分析

饲料费:按照不同鳗苗规格投喂不同价格的鳗配合饲料计算,饲料价格平均约为1.48万元/t,饵料系数在0.8左右,鳗养殖产量约260t,投入饲料约325t(260t/0.8)。概算:325t×1.48万元/t=481万元,共计开支481万元。

苗种费用:2018年投入苗种90万尾,价格6.5元/尾。概算:90万尾×6.5元/尾=585万元,合计585万元。

劳务费:该场共有10名工人,其中技术工人1名,工资1.2万元/月;电工1名,工资0.5万元/月;普通养殖工人8名,工资0.35万元/月。概算:12月×(1.2+0.5+8×0.35)万元/月=54万元;另外工人年终奖金约20万元,共计开支约74万元。

水电费:每年的水电费开支在50万元左右。

病害防治和调水费:每年约10万元。

塘租费:占地12亩,每亩每年费用在0.1万元左右,合计1.2万元。

鳗养殖其实属于轮捕轮放养殖模式,根据2017年商品鳗鱼销售情况,以及2018年的鳗苗投放养殖情况,推算该场每年的年利润约为:1 425万元−481万元−585万元−74万元−50万元−10万元−1.2万元=223.8万元。如果按养殖水面为20亩算,每亩年利润约11.19万元。

总之,鳗产业是一种典型的"出口依赖性产业",受市场波动影响巨大。另外,随着欧洲鳗被列入世界《濒危野生动植物种国际贸易公约》的附录,再加上近年来鳗苗捕捞量下降,鳗养殖面临诸多挑战。可以说鳗养殖投资大、风险高、利润丰厚,因此资本投入需谨慎。

第32章 淡 水 鲈

32.1 嘉善淡水鲈配合饲料替代冰鲜鱼养殖模式与技术

淡水鲈是浙江省海洋与渔业局《关于推介发布2016~2018年浙江省渔业主推品种和主推模式与技术的通知》（浙海渔推〔2016〕1号）主推品种之一，近年来，浙江省的养殖规模和产量发展极为迅速，淡水鲈深受养殖户和消费者的欢迎，已成为浙江省淡水水产养殖业供给侧结构性调整的重要品种之一，发展前景非常广阔。

32.1.1 生产实体简介

嘉善县是国家特色淡水鱼产业技术体系杭州综合试验站5个示范县之一。嘉善县水产技术推广站积极落实省海洋与渔业局和省推广总站布置的"推广配合饲料替代冰冻鱼"专项工作任务，在全县建立了4个淡水鲈配合饲料替代冰鲜鱼的省级核心示范点，其中在新胜水产专业合作社设立了一个省级核心示范点，区域位置位于西塘镇新胜村淡水鲈精品园，水产养殖规模220亩，主要养殖品种为淡水鲈。嘉善县新胜水产专业合作社是一家以淡水鲈为主要养殖品种的专业合作社，主要从事淡水鲈的冰鲜鱼供应及商品鲈销售等服务，在当地具有较强的影响力和辐射带动能力。

32.1.2 主要养殖生产技术与方法

1. 开展配合饲料和冰鲜鱼对比池塘的数量和面积

该示范点共有12个池塘开展试验示范，其中7个池塘（面积120亩）全程投喂配合饲料，5个池塘（面积100亩）前期以投喂冰鲜鱼为主，养殖后期也适当投喂一些配合饲料。

2. 养殖品种（主养、套养）放养数量、初始规格等

该示范点主养品种为淡水鲈，一般每亩放养淡水鲈2 500~3 000尾，放养规格为60~80尾/kg，同时套养花鲳600尾/亩，放养规格60尾/kg左右，同时放养花鲢20尾/亩，规格0.1kg/尾。

杭州综合试验站　丁雪燕

3. 配合饲料品牌和应用模式

该示范点2017年使用4个品牌的配合饲料,分别是浙江欣欣天恩水产饲料有限公司生产的"惠福牌"、浙江粤海饲料有限公司生产的"粤海牌"、杭州海皇科技股份有限公司生产的"海皇牌"及苏州海大饲料有限公司生产的"海大牌"淡水鲈专用饲料。其中全程单独使用配合饲料的有120亩,搭配冰鲜鱼的有100亩,禁渔期尽量不使用冰鲜鱼,全年专用配合饲料使用量预计在120t左右。

4. 水质对比检测,节能减排效果分析

2017年7月4日和9月21日,嘉善县水产技术推广站专门委托浙江省淡水渔业环境监测站对4个省级核心示范点进行了水质检测,其中新胜水产专业合作社示范点进行了投喂配合饲料和投喂冰鲜鱼的水质对比检测,从检测的6项水质数据来看,7月和9月投喂配合饲料大多数水质指标均优于投喂冰鲜鱼的水质指标,详见表32.1。

表32.1　嘉善县西塘新胜水产专业合作社示范点淡水鲈养殖水质对比表

水质检测时间	投喂方式	pH	溶解氧（mg/L）	亚硝酸盐氮（mg/L）	化学需氧量（mg/L）	氨氮（mg/L）	总磷（mg/L）
7.04	配合饲料	8.37	7.57	0.158	89	1.10	0.99
7.04	冰鲜鱼	7.78	4.00	0.066	57	3.53	1.93
9.21	配合饲料	7.16	3.34	0.120	65	0.456	0.55
9.21	冰鲜鱼	7.27	2.33	1.77	69	1.93	1.22

从表32.1中可以看出,投喂配合饲料的溶解氧、氨氮和总磷三项主要水质指标要明显优于投喂冰鲜鱼的,说明投喂饲料后水质中的氨氮和总磷这两项富营养化指标得到了较好的控制,有效地改善了池塘水质。

5. 日常管理和生产技术要点等信息

日常管理主要是做好淡水鲈的水质管理和投饲管理,池塘水质要经常使用微生态制剂调节水质,高温季节坚持每15～20d使用一次微生态制剂,做到不外排养殖尾水。同时每天上午和傍晚投喂两次配合饲料。生产上主要着重做好淡水鲈幼鱼时期的驯化工作,一般从2cm开始使用配合饲料逐步驯化,直至幼鱼全部能够食用配合饲料,放养规格一般体长达6～7cm、体重达60～100尾/kg。

6. 产量与产值,成本与效益的统计和对比分析

我县淡水鲈养殖大多数为跨年度销售,从2017年1月该试验基地已经起捕淡水鲈的养殖数据来看,全程使用配合饲料的试验池与使用冰鲜鱼的试验池相比,淡

水鲈养殖产量产值都有所增加，亩均成本减少 1 840 元，亩均收益净增加 2 245 元，详见表 32.2。

表 32.2　嘉善县西塘新胜水产专业合作社示范点淡水鲈养殖试验对比表

养殖方式	放养密度（尾/亩）	起捕规格（g）	亩均产量（kg）	亩均成本（元）	亩均效益（元）
配合饲料	2800	450	1 207.5	19 650	8 547
冰鲜鱼	2500	456	1 137.5	21 490	6 302
对比	+300	−6	+70	−1 840	+2 245

32.2　铜陵大口黑鲈养殖经济效益分析

大口黑鲈作为安徽省一种新兴水产品养殖品种，养殖面积较小，2018 年全省养殖面积 9 568 亩，总产量达 6 500t，位居全国第七位，总产值 1.83 亿元。安徽大口黑鲈养殖以池州市青阳县、铜陵市义安区养殖为主，青阳县建有大口黑鲈规模化养殖基地。在养殖模式上，安徽大口黑鲈养殖以池塘主养为主，共计 5 482 亩，以池塘套养为辅，共计 3 886 亩，另有 201 亩的推水循环水养殖。本节以安徽张林渔业有限公司养殖为实例，对大口黑鲈流水槽养殖生产模式做生产经济效益分析。

32.2.1　生产实体简介

安徽张林渔业有限公司，成立于 2011 年，位于安徽省铜陵市义安区顺安镇，主要经营业务为大口黑鲈等名特优水产苗种繁育、成品养殖与销售和休闲垂钓服务，现有水产养殖工人 9 人，年产值 1 100 万元左右，总占地面积 500 亩，其中，大口黑鲈养殖面积 190 亩。

32.2.2　主要养殖生产技术与方法

采用流水槽养殖模式，当年 5 月初投放鱼苗，投放规格为 7.5g/尾，当年 11 月起捕，经过 6 个月养殖，平均体重超过 355g/尾，成活率 90% 左右。

1. 养殖条件

流水槽规格为 22m×5m×2.5m（实际养殖水深 1.8～2m）、气提式推水增氧设备功率为 3.0kW，底部安装 2 道微孔增氧管，养殖槽尾段建设一条 5m 长沉淀池，安装全套废弃物收集装置。放苗前 10 天用漂白粉清塘。每条流水槽配 8 亩外塘，外塘浅水区或岸边移植茭白和马来眼子菜,每亩放养规格100g/尾的鲢、鳙各100尾。

2. 苗种放养

放养苗种为大口黑鲈原种繁殖苗种,亲鱼由张林渔业有限公司从美国引进。5月2号放养,规格为7.46g/尾,放养密度为200尾/m^3,苗种放养前用0.5%食盐溶液浸泡。

3. 养殖管理

采用鲈养殖专用膨化饲料养殖,每天上午9:00～10:00和下午4:00～5:00各投喂一次,投喂量依据大口黑鲈的生长阶段和天气情况酌量增减,以投喂后30min内吃完为宜。前两个月饲料蛋白含量不低于45%,此后蛋白含量不低于42%。不定时开启气提式推水增氧设施和底增氧设施,促进外塘水体整体循环并增氧。

32.2.3 经济效益分析

张林渔业有限公司建有5条流水槽,以其中5#槽为对象,进行大口黑鲈流水槽养殖经济效益分析。养殖6个月后,鱼苗存活率超过90%,11月上中旬起捕时平均355g,单条槽共起捕9 714kg,平均售价26.38元/kg,单槽销售收入25.63万元。其中,成本费用约21.57万元(表32.3),单槽利润4.06万元,收益率18.82%。5条流水槽共利用37亩池塘,在未计算外塘鲢、鳙和其他产品产量的情况下,亩均利润达5 486元。

表32.3 5#流水槽大口黑鲈养殖成本　　　　　　　　(单位:元)

项目	金额
苗种	22 500
饲料费	155 250
电费	3 031
渔药费	600
人工费	20 000
设施折旧费	6 900
塘租费	4 440
其他	3 000
总计	215 721

池塘工程化流水养殖技术与以往开展的传统养殖技术、80∶20养殖模式相比,在用电量能耗方面,每产出1kg鲈的耗电量,流水养鱼技术为0.15元,传统养殖技术约为0.31元;在饲料系数方面,本试验流水养殖技术的饲料系数为1.21,

远低于传统养殖技术，且规格较传统养殖技术均匀；在人工方面，流水养殖技术每天需要的工作量为传统养殖技术的一半；特别是在鱼的捕捞上市方面，可实现机械化操作，大大改变传统养殖技术的大水面冬季捕鱼难、劳动量大的问题。该模式可有效避免鲈肝胆综合征的发生，在药物的使用方面，对于常规预防性消毒杀菌渔药的使用，只在流水池用药即可，大大降低了药物的使用量，节约成本；此外，该模式可有效结合物联网新技术，实现全过程的监测、溯源，确保水产品质量安全。废弃物的收集及清除是池塘工程化流水养殖系统的关键及难点之一。本试验选择的是肉食性鱼类——大口黑鲈，其肠道简单而粗短且所摄取的食物易于消化，粪便的相对密度较大、沉积性好，便于收集。因为本系统中改进增添了底部微孔增氧及侧面推水装置，吸污率可达 50%以上。

32.3 咸宁淡水鲈当年养成商品鲈模式

湖北是千湖之省、水产大省，具有发展淡水鲈得天独厚的资源优势、科技优势、产业优势和市场优势。淡水鲈作为一个近年来新兴的特种鱼养殖品种，其发展速度令人咋舌，并在湖北地区可向亿元产业发展。现以湖北咸宁通山洪茂生态种养殖专业合作社千亩鲈养殖基地为例，总结一套适宜湖北地区的淡水鲈养殖新模式。

32.3.1 生产实体介绍

苗种来源于广东地区 3 月中旬的早批水花。在池塘中标苗至 2cm 后驯化，在 4 月底或 5 月初开始分苗。

32.3.2 主要养殖生产技术与方法

以淡水鲈为主养品种，可搭配套养黄颡鱼、鲫和鲢、鳙等品种，具体放养情况见表 32.4。

表 32.4 淡水鲈池塘混养品种放养情况

品种	放养规格（尾/kg）	放养密度（尾/亩）	上市规格（g/尾）
淡水鲈	200	3 000~4 000	400~600
黄颡鱼	1 000	500~800	50~100
鲫	10	200~300	300~500
鲢	100	30~50	1 500~2 000
鳙	10	30~50	1 500~2 000

武汉综合试验站　徐洪亮

在湖北地区，用膨化饲料投喂淡水鲈到150～200g/尾规格后，会出现加料困难、厌食、生长缓慢问题，同时还伴随着肝脏肿大、脂肪肝等，导致抗病能力减弱等现象。因此，在湖北高温季节开始，鱼规格达200g/尾以后，为加快生长速度、保肝护肝，采用冰鲜和饲料混合投喂的方式。

该模式为当年上市销售模式，一般从9月下旬开始有新鱼上市，起售规格以400g/尾起，最受市场欢迎的规格是400～600g/尾。在9月下旬即挑选规格在400g/尾以上的鱼先出售，不到规格的放回塘继续养至11月销售（表32.5）。在华中地区淡水鲈每年的价格走势基本一致，在9月新口鱼上市前价格最高；新口鱼开始开始上市后价格下降非常明显，进入12月之后价格略有回升（图32.1）。

表32.5 淡水鲈起捕时间、规格与市场价格

起捕次数	起捕时间	起捕规格（g）	价格（元/500g）
2	9月下旬至10月上旬	400～600	16～17
	11～12月	干塘统卖	9～12

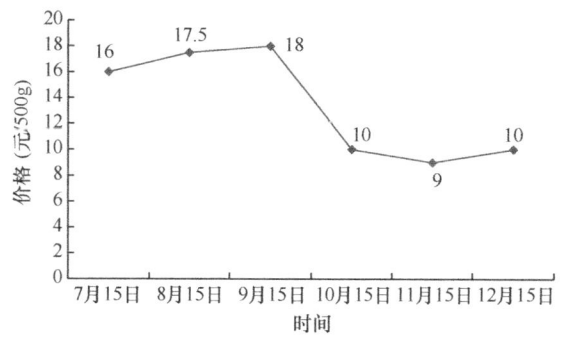

图32.1 湖北地区价格走势

32.3.3 经济效益分析

广东苗早苗水花的放养，可保证淡水鲈在9月20日左右销售鱼价最高，50%以上达到销售规格。本地苗最早要到11月以后上市，严重影响收益。

由表32.6可知，通山鲈养殖基地亩产鲈1 500kg，亩总产值达到39 000元，亩平利润达到9 500元。2018年，通山鲈养殖基地700亩水面获得纯利润665万元，养殖效益十分显著。

表32.6 通山鲈养殖基地亩均效益分析

项目	产量（kg）	产值（元）	项目	成本（元）	利润（元）
淡水鲈	1 500	39 000	淡水鲈苗种费	1 500	
黄颡鱼	40	800	套养苗种费	800	
鲫	80	1 200	冰鲜费	10 000	

续表

项目	产量（kg）	产值（元）	项目	成本（元）	利润（元）
花鲢	50	500	饲料费	18 000	
白鲢	50	200	塘租费	800	
			电费	500	
			药费	500	
			人工费	100	
合计		41 700		32 200	9 500

32.4 珠海宝石鲈与南美白对虾混养模式经济效益分析

宝石鲈和南美白对虾均是广东省主要淡水养殖品种之一，2016年南美白对虾产量为25.03万t，占广东省鱼类养殖总产量的7.17%，省内宝石鲈和南美白对虾养殖生产以池塘和山塘为主，主要采用单养、混养和综合经营3种生产模式。本节以池塘为实例对宝石鲈与南美白对虾混养生产模式做经济效益分析。

32.4.1 生产实体简介

珠海市金湾区平沙镇有水产养殖面积4.05万亩，其中养殖面积较多的品种是罗非鱼，有1.5万亩，珠海市金湾区罗非鱼养殖场的特点是集中连片，以家庭经营为主，每户养殖面积6～30亩。

32.4.2 主要养殖生产技术与方法

养殖条件：示范基地珠海市金湾区平沙镇载福水产养殖专业合作社。放养模式：以宝石鲈为主，混养南美白对虾的模式。溶氧量保持5mg/L以上，pH为6.5～8，温度20～30℃，养殖周期：宝石鲈5个月，南美白对虾7个月。养殖面积约10亩。

苗种放养：每年6月放养体格健壮、无病无伤的宝石鲈苗种，规格4～5cm，每亩放养2 000尾；南美白对虾苗种1cm左右，分3批投放，4～7月每隔1个月左右投放一批，每批每亩投放2万尾。

投饲管理：全程投喂恒兴海水鱼配合饲料，投喂量21.6t。

32.4.3 经济效益分析

如表32.7所示，该模式经济效益分析如下。

广州综合试验站　刘付永忠

表 32.7 珠海宝石鲈与南美白对虾混养经济效益分析

项目	参数	项目	参数
示范面积	约 10 亩	放苗时间	南美白对虾 4~6 月，宝石鲈 6 月
放养规格	虾苗 1cm 左右，鱼苗 4~5cm	放养量	虾苗 3 批，共 6 万尾/亩
饲料品种	恒兴海水鱼配合饲料		宝石鲈 2 000 尾/亩
收获（出塘）时间	虾 6~11 月，宝石鲈 10~11 月	投喂量	21.6t
总产量	10 300kg	平均亩产量	鱼 920kg、虾 110kg
总收入	257 500 元	平均亩收入	25 750 元
苗种成本	2 080 元/亩	饲料成本	17 200 元/亩
水电费	650 元/亩	药品费等	400 元/亩
人工成本	550 元/亩	塘租费	800 元/亩
净利润	40 700 元	平均亩利润	4 070 元/亩

成鱼收货：宝石鲈总产量 9 200kg，南美白对虾总产量 1 100kg。总收入为 257 500 元；平均亩收入 25 750 元。

生产成本：平均亩支出为 21 680 元，其中，苗种成本为 2 080 元/亩；饲料成本为 17 200 元/亩；水电费为 650 元/亩；药品费等为 400 元/亩；人工成本为 550 元/亩；塘租为 800 元/亩。

净利润为 40 700 元，平均亩利润为 4 070 元。

第 33 章 鳜

33.1 南昌稻田综合种养鱼虾养殖模式经济效益分析

江西鄱阳湖及其流域气候湿润、雨量充沛、水资源丰富，十分有利于发展优质水产品生产。"十二五"以来，江西各级渔业主管部门按照"调结构，转方式，提质增效"的总要求，变资源优势为产业优势，在保护种质资源和生态安全的基础上，积极转变养殖方式，大力发展小龙虾增养殖并进行产业化开发。2017 年，全省小龙虾产量为 12.21 万 t，产值达 49.83 亿元（以 2017 年全省小龙虾产地交易年度平均价格计算），社会综合产值达 109.6 亿元。本节以稻虾综合种养为实例对鱼虾养殖模式做生产经济效益分析。

33.1.1 生产实体简介

江西省国营恒湖综合垦殖场是以粮食生产为主的农场，常年粮食播种面积 10 万亩左右，复种指数 1.9，粮食产量 4 250 万 kg。从 2015 年开始，因地制宜，利用鄱阳湖区小龙虾、鳜的优势资源，开展稻虾鱼综合种养技术，对种植机构进行调整，改低洼种稻方式为稻虾鱼连作种养方式，取得重大进展。

33.1.2 主要生产技术与方法

在稻田四周挖环沟，环沟宽 4~6m，沟深 1.2~1.5m，在保证粮食产量不减的情况下，环沟面积控制在稻田面积的 10%~15%。环沟开挖应做到"深沟、浅台、缓坡"，改造后田埂应高出田面 1.2~1.5m，保证能关住田面水位 0.8~1.0m。田埂宽 2~3m，田埂坡比 1:2，池梗底部留有 1~1.2m 宽的平台，靠田一边做一个宽 0.5m、高 0.3m 的小田埂，进出口应加拦网防逃设施。以 5~10 亩稻田为例，2016 年水稻收割后，10 月底前稻秆及时淹青，经微生物作用转化为藻类，浮游生物可供小龙虾摄食。小龙虾亩放养规格 5~6g/尾，投放数量为 4 000~5 000 尾/亩，到 2017 年 10 月捕捞龙虾，亩产可达 100~125kg。5~10 月种一季稻子时，水沟里养殖鳜（每亩 50~60 尾，10~15g/尾，不投饵料，成活率 60%，收割稻子之前平均能长到 300~400g/尾，这样的轮作模式养殖户都有较好的盈利，提高经济价值，无需药物来清除野杂鱼，保护生态环境。

33.1.3 经济效益分析

该养殖模式小龙虾产量可达到 100~125kg/亩，平均销售价格 30 元/kg，单位面积小龙虾产值约为 3 290 元/亩。单位面积成本 1 400 元/亩，利润 1 890 元/亩，成本利润率为 135%（表 33.1）。同样的方法计算，种植水稻和养殖鳜单位面积利润分别为 520 元/亩和 330 元/亩，成本利润率分别为 54.74% 和 660%。该模式单位面积总利润达到 2 740 元/亩，成本利润率为 114.17%。

表 33.1 稻田综合种养鱼虾养殖模式经济效益分析（2017 年）

	放养规格（g/尾）	放养密度（尾/亩）	产量（kg/亩）	生产成本（元/亩）	产值（元/亩）	利润（元/亩）	成本利润率（%）
水稻			525	950	1 470	520	54.74
小龙虾	5~6	4 000~5 000	100~125	1 400	3 290	1 890	135
鳜	10~15	50~60	9~14.4	50	380	330	660
合计				2400	5 140	2 740	114.17

33.2 武汉鳜百日养殖模式及经济效益分析

湖北省具备发展鳜产业的资源和区位优势。鳜养殖是门槛高、风险高、技术要求高的"三高"产业，但是湖北省的鳜养殖无法满足当前市场对鳜的扩张性需求。鳜的市场价近两年来波动性比较大，传统养殖方式下，鳜通常集中在冬季上市，市场价低至 50 元/kg 左右，而夏秋季是鳜上市淡季，受供需影响，夏秋季鳜市场价高达 60~80 元/kg。为了实现高产高效的养殖，武汉综合试验站通过放养优质苗种和调控关键养殖技术，使鳜在养殖 100 天后上市（即在国庆节之前上市），达到缩短养殖周期、减少风险、显著提高养殖收益的目的。

33.2.1 生产实体简介

武汉佳鑫鳜鱼科技发展有限公司，位于江夏区山坡街道，主营鳜、斑鳜、鲮、黄颡鱼等名优鱼类，在江夏区山坡街道和尚桥村承建 3 000 亩"武汉市鳜鱼健康养殖小区"，实际已签订土地合同，土地面积 1 224 亩。

33.2.2 主要养殖生产技术与方法

苗种为我站自行培育的优质大规格苗种，规格整齐、游动活跃、无病无伤。

规格为 5～6cm/尾，3g/尾左右。投放期为 6 月中旬，养殖面积 30 亩，养殖密度 1 000 尾/亩，在鳜养殖池投放苗种的 20 天之前投放基础饵料鱼，267 万尾/亩，配套饵料鱼的养殖面积按 1∶1 进行配套，在鳜投放下池前 10～15d，陆续分批放养饵料鱼，间隔 3～5d 依次放养麦鲮水花 60 万尾/亩、80 万尾/亩、100 万尾/亩。加强水质管理与疾病防控，从生长上看，6 月中旬到 7 月中旬，平均日增重 3.5%，7 月中旬到 8 月中旬平均日增长 2.5%，8 月到 9 月，平均日增长 2%，平均存活率达到 83.1%；从商品率角度看，商品率高达 80.2%（个体达到 0.45kg 以上），9 月中旬鳜生长重 400～600g，总产量达到 13 044kg，亩产量达到 434.8kg，达到销售规格。

33.2.3　经济效益分析

商品率高达 80.2%（个体达到 0.45kg 以上），亩产量达到 434.8kg。30 亩池塘产鳜 13 042.5kg，总产值达到 772 207 元。60 亩池塘总利润达到 499 732 元，亩平利润达到 8 329 元。

第34章 黄　　鳝

34.1　仙桃黄鳝池塘养殖模式经济效益分析

黄鳝是我国特色淡水鱼主要养殖品种之一，产量主要集中在湖北、江西、安徽、湖南和四川五省。我国2017年产量为35.83万t，比上年减少了7.20%。湖北省养殖规模最大，是继小龙虾、河蟹之后的第三个百亿元产业，2017年产量为17.23万t，占全国总产量的48.09%。黄鳝在湖北省已形成区域特色，黄鳝养殖以网箱养殖为主，本节以仙桃市卫祥水产养殖专业合作社为实例对黄鳝做生产经济效益分析。

34.1.1　生产实体简介

卫祥水产养殖专业合作社位于仙桃市西流河镇白衣奄村，该合作社是一家以黄鳝养殖和苗种繁殖为主的专业合作社，现有社员245人，集体加盟单位2个，家庭养殖农场6个，机械化施工队1个，运销队1个。合作社养殖总水面2 800亩，其中成鳝养殖面积1 600亩，苗种繁育面积1200亩，每亩20个网箱，网箱尺寸为2m×2m。合作社为社员提供苗种、肥料、渔药、饲料等，提供运输、贮藏服务，开展与农业经营有关的技术培训、技术交流和信息咨询服务。

34.1.2　主要养殖生产技术与方法

夏季和秋季适合放养黄鳝鱼苗，放养时间应选择在4月、5月，以避开5月中旬至7月的黄鳝性成熟繁殖期，每年12月进行捕捞。主要采用网箱养殖模式。①养殖条件：黄鳝是一类适应性强、分布广，生活在温水中的底层淡水经济型鱼类，水中溶解氧应大于4mg/L，黄鳝生长适宜的水温是15~28℃，水温低于15℃时影响黄鳝摄食，低于10℃以下黄鳝完全停止摄食，进入冬眠状态，水温超过28℃，黄鳝的摄食量也会下降，高温期间应采取措施降低水温。②苗种放养：黄鳝放养的规格，一般以30~40条/kg为好，大小分开饲养，放养密度为2.5kg/m²（表34.1）。③投饲管理：合作社全面推行黄鳝生态养殖，增加以红虫、蚯蚓、饲料鱼为主的生物饲料的使用量，使用量达到饲养周期的60%，成鳝销售前50天停用颗粒饲料。初期每天的投饲量保持在黄鳝鱼苗总体重的3%~5%，之后随着黄

产业经济研究室　袁媛

鳝的生长逐渐增加投饲量，放养6～8个月后每天投饲量为黄鳝总重量的6%～7%。

表34.1　黄鳝苗种放养情况

品种	放养时间	网箱个数（个/亩）	苗种质量（kg/亩）	密度（kg/m^2）	每个网箱投入饲料（包）	每个网箱投入白鲢（kg）
黄鳝	2018.05	20	200	2.5	2	50

34.1.3　经济效益分析

根据产业经济跟踪示范区实地调研，以卫祥水产养殖专业合作社科旺家庭养鳝农场 4m^2 的网箱为例，来估算黄鳝养殖的经济效益。该家庭农场共有成鳝养殖面积 1 600 亩，年产商品鳝 800t，总产值 8 480 万元，年利润 4 960 万元。

该养殖模式中黄鳝产量可达到 50kg/箱，平均售价约为 53 元/kg，单位网箱产值为 2 650 元/箱，单位网箱成本约为 1 101 元/箱（表 34.2），利润约为 1 550 元/箱，成本利润率为 70.97%（表 34.3）。从表 8.2 中可以看出，苗种费与饲料费包括配合饲料、鲜活饲料和其他饲料均占较大的比例，分别占总成本的 35.33%、23.52%、14.35% 和 5.90%，基本上占到总成本的 80% 左右，人工成本与土地成本所占比例较小，基本上在 4% 左右。

表34.2　黄鳝养殖生产成本　　　　　　　　（单位：元/箱）

项目	金额
苗种费	389
配合饲料费	259
鲜活饲料费	158
其他饲料费	65
药物费	30
网箱费	50
人工成本	40
土地成本	50
其他费用	60
总计	1 101

表34.3　经济效益分析

指标	指标值
总收入（元）	93 700 000
总成本（元）	27 500 000
单位网箱产值（元/箱）	1 855
单位网箱成本（元/箱）	1 100
单位网箱净利润（元/箱）	755
成本利润率（%）	70.97

第35章 泥　　鳅

35.1　连云港泥鳅池塘养殖模式经济效益分析

江苏省泥鳅养殖区域主要位于连云港市赣榆区、海州区和灌云县等地，全市养殖面积2万余亩。赣榆区养殖面积和产量均为最高，养殖面积1.2万亩，养殖方式为池塘主养，养殖品种以大鳞副泥鳅为主，台湾泥鳅也有少量养殖。苗种来源主要为河南、东北地区等地的野生苗种，自繁苗种占苗种总量的20%。近年来，连云港市每年出口泥鳅7 000t以上，年出口创汇4000多万美元，出口量占全国泥鳅出口量的80%，主要销往韩国，内销与出口比例为1∶7。

35.1.1　生产实体简介

连云港市赣榆区丰瑞泥鳅养殖专业合作社位于墩尚镇，成立于2008年8月，按照省"四有"标准，由墩尚供销合作社牵头，以连云港快驰鳅业有限公司为龙头，以墩尚镇农技中心为技术主体，联合部分泥鳅养殖大户共同投资25万（其中墩尚供销合作社出资5万元）成立连云港市赣榆区丰瑞泥鳅养殖专业合作社。目前合作社社员已达260人，拥有1个包装厂、2个直属养殖场、1个特种水产分店。

合作社采取"龙头企业+基地+农户"的经营模式，实行苗种繁殖、饲料供应、技术指导、收购、包装、出口一条龙服务，带领农民共同致富。基地建设不断扩展，合作社目前拥有大口试验基地104亩，生产基地258亩，合同合作基地240亩、质量监控基地8 600亩；2017年在墩四村划定了泥鳅标准化养殖示范基地260亩。

35.1.2　主要养殖生产技术与方法

2017年分两次分别放养规格为100条/kg的泥鳅苗24 000kg，投放20个塘口，养殖面积65亩（模式一）；50条/kg的泥鳅苗60 000kg，投放30个塘口，养殖面积98亩（模式二）。①苗种选购：合作社有专人负责泥鳅苗种引进和繁育工作，严把亲本质量、育苗工艺关，确保了项目所用苗种的质量。②水质调控：整个养殖周期内始终保持水深0.8m以上，pH范围控制在7.8～8.6，溶解氧在3mg/L以

南京综合试验站　陈校辉

上,定期对水质进行常规检测,定期用生物制剂调节水质,确保泥鳅在一个良好的水环境下生长。③病害防治:坚持"预防为主,防治结合"的原则,要求按照泥鳅标准化养殖操作规程操作,使用健康苗种,从源头上杜绝病源,推广实行渔药处方制,坚持对症下药,禁止使用违禁药物,提倡使用微生物制剂或中草药制剂。④日常管理:养殖人员坚持早晚巡池,观察泥鳅生长、摄食、排便等状况,发现异常现象及时处理,饲料投喂根据泥鳅规格、天气情况、水质状况等采取不同的投喂方式,做到管理及时、细致,防患于未然。

35.1.3 经济效益分析

2017 年实际投入养殖生产面积 163 亩,两种养殖模式中泥鳅产量最高可达 2 000kg/亩,塘口价约为 30 元/kg,模式一和模式二分别实现利润 36.8 万元和 68.6 万元。两种模式折算单位面积产值为 56 000 元/亩,单位面积成本约为 50 400 元/亩,利润约为 6 466 元/亩,成本利润率为 11.11%(表 35.1)。

表 35.1 泥鳅养殖成本与效益分析

项目	参数
饲料费(元/亩)	14 400
苗种费(元/亩)	32 000
塘租费(元/亩)	1 000
渔药调水费等(元/亩)	500
捕捞、检疫费等(元/亩)	500
人工、网具、进排水及其他费用(元/亩)	2 000
亩产量(kg/亩)	2 000
塘口价(元/kg)	30
利润(元/亩)	6 466
效益(元/kg)	2~4

35.2 乐平稻鳅综合种养模式及效益分析

鳅是我国特色淡水鱼主要养殖品种之一,我国 2017 年产量为 39.47 万 t,比去年增长了 1.37%。江西省 2017 年产量为 9.26 万 t,占全国总产量的 23.46%。江西省内泥鳅养殖生产以池塘养殖为主,主要采用单养和稻鳅综合种养 3 种生产模式。本节以稻鳅综合种养为实例对稻鳅综合种养生产模式做生产经济效益分析。

稻鳅综合种养采取种一季中稻,生产优质稻谷,以及投放大规格泥鳅,生产优质泥鳅的模式。水稻种植使用优质稻种，主要使用有机肥，不使用农药，泥鳅养殖利用稻田天然饵料配合适量补充人工饲料的综合种养模式。

35.2.1 生产实体简介

景德镇乐平市颖兴种养殖有限公司位于乐平市涌山镇闵口村，该公司是2010年10月21日经乐平市发展和改革委员会批复的项目（乐发改农经字［2010］22号文），由法人代表王少颖投资1000万元成立的，项目占地100亩，主要经营业务生猪养殖，辅以"猪-沼-水蚯蚓-泥鳅"的立体养殖。后期扩大养殖规模，面积达到230亩，实行稻鳅综合养殖，负责水产养殖的工人2人。

35.2.2 主要养殖生产技术与方法

主要采用稻鳅种养模式，当年5月投放鳅苗，当年10月捕捞。经过5个月左右养殖，鳅苗成活率为85%左右。①养殖条件：泥鳅是一类适应性强、分布广，生活在温水中的底层淡水经济型鱼类，耐低氧，水温范围15~30℃，一般22~28℃是其最适宜的生长水温。稻田套养泥鳅的田水，适宜pH为7.0~8.5，水中溶解氧的含量应当在4mg/L以上。②水稻品种和泥鳅品种及放养规格：采用的水稻品种为"涌优1538"，泥鳅品种为当地人工繁殖泥鳅苗种；每亩投放泥鳅苗10kg，规格为1000尾/kg。③投饲管理：对照组1.6亩，投喂饵料生物水蚯蚓；试验组1.8亩，有机肥做水稻基肥兼做培育天然饵料，适度补充投喂配合饲料来为泥鳅补充营养，泥鳅排泄部分粪便的肥水，为水稻补充肥料。饲料使用膨化浮性饲料，由江西华杰牧业有限公司按照特色淡水鱼黄鳝泥鳅营养与饲料岗位专家提供的大宗配方和预混料生产，饲料粗蛋白含量35%，粒径1mm（表35.2）。

表35.2 对照组和试验组放养情况

	泥鳅规格（尾/kg）	放养密度（尾/亩）	泥鳅价格（元/亩）	水稻品种	水稻种子价格（元/亩）	饵料投入*（元/亩）	饲料投入*（元/亩）
对照组	1 000	10 000	600	涌优1538	50	3 000	0
试验组	1 000	10 000	600	涌优1538	50	0	2 750

*对照组投喂饵料生物水蚯蚓；试验组为有机肥，适度补充投喂配合饲料

35.2.3 经济效益分析

2018年10月16日，测产验收小组采取随机抽样方式，对养殖泥鳅田块分别抽取一丘块田进行测产。测产方法为：对泥鳅使用地龙诱捕实收称重测产，对种

植稻谷使用"计算法"进行测产。实际测产面积试验组 1.8 亩,对照组 1.6 亩,测产情况见表 35.3。

表 35.3 测产情况

项目	稻田泥鳅测产*					水稻测产*			合计亩产值（元）
	面积（亩）	产量（kg）	亩产量（kg）	价格（元/kg）	亩产值（元）	亩产量（kg）	价格（元/kg）	亩产值（元）	
试验组	1.8	345.6	192.0	46	8 832	362.5	5	1 812.5	10 644.5
对照组	1.6	241.0	150.6	46	6 927.6	335.6	5	1 678	8 605.6
产值差			41.4	0	1 904.4	26.9	0	134.5	2 038.9
普通种稻			3			450	2.5	1 125	1 125

*按优质泥鳅和水稻估价

稻鳅综合种养亩总生产成本,见表 35.4。

表 35.4 连云港泥鳅养殖生产成本 （单位：元/亩）

项目	试验组	对照组	普通种稻
苗种费	600	600	0
饲料费	2 750	0	0
饵料费	0	3 000	0
肥料费	280	280	150
防逃设施费	200	200	0
水稻种子费	50	50	40
人工费	1500	1 500	500
农药费	0	0	150
田租费	500	500	300
水电费	30	30	0
运输费	290	290	0
其他费用	280	280	30
总计	6 480	6 730	1 170

（1）泥鳅养殖投入：泥鳅苗种费 600 元/亩（60 元/kg）；肥料费 280 元/亩；饲料费 2 750 元/亩（试验组）；饵料费 3 000 元/亩（对照组）；人工费 1 000 元/亩；防逃设施费 200 元/亩。

（2）水稻种植投入：水稻种子费 50 元/亩；田租费 500 元/亩；人工 1 500 元/亩；水电 30 元/亩；其他 280 元/亩,投入总计约 2 360 元/亩。

试验组养殖模式中泥鳅产量 192kg/亩,若按优质泥鳅 46 元/kg 计价,单位面积产值为 8 855 元/亩；水稻产量 362.5kg/亩,按优质稻计价 5 元/kg,单位面积产值 1 812.5 元/亩。单位面积成本约为 6 480 元/亩，利润约为 4 187.5 元/亩，成本利润率为 64.62%（表 35.5）。其中，饲料费占生产成本的比例最大，占 42.44%。

表 35.5　连云港泥鳅养殖经济效益分析

指标	试验组	对照组	普通种稻
单位面积产值（元/亩）	10 644.5	8 605.6	1 125
单位面积成本（元/亩）	6 480	6 730	1 170
单位面积净利润（元/亩）	4 164.5	1 875.6	−45
成本利润率（%）	64.27	27.87	−3.85

对照组养殖模式中泥鳅产量 150.6kg/亩，若按优质泥鳅 46 元/kg 计价，单位面积产值为 6 927.6 元/亩；水稻产量 335.6kg/亩，按优质稻计价，5 元/kg，单位面积产值 1 678 元/亩。单位面积成本约为 6 730 元/亩，利润约为 1 875.6 元/亩，成本利润率为 27.87%（表 35.5）。其中，饲料费占生产成本的比例最大，占 44.58%。

总体上实施稻鳅综合种养，单位面积产值增加，农民经济收入增加明显，可以减少农药化肥投入。前提条件是做到优质优价，才能达到提质增效的目的。

第36章 鲟

36.1 北京简易温室大棚微流水鲟养殖模式

36.1.1 生产基本条件

（1）水泥池，面积 300m² 左右，池深 2m，水位保持在 1.2~1.5m。水源为深井水，水温 12~16℃。

（2）单独进排水，进水从鱼池上部流入；集污口设在鱼池中央，可设 1 或 2 个，上方安装箅子，集污坑通过管道通向池外，出口安装立管以控制水位和排污。

（3）水中溶氧采取罗茨鼓风机，通过管道输送，经纳米管向水中增氧；每口池可配备一台 0.5~0.75kW 的水车式增氧机。

36.1.2 主要养殖生产技术与方法

水泥池养殖鲟商品鱼一般为单养；可少量放养细鳞斜颌鲴，鱼池中可设生物浮床，占鱼池面积的 1/6~1/5，主要用来调节水质，保证良好的水环境，减少疾病的发生。

（1）苗种：体质健康，生性活泼，捕食能力强；放养前要消毒，2%的食盐水消毒 5~10min。

（2）投喂：按照"四定"原则投饲，日投饵率 2%~3%，一天投喂 3 或 4 次。根据水温、天气、摄食状态及时调整投喂量。

（3）日常管理：换水，每天换水量为 10%~20%，每天排污一次；温度调节，低温季节加盖塑料薄膜保温；夏季高温采用双层遮阳网，减少阳光直射，同时预通风口，中午前后及闷热天气保持通风状态。

（4）鱼病防治：坚持预防为主的原则，定时排污换水，保证水质清新；饲料营养全面、新鲜，定期在饲料中添加大蒜素及多种维生素，增强其免疫力。

36.1.3 经济效益分析

养殖效益分析如下（表 36.1）。

表 36.1 放养及收获

品种	放养			收获		
	时间	规格（g/尾）	亩放养（尾）	时间	规格（kg/尾）	亩产量（kg）
杂交鲟	2015.04	18	10 000	2015.10	0.85	7 500

（1）亩成本：苗种费 1.5 万元；饲料费 8.2 万元；渔药费 3 000 元；水电费 8 000 元；人工费 3 000 元；维修及各种杂费 2 000 元。合计 11.3 万元。

（2）亩销售收入：7 500kg×24 元/kg＝18 万元。

（3）亩净利润：18 万元–11.3 万元＝6.7 万元。

36.2 惠水山区鲟流水养殖模式经济效益分析

贵州省地下水总量达 258.7 亿 m^3/a，加上河道水、水库底层水等，冷水资源量丰富，水质良好，水温常年稳定在 11～25℃，十分适宜商品鲟的养殖。贵州省丰富优质的冷水资源为鲟养殖提供了得天独厚的自然条件，另外贵州省人民政府办公厅于 2017 年将冷水鱼产业作为发展"一县一业"助推脱贫攻坚三年行动方案重点发展产业之一，在全省近 18 个县市布局了冷水鱼（鲟）产业发展，同时省农业委员会印发的《关于加快培育新动能建设新业态实现渔业绿色发展的意见》中也将冷水鱼作为重点发展方向之一，这为贵州省冷水鱼产业发展提供了必要的政策支持。目前，贵州省内鲟养殖主要采用流水养殖模式，2016 年贵州省鲟产量 6 823t，至 2017 年产量达 7 857t，产量占全国的 9.45%。本节以贵州惠众渔业有限公司 2017～2018 年生产情况为例对山区鲟流水养殖模式做经济效益分析。

36.2.1 生产实体简介

贵州惠众渔业有限公司养殖基地位于贵州省黔南苗族布依族自治州惠水县濛江街道姚新村，该公司为贵州省农业科学院水产研究所（贵州省特种水产工程技术中心）试验基地。主要从事名特优水产品养殖，养殖基地占地 $1.7hm^2$（25.5 亩），建有工厂化养殖车间二座，占地 $1 400m^2$，其中有流水养殖池 $3 500m^2$。流水养殖池均为水泥构造，为长方形或圆形池，单个养殖池面积一般在 50～$200m^2$，年产鲟近 100t。养殖基地有技术人员和养殖工人 10 人。

36.2.2 主要养殖生产技术与方法

主要采用流水养殖模式进行施氏鲟、西伯利亚鲟或者杂交鲟的商品鱼生产。

养殖用水为天然河道水,平均水流量为 1.5m³/s,水温常年保持在 18～25℃,夏季最高温不超过 27℃。当年 1 月投放 6～8cm 的大规格苗种,经过 18 个月左右时间长到 1.25～1.5kg 以上,即可捕捞销售。鲟经一年半左右时间,从大规格苗种养成至商品成鱼,如无自然灾害等特殊原因,成活率达 90%以上。

1. 养殖条件

鲟是介于冷水性鱼类与温水性鱼类之间的亚冷水性鱼类,生存水温一般为 0～34℃,生长最适宜水温为 15～25℃。鲟对环境、水质要求较高,需要水质清新、环境无污染,对盐度变化具有较强的适应能力。因放养密度较高,为保持充足溶氧量,流水池塘养殖用水均为一次用水,入水口水流量均为 1.5m³/s。

2. 苗种放养

主要养殖品种为施氏鲟、西伯利亚鲟或者杂交鲟。直接投放体长 6～8cm 的大规格苗种,苗种来源为贵州省内或周边省份的鲟良种场。苗种入池前,用 3%～5%的食盐水对鱼体浸泡 10～15min。2017 年苗种放养时间、规格和数量等信息见表 36.2。

表 36.2 苗种放养情况

养殖面积(亩)	放养时间	规格(cm/尾)	数量(尾)	密度(尾/亩)	价格(元/尾)	支出(元)
4.94	2017.1	6～8	10 万	20 243	1.6～1.8	180 000

3. 投饲管理

投饵遵循定时、定量、定质、定点的原则。所用饲料为北京汉业科技有限公司生产的全价鲟专用饲料,蛋白含量 40%左右。饲料粒径与苗种大小相适应,不同规格的苗种投喂相应粒径的饲料。水温为 18～25℃时,在鲟苗种阶段(体重低于 50g)投饵率为 6%～8%,投喂饲料粒径为 1.5～3.0mm,一天分 8 次投喂;鱼体重 50～200g 时投饵率为 2.0%～3.0%,饲料粒径为 2.5～3.0mm,一天分 6 次投喂;鱼体重 200～500g 时投饵率为 1.0%～2.0%,一天分 4 次投喂,饲料粒径为 3.0～6.0mm;2 龄鱼(500～1000g),投喂饲料粒径为 6.0～10.0mm,投饵率为 1.2%,一天分 3 次投喂;3 龄鱼(1 000～2 000g),投喂饲料粒径为 10.0mm 以上,投饵率为 0.8%～1.0%,一天分 3 次投喂。

36.2.3 经济效益分析

2017 年,贵州惠众渔业有限公司鲟流水养殖面积近 5 亩,约为 3 300m²,至 2018 年,商品鲟产量为 110t,饵料系数为 1.4,饲料用量为 154t,具体情况见表 36.3。

表 36.3　商品鲟收获情况

面积（亩）	收获时间	规格（g/尾）	产量（t）	价格（元/kg）	收入（元）
4.94	2018.07	1 500	110	25	2 750 000

全年成产总成本为203.5万元，其中饲料费140万元，苗种费20万元。

第 37 章 鲑 鳟

37.1 曲靖虹鳟、鲟养殖生产经济效益分析

虹鳟、鲟是云南省主要冷水和亚冷水养殖品种之一，省内虹鳟、鲟养殖生产以冷流水集约化流水槽养殖模式为主，主要采用单养、混养 2 种生产模式。本节以流水养殖为实例对虹鳟、鲟单养生产模式做生产经济效益分析。

37.1.1 生产实体简介

养殖公司为会泽滇泽水产养殖有限公司，位于云南省曲靖市会泽县上村乡瓦厂村，主要经营业务为水产养殖与销售，该公司租赁土地 120 亩开发建设。鱼池占地面积 100 亩，其中，虹鳟 30 亩，鲟 70 亩，生活区域占地 20 亩，水产养殖工人 11 人。

37.1.2 主要养殖生产技术与方法

主要采用虹鳟和鲟分类单养的流水养殖模式。鱼苗来源：鲟一般在每年 2 月一次性购入受精卵自行孵化后，培育使用；虹鳟分别于上下半年两批购买发眼卵孵化培育，一般在 1 月及 11 月左右。成鱼养殖周期均为 1.5~2 年，饲养至 2.5~3kg 时捕捞销售。以养殖周期概算，虹鳟孵化率为（85±3）%，成鱼成活率为（60±3）%；鲟孵化率为（55±3）%，成鱼成活率为（85±2）%。现以一个年度的总收支来分析虹鳟、鲟的生产经济效益。

（1）养殖条件：虹鳟、鲟分别属于冷水性鱼类和亚冷水性鱼类，该基地成鱼养殖池水温变动范围为 14~18℃，水质清澈，溶氧量≥7.0mg/L，养殖条件较为理想。整个养殖期内在长方形标准养殖池塘内使用龙潭、河流水进行流水养殖。

（2）苗种放养：主放养苗种为虹鳟发眼卵、鲟受精卵，自行孵化。鲟受精卵来源于云南阿穆尔鲟鱼集团(会泽)有限公司，虹鳟发眼卵来源于云南润兆商贸有限公司和宁波拜尔玛生物科技有限公司等。孵出鱼苗后，鱼苗放养前用 0.3%~0.5%的食盐水浸洗 30min 后下塘。2018 年虹鳟、鲟孵化卵粒数量见表 37.1。

表 37.1 2018 年发眼卵数量

品种	放养时间	规格（cm/尾）	数量（粒）	支出（元）
鲟	2018.02	卵粒	400 000	200 000
虹鳟	2018.01	卵粒	100 000	100 000
虹鳟	2018.09	卵粒	100 000	100 000

（3）投饲管理：饲料使用膨化颗粒饲料，幼鱼投喂饲料粗蛋白含量要求 45%，粒径 1.5mm，成鱼改用饲料粗蛋白含量 40%，粒径 2.5mm。投喂时间一般在上午 9:00～10:00，下午 3:00～4:00。日投喂量幼鱼按总重量的 3%～4%，成鱼按总质量的 1%～2%。

37.1.3 经济效益分析

2018 年实际投入养殖生产面积 100 亩，其中，虹鳟饲养 30 亩，鲟饲养 70 亩。饲料用量 600t，产量情况见表 37.2。

表 37.2 曲靖虹鳟、鲟养殖成鱼销售情况

	销售时间	规格（g/尾）	产量（kg）	均价（元/kg）	收入（元）
鲟	2018 年全年	2 500	292 300	25.23	7 374 729
虹鳟	2018 年全年	2 500	122 100	37.53	4 582 413

全年总生产成本为 7 070 000 元，其中饲料费 6 000 000 元，苗种费 300 000 元，见表 37.3。

表 37.3 曲靖虹鳟、鲟养殖生产成本 （单位：元）

项目	金额
苗种费	300 000
饲料费	6 000 000
水电费	80 000
渔药费	50 000
人工费	410 000
燃料费	50 000
塘租费	50 000
维修费	35 000
折旧费	50 000
运费	45 000
总计	7 070 000

该养殖模式中，2018 年鲟产量可达 4 175.71kg/亩，平均售价约为 25.23 元/kg；

虹鳟产量可达到 4 070.00kg/亩，平均售价约为 37.53 元/kg。如表 37.4 所示，总收入 11 957 142 元，总成本 7 070 000 元。其中，饲料费、人工费和苗种费是生产成本的重要组成部分，分别占 84.87%、5.80%和 4.24%，饲料费占生产成本的比例最大。水电费、运费、塘租费、渔药费、燃料费、折旧费和维修费占总成本的比例分别为 1.13%、0.64%、0.71%、0.71%、0.71%、0.71%、0.50%。

表 37.4 曲靖虹鳟、鲟养殖经济效益分析

指标	指标值
总收入（元）	11 957 142
总成本（元）	7 070 000
饲料系数（FCR）	1.45
单位面积产值（元/亩）	119 571.42
单位面积成本（元/亩）	70 700
单位面积净利润（元/亩）	48 871.42
成本利润率（%）	69.13

37.2 兰州鲑鳟主要养殖模式经济效益分析

虹鳟是养殖历史最长的鲑鳟，也是国内养殖最多的鲑鳟。甘肃是我国养殖鲑鳟较早的省份之一，养殖始于 1977 年，由甘肃省水产研究所从山西太原引进，在玛曲渔场附近的水电厂水渠里试养。1979 年玛曲渔场建成流水养殖塘 $0.067hm^2$，1982 年甘肃省水产研究所帮助永登县水电局建设虹鳟养殖流水池 $0.300hm^2$，1985 年永昌县又修建流水养殖塘 $0.267hm^2$，特别是 1988 年甘肃省虹鳟养殖科技开发中心成立后，虹鳟养殖迅速在全省普及推广，以家庭为主的个体养殖场迅速发展起来，形成了永登县和永昌县两大虹鳟主产区。到 2001 年年底，全省鲑鳟养殖面积 $15.4hm^2$，其中流水池塘 $14.7hm^2$、水库网箱 $0.667hm^2$，养鳟场（户）170 多家，总产量 1 179.95t，单产 $76.62t/hm^2$。

37.2.1 生产实体简介

以主产区甘肃省某一中型鳟养殖场 2017~2018 年实际生产情况为例，养殖场位于甘肃省兰州市，主要养殖品种为虹鳟，养殖面积 150 亩，分为 17 口塘。

37.2.2 主要养殖生产技术与方法

养殖模式为流水池塘养殖，池塘的水温要求冬季在 4℃ 以上，夏季不超过

20℃，苗种主要为受精卵孵化，初期稚鱼的放养密度为 20 万~30 万尾/亩。当稚鱼达到 1g 左右（全长 4~5cm）时，需要按个体大小不同分池饲养。2g 左右的鱼（全长 5.5cm）放养密度为 10 万尾/亩。5 个月以后，鱼体重在 20~30g 的个体，放养密度为 5 万~8 万尾/亩。全程投喂全价硬颗粒人工配合饲料。

37.2.3 经济效益分析

苗种年投入量 40 万~50 万尾，主要是受精卵，经过一个周期的养殖，产出量分为大中小 3 个规格，其中大规格 3.5~4kg/尾，产量约 10 万尾，中规格约为 1kg/尾，产量约为 17 万尾，小规格 20~40g/尾，产量约 20 万尾。大规格售价为 50~60 元/kg。苗种价格约为 0.4 元/粒，饲料价格为 1 350 元/t，工人工资为 3 000~4 000 元/月，电费为 15 万元/年，塘租费为 10 万元/年。生产成本组成见表 37.5。

表 37.5　甘肃省鲟养殖生产成本　　（单位：万元）

项目	金额
苗种费	16
饲料费	195.4
水电费	43
渔药费	3.2
人工费	40
塘租费	10
其他费用	22
总计	329.6

养殖总成本为 329.6 万元，单位产品成本为 28.8 元/kg。在成本构成中，饲料成本占比最高，为 59.3%；其次为水电费，占比 13.0%，人工成本占比 12.1%，居第 3 位。

根据 2018 年国内主产区市场行情，3 种规格鲟平均市场价格分别为大规格 50~55 元/kg、中规格 16~20 元/kg、小规格 2~3 元/尾，其中大、中规格养殖周期一年半（表 37.6）。年平均成本利润率为 59.5%。

表 37.6　甘肃省鲟养殖经济效益分析

指标	指标值
总收入（万元）	526
总成本（万元）	329.6
饲料系数（FCR）	1.30~1.40
成本利润率（%）	59.6

参 考 文 献

白俊杰, 李胜杰. 2013a. 大口黑鲈遗传育种. 北京: 海洋出版社.
白俊杰, 李胜杰. 2013b. 我国大口黑鲈产业现状分析与发展对策. 中国渔业经济, (10): 104-108.
柏如发, 邓燕飞, 朱清顺, 等. 2013. 江苏省泥鳅养殖现状、存在问题及发展对策的思考. 水产养殖, 34(11): 36-37.
蔡焰值, 肖友红. 2013. 我国鮰鱼产业现存问题与发展前景分析. 海洋与渔业, (3): 76-77.
蔡焰值, 肖友红. 2016. 目前我国斑点叉尾鮰产业趋势分析与应对新检测规程的措施. 中国水产, (7): 62-65
陈蓝荪. 2006. 世界罗非鱼捕捞和养殖的动态特征研究. 上海水产大学学报, (4): 477-482.
陈石娟. 2014. 广东鮰鱼产业现状扫描. 海洋与渔业, (11): 22-23.
陈文华, 阮瑞霞, 宣云峰, 等. 2012. 3个不同地理群体大口黑鲈遗传多样性分析. 江苏农业科学, 40(8): 231-233.
陈细华, 李创举, 杨长庚, 等. 2017. 中国鲟鱼产业技术研发现状与展望. 淡水渔业, 47(6): 108-112.
崔和, 张琳琳, 刘松. 2016. 常态下中国罗非鱼产业的发展. 中国水产, (12): 40-41.
崔和. 2015. 罗非鱼生产与贸易形势分析. 海洋与渔业·水产前沿, (1): 99-100.
代云云, 袁永明, 袁媛, 等. 2014a. 基于灰色定权聚类模型的罗非鱼国内市场潜力分析. 中国渔业经济, 32(2): 142-147.
代云云, 袁永明, 袁媛, 等. 2014b. 中国罗非鱼流通模式现状与存在问题分析. 江苏农业科学, (10): 401-404.
代云云, 袁永明, 袁媛, 等. 2015. 中印罗非鱼产品出口竞争力的比较——基于美国市场的分析. 中国农学通报, (29): 15-22.
代云云, 袁永明, 袁媛, 等. 2016. 中国罗非鱼产品出口贸易情况分析及展望. 中国农学通报, 32(32): 42-47.
戴俊, 何坪华. 2011. 黄鳝网箱养殖的成本收益水平及主要影响因素分析. 华中农业大学学报(社会科学版), (2): 55-59.
戴俊. 2011. 黄鳝网箱养殖的技术经济效益评价. 武汉: 华中农业大学硕士学位论文.
邓岳松. 1998. 美洲鳗、欧洲鳗与日本鳗养殖技术要点之比较. 当代水产, (4): 18-19.
樊海平, 刘兆钧. 2011. 我国鳗鱼产业国际贸易分析及市场价格预测与发展对策. 中国水产, (2): 68-70.
樊海平, 王茂锋, 秦志清. 2017. 我国近年鳗鲡出口数量、单价以及与苗种投放量关系分析. 科学养鱼, (5): 3-4.
樊海平. 2006. 我国鳗鲡养殖业的现状与发展对策. 北京: 2005年渔业对外贸易跟踪研究研讨会.
樊旭兵. 2011. 中国罗非鱼: 21世纪中国献给世界的鱼——论罗非鱼的全球消费、全球养殖、全球竞争和全球营销. 海洋与渔业: 水产前沿, (2): 50-52.
桂萌, 王洋, 张小栓, 等. 2012. 北京鲟鱼、鲑鳟鱼加工产业调研与分析. 中国水产, (11): 32-34.

郭浩淼. 2013. 中国出口产品结构优化路径研究——基于要素禀赋结构演进的理论与实证. 沈阳: 辽宁大学博士学位论文.

郭志杰. 2010. 我国鲌鱼产业的发展、挑战及对策. 中国水产, (12): 11-13.

韩一军. 2015. 2014 年国内外小麦市场形势与 2015 年展望. 农业展望, (1): 4-7.

韩一军. 2016. 变革背景下中国小麦产业模式及政策探讨. 农业展望, (1): 32-35.

豪富华, 陈毅峰, 唐卫星, 等. 2007. 亚东鲑的年龄与生长的研究. 水生生物学报, (5): 731-737.

何红卫, 王小川, 易卫祥. 2015. 养鳝带领农民致富. 农村新技术, (12): 50.

胡家军. 2006. 广东养殖乌鳢过程中应注意的几个问题. 渔业致富指南, (24): 36-37.

胡剑波, 周葵, 安丹. 2013. 基于投入产出模型的中国对外贸易产品结构合理性研究. 贵州财经学院学报, (5): 72-82.

胡文娟, 甘江英. 2017. 加快结构调整积极发展鄱阳湖黄鳝产业. 渔业致富指南, (11): 11-12.

湖北省人民政府. 省人民政府关于印发湖北省水生生物资源养护行动纲要的通知. (2007-4-6) [2019-4-21]. http://www.hubei.gov.cn/govfile/ezf/201112/t20111209_1032107.shtml.

户国, 王炳谦. 2017. 国际虹鳟育种产业简介及其对我国的借鉴意义. 水产学杂志, 30(3): 1-6.

华经产业研究院. 2018 年我国及分省市罗非鱼养殖产量统计分析. (2018-11-30) [2019-4-30]. https://baijiahao.baidu.com/s?id=1618545034956759071&wfr=spider&for=pc.

黄建生, 耿文, 江帆. 2015. 促进我国鳗鱼产业可持续发展的探索与思考. 管理观察, (29): 99-100, 103.

黄太寿, 白俊杰, 李胜杰, 等. 2017. 我国淡水鲈养殖现状和绿色发展问题探讨中国水产, (12): 44-47.

纪锋, 王炳谦, 孙大江, 等. 2012. 我国冷水性鱼类产业现状及发展趋势探讨. 水产学杂志, 25(3): 63-68.

江开勇. 2004. 论提高我国鳗鱼产业国际竞争力策略. 北京: 对外经济贸易大学硕士学位论文.

姜浩. 2019. 当前泥鳅养殖存在的问题与对策. 农民致富之友, (3): 149.

姜志勇. 2016. 乌鳢常见病害的特点及防治措施. 海洋与渔业, (6): 75-77.

黎闽. 2017. 洪湖市鳜鱼产业发展现状与对策. 渔业致富指南, (2): 20-22.

李春霞. 2012. 日本实施"肯定列表制度"对我国烤鳗出口日本的影响. 福建农业科技, (7): 71-74.

李静红, 雷光英, 李丽雪, 等. 2012. 广东淡水鲈产业现状及发展建议. 水产养殖, (9): 21-24.

李连春, 韩春艳, 屈绍彭. 2010. 国内外鲟鱼鱼子酱加工产业发展概述. 科学养鱼, (9): 69-70

李融. 2008. 中国鲟鱼养殖产业可持续发展研究. 青岛: 中国海洋大学博士学位论文.

李胜杰, 刘海涌, 白俊杰, 等. 2015. 大口黑鲈"优鲈 1 号"池塘高产高效养殖模式. 水产养殖, (5): 1-3.

李书民, 谭洪新, 孙生智. 2013. 中国鳗鱼产业发展困局及发展对策. 中国渔业经济, 31(1): 24-28.

李晓钟, 黄蓉, 袁永明. 2015. 中国对美国罗非鱼出口增长效应分析. 国际经济合作, (1): 56-59.

李晓钟, 王斌. 2010. 我国罗非鱼产业国际市场势力实证分析——以美国市场为例. 农业经济问题, (8): 70-75.

李云梦, 郑侠飞, 王岩. 2018. 浙江省池塘养殖大口黑鲈和乌鳢的生长性能和养殖环境分析. 水产科技情报, 45(1): 11-17.

李志斐, 龚望宝, 王金林, 等. 2017. 冰鲜杂鱼和人工配合饲料对大口黑鲈肌肉品质及健康状况影响的评价. 动物营养学报, 29(11): 4180-4188.

林子珍. 2016. 对福建出口烤鳗产业发展的思考. 中国国门时报, 2016-05-26(004).
刘灿洪, 张进. 2014. 广东鳜鱼养殖现状分析及健康养殖技术探讨. 海洋与渔业, (1): 48-51.
刘方池, 沈震宇. 2016. 中国鳗鱼出口趋势及策略分析. 对外经贸实务, (3): 54-56.
刘宏刚. 2018. 改进黄鳝养殖模式推进水产供给侧结构性改革——记湖北省仙桃市洪渊泽水产养殖专业合作社. 中国农民合作社, (2): 54-55.
刘堂水. 2009. 加州鲈养殖常见病害及防控措施. 渔业致富指南, (6): 47-48.
刘晓勇, 张颖, 齐茜, 等. 2011. 鲟鱼营养与饲料的研究进展和发展趋势. 饲料工业, 32(20): 25-28.
刘阳河. 2004. 甘肃省鲑鳟鱼养殖现状与发展途径. 甘肃农业科技, (10): 51-53.
刘园园. 2018. 水库鲟鱼网箱高产养殖技术总结. 科学养鱼, (2): 42-43.
罗晶晶. 2010. 斑点叉尾鮰生鱼片加工过程中的微生物变化. 武汉: 华中农业大学硕士学位论文.
马国庆, 朱华, 胡红霞, 等. 2014. 北京地区流水养殖杂交鲟试验. 科学养鱼, (4): 34-35.
马磊, 胡麦秀. 2013. 技术—环境贸易壁垒对我国鳗鱼出口的影响——以日本市场为例. 上海农业学报, 29(2): 78-81.
苗长青, 张满林. 2014. 中国出口贸易结构的特征及优化对策. 改革与战略, (2): 45-49, 54.
彭健. 2003. 新疆鲟鱼资源及养殖开发. 伊犁教育学院学报, (3): 116-119.
蒲德成, 苏胜齐, 李虹. 2015. 重庆山区流水养殖杂交鲟试验. 科学养鱼, (5): 40-41.
钱龙, 艾涛, 谢恒修. 2000. 乌鳢苗种培育技术. 淡水渔业, 30(1): 11-13.
秦志军, 于伯华, 钱成. 2011. 美国新政对我国出口鲴鱼产业的影响及对策. 青岛: 2011 年食品安全技术与标准国际研讨会暨 AOAC 中国区年会.
任华, 蓝泽桥, 王一明, 等. 2012a. 鲟养殖品种与养殖方式分析. 齐鲁渔业, 29(4): 49-51.
任华, 蓝泽桥, 王占召, 等. 2014. 清江库区鲟鱼产业现状及未来发展方向. 水产养殖, 35(2): 33-35.
任华, 蓝泽桥, 谢俊玉. 2012b. HACCP 体系在鲟鱼工厂化养殖中的应用. 广东饲料, 21(7): 41-43.
任信林, 凌武海. 2011. 水产品质量安全存在问题及对策. 水产养殖, 32(12): 48-50.
石振广, 王云山, 李文龙, 等. 2002. 我国鲟类资源状况及保护利用. 上海水产大学学报, (4): 317-323.
苏东梅. 2013. 北海市特色现代农业发展对策研究. 乌鲁木齐: 2013 年中国农业资源与区划学会学术年会.
孙大江, 马国军, 吴文化. 2011. 我国鲟鱼子酱产业现状和发展趋势. 中国水产, (7): 25-27.
孙大江, 曲秋芝, 马国军, 等. 2003. 中国鲟鱼养殖概况大连水产学院学报, 18(3): 216-221.
孙有恒, 肖乐, 李颖. 2017. 日本鳗苗资源管理现状及对我国鳗业发展的思考. 中国水产, (1): 66-68.
孙月娥, 李超, 王卫东. 2009. 我国水产品质量安全问题及对策研究. 食品科学, 30(21): 493-498.
谭芸, 朱佳杰, 甘西. 2014. 广西罗非鱼产业的现状分析及提高竞争力的措施. 科学养鱼, (7): 4-5.
陶建军. 2017. 斑点叉尾鮰产业发展情况综述. 渔业致富指南, (13): 14-17.
王春利, 郭盈希, 李丽华, 等. 2015. 台山鳗鱼产业发展现状、问题及建议. 中国食物与营养, 21(1): 23-25.
王广军. 2006. 我国大陆斑点叉尾鮰养殖现状分析. 渔业致富指南, (15): 11-13.
王海华, 甘江英, 廖怀生. 2017. 江西鳅鳝发展现状及产业化对策. 江西水产科技, (1): 3-7.
王焕, 高文峰, 黄秋标. 2016. 2016 年广东罗非鱼产业发展与对策建议. 科学养鱼, (7): 4-6.
王建波. 2016. 我国鲑鳟鱼养殖产业 SWOT 分析及对策建议. 中国水产, (2): 37-42.
王昆, 欧龙. 2016. 江西鳗鱼产业发展的忧与思. 重庆第二师范学院学报, 29(2): 14-17, 174.

王旭光, 浦纯钰. 2016. 产业链延伸视角下农民增收模式研究——以江苏省墩尚镇泥鳅产业为例. 湖北农业科学, 55(8): 2174-2177.

王永娟. 2017.【砥砺奋进的五年】援藏干部的新思路: 以产业发展助脱贫攻坚. (2017-6-19) [2019-4-19]. http://sh.eastday.com/m/20170619/u1ai10658801.html.

吴淑娟, 肖健华, 范佳凤. 2013. 我国鳗鱼出口面临的主要问题及走出困境的对策. 对外经贸实务, (3): 54-57.

吴同垒, 单晓枫, 王桂芹. 2011. 乌鳢主要病害的研究进展. 黑龙江畜牧兽医, (9): 29-31.

武云飞, 吴翠珍. 1999. 西藏鱼类染色体多样性的研究. 动物学研究, 20(4):258-264.

夏焱春, 曹铮, 蔺凌云, 等. 2018. 大口黑鲈主要病害研究进展. 中国动物检疫, 35(9): 72-76.

肖友红, 陈校辉. 2015. 广东省斑点叉尾鮰产业调研情况分析. 当代水产, (2): 34.

肖友红, 邓伟, 黄太寿, 等. 2015. 斑点叉尾鮰联合育种项目研究进展与展望. 中国水产, (8): 81-83.

肖友红. 2014. 2014 年鮰鱼产业分析报告. 海洋与渔业(水产前沿), (9): 91-92.

谢静华, 管红波. 2005. 我国三文鱼进出口市场分析. 科学养鱼, (8): 6.

谢瑞涛, 蒋卫亮, 梁超, 等. 2016. 大口黑鲈饲料营养需求研究现状. 广东饲料, 25(7): 41-44.

谢忠明. 2002. 鲟鱼养殖技术. 北京: 中国农业出版社.

徐敏. 2012. 不同规模下黄鳝养殖的经济效益评价分析——以湖北省仙桃市、公安县为例. 科技创业月刊, 25(4): 47-48.

徐跑, 刘凯, 徐东坡, 等. 2017. 长江江豚的保护现状及研究展望. 科学养鱼, (5): 1-3.

徐倩. 2017. 广东省生鱼养殖概况及趋势分析. 广东饲料, 26(4): 16-18.

徐忠, 陈廷贵, 陈林生. 2011. 世界鳗鱼的生产和贸易分析. 中国渔业经济, 29(3): 98-102.

颜慧, 丛宁, 叶金明, 等. 2016. 扬州地区鳜鱼池塘精养的调查分析. 河北渔业, (1): 25-27, 41.

杨德国. 2002. 鲟鱼高效生态养殖新技术. 北京: 海洋出版社.

杨华莲, 张黎, 徐晓玲, 等. 2016. 2015 年北京市鲟鱼种业发展报告(一). 中国水产, (4): 94-97.

杨天毅, 熊阳, 丹成, 等. 2018. 利用鱼类性逆转技术创制黄颡鱼 XX 雄鱼的方法. 水生生物学报, (5): 871-878.

杨信廷, 孙传恒, 钱建平, 等. 2008. 基于流程编码的水产养殖产品质量追溯系统的构建与实现. 农业工程学报, 24(2): 159-164.

杨雪莲. 2013. 现代生物技术在育种中的应用. 西藏科技, (12): 6-7.

叶金明, 周学金, 丛宁, 等. 2015. 扬州市鳜鱼养殖产业的现状及发展对策. 水产养殖, 36(11). 7-10.

易先忠, 欧阳峣, 傅晓岚. 2014. 国内市场规模与出口产品结构多元化: 制度环境的门槛效应. 经济研究, (6): 18-29.

应革难. 2016. 美国国会对鮰鱼检测的新动态及由此带来的影响. 中国水产, (7): 66.

于爱芝, 吴傲然. 2005. 从输日鳗鱼受阻看技术性贸易壁垒——一个经济学分析框架. 农业经济问题, (7): 45-48.

于胜利. 2018. 乌鳢的池塘养殖及病害防治. 河北渔业, (6): 25-26, 33.

庾莉萍. 2010. 经济危机对我国鳗鱼出口的影响及应对措施. 当代畜禽养殖业, (5): 56-60.

预测 2018 年罗非鱼价格, 2018 罗非鱼价格行情走势预测. (2018-5-8) [2019-4-5]. http://www.cnjidan.com/news/1071904.

袁永明, 袁媛, 代云云, 等. 2015. 2015 年罗非鱼产业发展趋势分析. 中国渔业经济, (2): 81-86.

岳永河, 张本立, 朱明岳, 等. 2012. 西北高原水库小体积网箱养殖鲟鱼高产技术. 科学养鱼, (4): 40-41, 93.

曾祥喜, 刘九龄. 2013. 如何拓展泥鳅养殖产业的几点思路. 渔业致富指南, (19): 14-15.
翟少伟, 杨明, 陈学豪. 2019. 我国鳗鱼产业 2019 年发展趋势与建议. 当代水产, 44(2): 98-99.
张春霖, 王文滨. 1962. 西藏鱼类初篇. 动物学报, (4):98-105.
张红燕, 袁永明, 贺艳辉. 2014. 中国罗非鱼产品出口贸易结构分析. 中国渔业经济, 32(2): 148-152.
张琳, 孙彦娜, 赵甜. 2016. 我国鳗鱼产品对日本出口现状及趋势分析. 山东农业工程学院学报, 33(11): 45-47.
张琳. 2016. 中国鳗鱼产品出口竞争力研究. 济南: 山东大学硕士学位论文.
张胜宇, 强晓刚. 2001. 我国鲟鱼养殖的现状、发展前景与对策. 科学养鱼, (2): 3-4.
张新铖. 2013. 乌鳢、斑鳢及杂交种线粒体 DNA 全序列分析及杂种鉴定. 上海: 上海海洋大学硕士学位论文.
张信仁. 2012. GAP 标准助力鳗鱼养殖业持续健康发展. 科学养鱼, (9): 3-5.
赵程, 林群, 万忠, 等. 2016. 2015 年广东鳗鱼产业发展形势与对策建议. 广东农业科学, 43(6): 12-17.
赵留海. 2008. 2008 年罗非鱼产业发展喜与忧. 河南科技, (5): 9.
郑向东. 2008. "四位一体"鳗鱼源头管理模式的创新价值. 中国检验检疫, (3): 22-24.
郑艳波, 戴传勇, 周晗生, 等. 2017. 稻田泥鳅生态养殖模式初探与效益分析. 广西农学报, 32(5): 39-41.
中国国际渔业博览会. 中国是全球最大的罗非鱼供应国. (2016-6-8) [2019-4-5]. http: //www.shuichan.cc/news_view-269567.html.
中国鲴鱼产业分析报告. 2014. 海洋与渔业, (11): 25-26.
钟立强, 王明华, 陈校辉, 等. 2017. 世界斑点叉尾鮰产业近况Ⅰ: 美国斑点叉尾鮰产业现状与展望. 水产养殖, (5): 1-5.
钟立强, 王明华, 陈校辉, 等. 2018. 世界斑点叉尾鮰产业近况Ⅱ: 中国斑点叉尾鮰产业发展与展望. 水产养殖, (9): 7-11.
钟小庆, 刘奕明, 颜远义, 等. 2018. 水产良种乌斑杂交鳢养殖技术. 农村新技术, (10): 28-29.
朱国平. 2017. 中国鲟鱼产业化发展的探讨与思考. 湖北农业科学, 56(19): 3708-3710.
卓勋良. 2001. 黄颡鱼不同品种的鉴别. 渔业致富指南, (12): 36.